George Orwell

The Road to Wigan Pier

위건 부두로 가는 길

1판 1쇄 발행 2013년 5월 31일
1판 2쇄 발행 2024년 12월 20일

지은이 | 조지 오웰
옮긴이 | 김설자
발행인 | 신현부
발행처 | 부북스
주 소 | 04613 서울시 중구 다산로29길 52-15, 301호
전 화 | 02-2235-6041
이메일 | boobooks@naver.com

ISBN | 978-89-93785-52-4
      978-89-93785-07-4 [세트]

부클래식

043

———

위건 부두로 가는 길

조지 오웰

김설자 옮김

부북스

일러두기

본 서는 Houghton Mufflin Harcourt Publishing Company가 1958년 펴낸 *The Road to Wigan Pier*를 우리말로 옮긴 것이다.

차례

제1부

1장

아침마다 제일 먼저 들리는 소리는 공장에 출근하는 소녀들이 자갈 포장길을 또각또각 걷는 나막신 소리였다. 아마 그보다 더 일찍 공장에서 경적 소리가 울렸을 테지만 나는 그 소리를 들을 만큼 일찍 깬 적은 없었다.

보통 네 사람이 그 침실에 묵었다. 그런데 그 방은 매우 기분 나쁜 곳이었다. 용도에 합당하게 쓰지 못하고 임시로 사용하는 방들처럼 불결했다. 여러 해 전에 평범한 주택이었던 이 집을 부룩커 부부가 사서 천엽 상점과 하숙집으로 개조했을 때, 이들은 전 주인에게서 몇 가지 쓸모없는 가구들까지 물려받았다. 하지만 기력이 없어서 그 가구들을 결코 치워 버리지 못했기 때문에 우리는 아직도 응접실처럼 보이는 방에서 잠을 잤다. 천정에 달린 묵직한 유리 샹들리에에 매우 두껍게 쌓인 먼지는 마치 모피처럼 보였다. 한쪽 벽 대부분을 차지하고 있는 흉물스럽고 거대한 물건은 찬장이나 홀 스탠드라고 부를 수도 없는 어중간한 것이었는데, 많은 부분에 조각 장식이 되어 있었고, 여기저기에 작은 서랍과 거울이 붙어 있었다. 한때는 화려했을 카펫 가장자리에는 해묵은 구정물 통들이 놓여 있었다. 앉는 자리가 터진 금박의자 두 개와 앉으려면 미끄러지는 구식 말총 안락의자 하나가 있었다. 이런 고물들 사이에 네 개의 누추한 침대를 욱여넣어서 이 방을 침실로 만든 것이었다.

내 침대는 문에서 제일 가까운 오른쪽 귀퉁이에 있었다. 내 침대 발치에 또 다른 침대를 가로로 꽉 붙여 놓아서 (그렇게 놓아야만 문이 열릴 수 있었다) 나는 다리를 잔뜩 구부리고 자야만 했다. 내가 다리를 뻗으면 다른 침대에서 자는 사람의 등허리를 걷어찼기 때문이다. 그 사람은 나이가 지긋한 라일리 씨로서 한 채탄장의 '지상'에서 기계공으로 일했다. 다행히도 그가 아침 다섯 시면 일하러 나갔기 때문에 나는 그가 출근한 후 한두 시간은 다리를 펴고 제대로 잘 수 있었다. 맞은편 침대에는 탄갱 사고로 부상한 스코틀랜드 출신 광부가 있었다(어마어마하게 커다란 돌덩어리가 그의 몸을 덮쳤는데 사람들이 그 돌을 지렛대로 치우는 데 두 시간가량이나 걸렸다고 한다). 그 사고로 그는 500파운드의 보상금을 받았다. 몸집이 크고 잘생긴 40세의 남자였다. 희끗희끗한 머리카락에 짧은 콧수염을 지닌 그는 광부라기보다 군대의 선임 상사처럼 보였다. 짧은 파이프에 담배를 피우며 그는 늦게까지 침대에 누워 있곤 했다. 또 다른 침대는 사업차 여행하는 사람들, 신문 외판원들, 그리고 할부 판매자들이 연이어서 차지했는데 그들은 보통 이틀 정도 그 침대에서 잤다. 그 침대는 이 인용으로 그 방에서 가장 좋은 것이었다. 나 자신도 첫날 그 침대에서 잠을 잤지만 다른 숙박인에게 자리를 내주도록 교묘하게 종용을 받았다. 나는 모든 숙박인들이 첫날은 이 이 인용 침대에서 잔다고 믿는다. 말하자면 그것은 미끼였던 셈이다. 이 방의 창문이란 창문은 모두 다 꼭꼭 닫혀 있었고 창문 밑은 빨간 모래주머니로 틀어막았기 때문에 아침이면 방에서는 흰담비 굴 같은 악취가 났다. 자고 나서 일어날 때는 그걸 모르지만 방에서 나갔다가 돌아오면 그 냄새가 심하게 코를 찔렀다.

나는 그 집에 침실이 몇 개나 있는지 도무지 알지 못했다. 그런데 이상한 말이지만 그 집에는 부룩커 부부가 이사 오기 전부터 화장실은 하나 있었다. 아래층에 있는 평범한 거실 겸 부엌에는 밤낮으로 불타고 있는 덮개 없는 거대한 조리용 레인지가 놓여 있었고, 채광창만이 유일하게 이 방을 밝혀 주고 있었다. 왜냐하면 이 방의 한쪽 면은 상점이었고 다른 쪽 면은 식품 저장실이었기 때문이다. 식품 저장실은 어두운 지하실로 연결되었고 그곳에 소의 천엽 따위가 저장되었다. 볼품없는 소파 하나가 식품 저장실 문의 일부를 막고 놓여 있었는데 그 소파에는 항상 병을 앓고 있는 여주인 부룩커 부인이 찌든 담요를 꽃장식처럼 두르고 누워 있었다. 노르스름한 그녀의 큰 얼굴에는 근심이 깃들어 있었다. 그녀가 어떤 병을 앓고 있는지 확실히 아는 사람은 한 사람도 없었다. 내 생각에 그녀의 유일한 문제는 과식인 것 같았다. 불 앞에는 거의 언제나 젖은 빨래들이 줄에 널려 있었고 방 한가운데에는 커다란 식탁이 있었는데 부룩커 가족과 모든 숙박객들은 그 식탁에서 식사했다. 이 식탁에 식탁보가 완전히 벗겨진 것을 본 적은 없지만, 때에 따라서 다양한 식탁보가 덮인 것을 보았다. 맨 밑에는 우스터 소스로 얼룩진 신문이 한 겹 있었고, 그 위에 끈끈한 흰색 기름천이 한 장, 그 위에 초록색 서지[01] 식탁보, 그 위에 거친 마직 식탁보가 있었는데 그것을 다른 것으로 바꾸지도 않고 걷어내는 법도 거의 없었다. 대체로 아침 식사 때 떨어진 빵 부스러기들이 저녁 식사 때도 그대로 있었다. 나는 빵부스러기를 눈으로 일일이 알아볼 수 있게 되어서 그것들이 날마다 식탁 위에서 이리저리 굴러다니는 것을 관찰하곤 했다.

상점은 비좁고 좀 서늘했다. 상점 유리창의 바깥쪽 면에는 아주 오래된 초콜릿 광고지에서 떨어져 남은 하얀 글자 몇 개가 마치 별처럼 흩어져 있었다. 상점 안에 있는 커다란 널빤지에는 큰 덩어리의 흰색 소 천엽과 "검정 천엽"으로 알려진 솜털 모양 회색빛 천엽 그리고 유령같이 반투명한 삶은 돼지 족발이 놓여 있었다. 이 가게는 평범한 "천엽과 완두콩" 상점이었지만, 빵과 담배와 통조림 종류 이외에는 물건이 별로 없었다. 유리창에 "차"를 판다고 광고했지만 만약 고객이 와서 차 한 잔을 주문하면 대체로 이런저런 핑계를 대고 돌려보냈다. 비록 2년간 실업 상태에 있는 형편이었지만 부룩커 씨의 직업은 광부였다. 하지만 부룩커 내외는 평생 부업으로 이런저런 상점을 운영했다. 한때는 선술집을 운영했는데 그곳에서 도박하도록 내버려 두었

---

01 짜임이 튼튼한 피륙.

기 때문에 선술집 면허를 취소당했다. 나는 그들이 어떤 사업에
서든 이익을 본 적이 있는지 모르겠다. 그들은 주로 그저 무언
가 불평거리를 가지기 위해서 사업을 하는 사람들이었다. 아일
랜드인처럼 보이는 부룩커 씨는 뼈대가 가냘프고 피부색이 거
무스름했고 심술궂었으며 깜짝 놀랄 정도로 더러웠다. 나는 그
의 손이 깨끗한 것을 본 적이 없다. 부룩커 부인이 환자였기 때
문에 대부분 음식을 그가 준비했는데, 손이 더러운 사람들 모두
가 그러는 것처럼 그는 언제나 사물을 스스럼없이 마냥 만지작
거리는 독특한 방식으로 다뤘다. 그가 버터 바른 빵 한 조각을
내줄 때면 그 빵 위에는 언제나 시커먼 엄지손가락 자욱이 찍혀
있었다. 이른 아침 그가 부룩커 부인의 소파 뒤에 있는 불가사
의한 골방으로 내려가서 소 천엽을 찾아낼 때조차 그의 손은 이
미 더러웠다. 나는 다른 숙박객들에게서 소 내장이 보관되는 장
소에 대해 끔찍한 이야기를 들었다. 바퀴벌레가 그곳에 우글거
린다고 했다. 얼마나 자주 소 천엽 위탁판매 주문을 하는지 모르
지만, 뜸한 간격으로 주문했다. 부룩커 부인이 주문 날짜를 기준
삼아 일어난 일들을 알아내곤 했기 때문이다. "어디 보자, 그 일
이 일어난 후에 내가 세 덩어리의 냉동 천엽을 받았지" 그런 식
이었다. 숙박객들에게 천엽 요리를 주는 때는 결코 없었다. 그때
나는 소 내장이 매우 비싸기에 그렇다고 생각했었다. 그 후 생각
해보니 천엽을 식사로 내지 않는 것은 순전히 우리가 그것에 대
해 너무 많이 알고 있었기 때문이다. 부룩커 부부도 결코 그걸
먹지 않는다는 것을 나는 알아차렸다.

유일한 장기 투숙자들은 스코틀랜드 출신 광부 라일리 씨와 연금으로 사는 두 노인 그리고 조라고 불리는 실업자가 있었다—아무도 그의 성씨를 몰랐다. 그는 생활보호위원회의 급여로 사는 사람이었다. 스코틀랜드 광부는 친숙해지면 성가신 사람이었다. 수많은 실업자들처럼 그는 신문 읽는 데 많은 시간을 소비했다. 그리고 만약 미리 막지 않는다면 그는 황색 인종이 불러올 화[02]나, 트렁크 살인, 점성술, 종교와 과학의 갈등 따위에 대해 여러 시간 동안 주절대곤 했다. 흔히 그렇듯이 나이 든 연금수령자들은 자산 조사[03] 때문에 자신들의 집에서 쫓겨난 사람들이었다. 그들은 매주 10실링을 부룩커 부부에게 지급했고 딱 그 10실링으로 기대할 만큼의 숙식을 제공받았다. 말하자면 다락방에 침대 하나를 내주었고, 주로 버터 바른 빵을 식사로 대접했다. 그들 중 한 사람은 "초연한" 인물이었는데 어떤 종류의 악질 질환, 즉 암으로 죽어 가고 있다고 나는 생각했다. 그는 연금을 수령하러 갈 때만 침대에서 일어났다. 모든 사람들이 올드 잭이라 부르는 또 다른 연금 수령자는 전직 광부로서 78세였고 50년 이상을 탄갱에서 일했다. 매우 민첩하고 지적인 사람이었지만 이상하게도 소년 시절의 경험만 기억할 뿐이었고 현대적 광산 기계장치나 광산의 개선 등은 말짱 잊어버린 듯했다. 그는 비좁은 지하 수평갱도에서 사나운 말들과 벌였던 싸움 이야기를 내

---

02 황색 인종 우세에 대한 백인종의 두려움을 강조한 말.

03 실업 구제, 보조금, 수당들을 지급하기 위해 심사하는 것.

게 해주곤 했다. 내가 탄광의 탄갱에 내려갈 계획을 세우고 있다고 그에게 말하자 그는 콧방귀를 뀌면서 나처럼 키가 186cm나 되는 체격을 가진 사람은 결코 탄갱에서 "이동"할 수 없을 것이라고 단언했다. "이동"하기가 옛날보다 나아졌다고 그에게 말해봤자 아무 소용이 없었다. 그러나 그는 모든 사람들에게 상냥했고 서까래 밑 어딘가에 있는 자신의 침대로 가기 위해 층계를 기어오르면서 명랑하게 "제군들 잘 자요!"라고 외치곤 했다. 내가 가장 찬양했던 올드 잭의 성품은 그가 결코 구걸하지 않는다는 것이었다. 대체로 주말쯤이면 그의 담배가 바닥이 났지만 언제나 다른 사람의 담배를 꾸어 피기를 마다했다. 부룩커 부부는 어떤 보험회사에 일주일에 6펜스를 내고 연금 수령자들의 생명보험을 들었다. 그들이 보험 외판원에게 "암에 걸린 사람들이 얼마나 오래 사는지"를 염려스럽게 묻는 것을 들은 사람이 있다고 했다.

스코틀랜드 광부처럼 조도 신문을 탐독했고, 거의 온종일을 공공도서관에서 보냈다. 전형적인 미혼 실업자인 조는 눈에 띄게 초라했고 노숙자 같아 보였다. 아이 같은 둥그런 그의 얼굴에는 순진한 개구쟁이 같은 표정이 서려 있었다. 그는 성인이라기보다 방치된 작은 소년 같았다. 이런 사람들의 대다수는 책임질 일이 전혀 없이 자유로워서 나이보다 훨씬 젊게 보인다고 나는 생각한다. 나는 외모로 보아 조가 28세가량일 거라고 짐작했는데 그가 43세란 걸 알고 놀랐다. 그는 널리 알려진 경구들을 사랑했고, 자신이 매우 영리해서 결혼을 피할 수 있었던 것을 자랑스러워했다. 그는 때때로 내게 "결혼의 속박이 얼마나 큰 것인 가"를 말해 주었는데 분명히 자신의 이러한 표현이 매우 세련되고 놀라운 것으로 생각하고 있었다. 그의 전 수입은 한 주에 15실링이었고 그중에서 6, 7실링을 부룩커 부부에게 숙박비로 지급했다. 때때로 부엌 불에서 차 한 잔을 만드는 것을 보았지만 그는 어딘가 밖에서 나머지 식사를 해결했다. 대부분 그의 식사는 마가린 바른 빵, 생선튀김에 감자튀김[04] 정도일 거라고 나는 짐작한다.

이 사람들 이외에 사업 목적으로 여행하는 더욱 가난한 사람들, 가령 순회 배우들—대부분의 큰 주점에서 주말에 다양한 예술가들을 고용했기 때문에 북쪽에서는 순회 배우들이 항상 흔했다—이나 신문 외판원 같은 떠돌이 숙박객들이 있었다. 신문 외판원은 내가 전에 한 번도 만나 보지 못했던 유형의 사람들이었다. 그들의 일이 얼마나 희망 없는 끔찍한 일인지 나는 감옥이라는 선택의 여지가 열려 있는데도 어느 누가 그런 일을 견디어 낼 수 있는지 의문스러웠다. 그들은 대개 주간지나 일요 신문에 고용되었다. 그들은 매일 신문사에서 마련해준 지도와 거리 목록을 가지고 이 마을에서 저 마을로 다니며 목록에 있는 거리에서 신문 구독자를 모집하는 "작업"을 했다. 만약 하루에 최소한의 할당량인 20건의 주문을 얻어내지 못하면 그들은 해고당했다. 하루에 20건의 주문을 받아 내는 한 그들은 일주일에 2파운

---

04 피쉬 앤 칩이라는 영국의 패스트푸드.

드의 쥐꼬리만 한 급여를 받는 모양이었다. 20건 이상의 주문을 받으면 아주 적은 금액의 구전도 받았다. 노동 계층이 사는 지역에서는 모든 가정에서 2페니짜리 주말 신문을 구독했고 보던 신문을 한두 주 후에 다른 것으로 바꾸기 때문에 20건의 주문을 받는 일이 보이는 만큼 그렇게 불가능한 것은 아니다. 그러나 그런 일을 오래 할 수 있는 사람이 있을지는 의문이다. 신문사들은 실직한 사무원이나 떠돌이 세일즈맨 같은 부류인 절박하게 비참한 사람들을 고용하여, 그 사람들이 필사적으로 노력해서 얼마간 최소한의 판매를 유지하다가, 그 끔찍한 일로 지치게 되면 해고하고 새 사람들을 다시 그 자리에 채웠다. 나는 좀 더 악명 높은 주간지에 고용되었던 두 사람을 알게 되었다. 두 사람 다 부양할 가족이 있는 중년 남성들이었고 그중 한 사람은 할아버지였다. 그들은 지정받은 거리에서 "작업"하느라고 하루에 10시간 이상 걸어 다니고, 그리고 밤에는 늦도록 신문사에서 운영하는 협잡을 위한 서류의 빈칸을 채우느라 바쁘게 지냈다. 신문사가 벌이는 협잡이란 6주간의 신문 구독 예약을 받아 내고 2실링어치의 우편 주문 또한 하게 되면 도자기 한 세트를 "받는다"는 것이다. 할아버지이기도 한 뚱뚱한 사람은 서류 더미 위에 머리를 놓고 잠들기 일쑤였다. 그들 중 아무도 부룩커 부부가 한 주의 숙식 대금으로 받는 일 파운드를 낼 여유가 없었다. 그들은 숙박비로 적은 금액을 내고, 트렁크에 넣어 둔 마가린 바른 빵과 베이컨으로 부엌 한구석에서 겸연쩍은 얼굴로 식사를 해치우곤 했다.

부룩커 부부는 많은 자녀를 두었는데 그들의 대부분은 오래 전에 집에서 달아났다. 어떤 자녀들은 부룩커 부인이 말하는 것처럼 "캐나다에" 살았다. 한 아들만 가까이 살고 있었다. 그는 차량 정비소에서 일하는 몸집이 큰 돼지 같은 청년이었는데 식사하러 집에 종종 왔다. 그의 부인은 두 아이를 데리고 항상 시댁에 있었으며, 런던에 있는 또 다른 아들의 약혼자인 에미와 함께 대부분의 요리와 세탁을 해냈다. 금발 머리에 코가 뾰족하며 불행해 보이는 소녀 에미는 어떤 공장에서 굶어 죽기 딱 좋은 임금을 받고 일했는데도, 저녁에는 내내 부룩커 부부의 집에서 노예처럼 일했다. 내 짐작으로는 결혼이 계속해서 지연되었고 아마 결코 성사되지 않을 것이지만 부룩커 부인은 에미를 이미 며느리로 만들어 버렸고 사랑으로 예의 주시하는 병약자들의 특유한 방식으로 에미를 끊임없이 괴롭혔다. 나머지 집안일은 부룩커 씨가 하든가 말든가 했다. 부룩커 부인은 부엌에 있는 소파에서 일어나는 일이 거의 없었고 (그녀는 밤이고 낮이고 소파에 있었다) 엄청난 양의 음식을 먹는 것 이외에는 너무 아파서 아무것도 할 수 없었다. 가게를 보고, 숙박객들에게 식사를 대접하고, 침실을 "청소하는" 것은 부룩커 씨였다. 그는 항상 믿을 수 없을 정도로 하기 싫은 일을 느릿느릿 하나씩 해냈다. 저녁 6시까지도 침대가 정돈되지 않을 때도 종종 있었고, 하루 중 어느 때고 가득 찬 요강의 가장자리를 엄지손가락으로 잡고 가는 그를 층계에서 만나기 일쑤였다. 아침에는 불 옆에 더러운 물통을 놓고 앉아서 속도가 느린 영화에서처럼 느릿느릿 감자 껍질을 벗겼다. 나는 한 번도 그처럼 원한에 차서 뿌루퉁한 표정으로 감자 껍질을 벗기는 사람을 본 적이 없다. 그가 "여자가 해야 하는 빌어먹을 일"이라고 부르는 이런 일을 할 때 그의 내부에서 부글부글 끓어오르는 증오의 체액을 역력히 볼 수 있었다. 그는 마치 새김질하듯 이 앙심을 씹을 수 있는 그런 사람이었다.

상당히 많은 시간을 집 안에서 보냈기 때문에 나는 물론 부룩커 가문의 온갖 불운에 관한 이야기를 들었다. 어떻게 모든 사람이 그들을 등쳐먹었는지, 사람들이 얼마나 그들에게 고마워할 줄 모르는지, 가게가 얼마나 이익을 내지 못하는지, 하숙집이 얼마나 수지맞지 않는지 등이었다. 그 지역의 수준으로 본다면 그들이 그렇게 못 사는 편도 아니었다. 왜냐하면 어떤 방법을 썼는지 모르지만 부룩커 씨는 자산 조사를 피하고 있었고 그래서 생활보호위원회에서 주는 지급금을 받고 있었기 때문이다. 그런데도 들어줄 사람만 있으면 자신들의 고충에 관해 이야기하는 것이 그들 부부의 최고의 즐거움이었다. 자기 연민에 빠진 기름 덩이인 부룩커 부인은 소파에 누워서 몇 시간이고 똑같은 넋두리를 계속해서 되풀이하며 슬퍼하곤 했다. "요즘은 손님도 없는 것 같아요. 어째서 그런지 모르겠어요. 날이면 날마다 천엽이 그냥 거기 놓여 있을 뿐이에요, 그렇게 훌륭한 천엽들인데 말이지요. 참 힘든 거 같아요. 그렇지 않아요?" 등등이었다. 부룩커 부인의 모든 넋두리는 마치 발라드의 후렴처럼 "참 힘든 거 같아요. 그렇지 않아요?"로 끝맺었다. 가게가 별로 이익을 내지 못하는 것은 분명한 사실이었다. 가게는 오해할 수 없이 먼지투성이에다가 구더기가 들끓고 있는, 망해 가는 사업장 같은 분위기를 풍기고 있었다. 그러나 누가 그렇다고 대놓고 말해 줄 수 있는 사람이 있다 하더라도, 왜 아무도 상점에 물건을 사러 오지 않는지를 그들에게 설명하는 건 아무런 소용이 없었을 것이다. 두 사람 다 작년에 죽은 청 파리가 상점 유리창에 붙어 있는 게 영업에 지장이 있다는 걸 이해할 능력이 없었기 때문이다.

하지만 그들 부부를 정말 괴롭히는 것은 두 사람의 나이 든 연금 수령자들이 한 주에 단지 10실링밖에 내지 않으면서 마루 공간을 점령하고, 음식을 먹어 치우며 그들 집에 산다는 생각이었다. 한 주에 10실링을 받아서는 이익이 정말 아주 적을 터이지만 나는 그들이 그 연금 수령자들 때문에 실제로 금전적 손해를 본다고는 생각하지 않았다. 그런데도 그 부부의 눈에는 그 두 사람이 자신들에게 빌붙어서 자신들이 베푸는 자비로 살아가는 끔찍한 기생충같이 보였다. 하루의 거의 대부분을 밖에서 보냈기 때문에 올드 잭은 그래도 참아 줄 만했다. 그렇지만 온종일 침대에서 지내는 훅커 씨는 정말로 미워했다. 부룩커 씨는 훅커 씨의 이름을 이상하게 발음했다. 'ㅎ'는 발음을 안 하고 '우'를 길게 해서 "우—커"라고 불렀다. 나는 그들이 훅커 노인에 대해 이야기하는 것을 얼마나 많이 들었던가. 그는 까다롭지, 그의 침대를 정돈하는 일은 불쾌하지, 이 음식은 "먹지 않을 거고," 저 음식도 "먹지 않을 거"라고 하지, 한없이 배은망덕한데다, 무엇보다도 죽기를 거부하는 이기적인 고집불통이지! 부룩커 부부는 공공연하게 그가 죽기를 애타게 기다렸다. 그가 죽으면 그들은 적어도 보험금을 탈 수 있었다. 그들은 후커 씨가 자신들의 창자에 붙어사는 기생충처럼 매일매일 자신들의 재산을 갉아먹으면서 자신들 집에 산다고 생각하는 것 같았다. 때때로 부룩커 씨가 감자 껍질을 벗기다가 눈을 들어서 내 눈과 마주치면 고개를 휙 돌려서 무언가 형언하기 어려운 쓸쓸한 표정으로 위쪽, 훅커 노인의 방 쪽을 바라보았다. "빌어먹을…… 그렇지 않아요?" 라고 말하곤 했다. 다시는 말할 필요도 없었다. 나는 이미 훅커 씨의 태도에 대해 모두 들은 터였다. 그러나 부룩커 부부는 의심할 여지 없이 나를 포함해서 모든 숙박객들에 대해서 이런저런 불만을 품고 있었다. 생활보호급여를 타는 조 역시 노인 연금 수령자들과 같은 범주에 속했다. 스코틀랜드인 광부는 일주일에 1 파운드를 지급했지만 그는 하루 대부분을 집 안에서 지냈다. 그래서 부룩커 부부는, 그들의 표현을 빌리자면, "언제나 집 안에서 어슬렁거리기 때문에 그를 좋아하지 않았다." 신문 외판원들은 온종일 밖에서 지냈지만 그들이 먹을 음식을 가져온다고 불만스러워했고, 가장 훌륭한 숙박객인 라일리 씨조차도 아침에 일 층으로 내려올 때 잠을 깨운다고 부룩커 부인의 눈 밖에 났다. 그들은 자신들이 원하는 숙박객들을 맞을 수 없다고 끝없이 투덜거렸다. 그들이 원하는 숙박객은 숙식비를 다 내고 온종일 밖에서 지내는 격조 높은 "사업가"들이었다. 그들이 이상적이라고 생각하는 숙박객은 일주일에 30실링을 내고 잠잘 때 이외에는 전혀 집 안으로 들어 오지 않는 사람들일 것이다. 나는 숙박업소를 운영하는 사람들은 거의 언제나 자신들의 집에 숙박하는 사람들을 싫어한다는 것을 깨달았다. 그들은 숙박인들의 돈을 원했지만 숙박객들을 침입자로 간주했고, 이상스럽게 경계의 끈을 놓지 않고 조심하는 그들의 태도 저변에는 숙박객들이 너무나 편안하게 지내지 못 하게 하려는 각오가 있었다. 그것은 투숙객들이 가족의 일원이 아니면서 다른 사람의 집에서 살아야만 하는 좋지 않은 제도가 낳은 피할 수 없는 결과였다.

부룩커 부부는 한결같이 역겨운 음식을 제공했다. 아침 식사로는 얇은 베이컨 두 조각, 맛없는 계란프라이 한 개와 종종 전날 밤에 썰어 두었던, 그리고 언제나 엄지손가락 자욱이 묻어 있는 버터 바른 빵을 제공했다. 내 빵은 내가 썰게 해달라고 아무리 재치 있게 말해 보아도 부룩커 씨를 전혀 꼬드길 수 없었다. 그는 더럽고 넓적한 엄지손가락으로 빵을 꽉 잡아서 한 조각씩 내게 건네주곤 했다. 점심은 대개 3페니짜리 스테이크 푸딩—이런 음식은 통조림으로 파는 것이었고 내 생각에는 그 집 상점에서 파는 것이었다—과 삶은 감자와 쌀 푸딩이었다. 오후 간식에는 버터 바른 빵과 부스러지는 단 케이크를 내놓았는데 케이크는 아마 제과점에서 싸게 파는 "묵은 것"을 샀을 것이다. 저녁 식사는 옅은 색의 맥없는 랭커셔 치즈와 비스킷이었다. 부룩커 부부는 이 비스킷들을 한 번도 비스킷이라 부르지 않았다. 항상 경건하게 "크림 크래커"라고 했다. "—라일리 씨, 크림 크래커 하나 더 드세요. 치즈하고 크림 크래커를 드시면 더 좋을 거예요."— 이렇게 해서 저녁 식사로 치즈뿐이라는 사실을 둘러댔다. 식탁에는 우스터 소스 몇 병과 반쯤 담겨 있는 마멀레이드 잼 병이 언제나 놓여 있었다. 대개 모든 음식 위에 우스터소스를 끼얹었다. 치즈까지도 그렇게 했다. 그렇지만 나는 감히 마멀레이드 병을 여는 사람을 본 적이 없다. 뽀얗게 먼지가 쌓여 있는 마멀레이드 병은 이루 말할 수 없이 끈적끈적했다. 부룩커 부인은 따로 식사했지만 다른 사람이 식사할 때마다 그 식사에서 군 것질을 챙겼고, 가장 강한 차를 의미하는, 그녀 말로 "밑바닥에 남은 차"를 얼렁뚱땅 마시는 대단한 기술을 발휘했다. 그녀는 늘 입을 담요에 닦는 습관이 있었다. 내가 그 집을 떠날 때가 가까워져 올 무렵에는 그녀는 신문지 조각으로 입을 닦았다. 그래서 아침이면 끈적끈적하고 구겨진 작은 종이 뭉치들이 여러 시간 동안 마루에 널려 있었다. 부엌 냄새는 끔찍했다. 하지만 침실의 냄새가 그렇듯이 한동안 그곳에 있으면 그 냄새에도 적응이 되었다.

나는 이 집이 산업지역에 있는 하숙집으로서는 상당히 정상적인 곳이라고 느꼈다. 하숙인들이 대체로 불평하지 않았기 때문이다. 내가 아는 한 유일하게 불평했던 사람은 담배 회사 외판원으로 일하는, 머리카락 색이 까맣고 코가 뾰족한 런던 토박이였다. 전에 북부에 와본 적이 전혀 없었던 그 사람은 최근까지 더 나은 직장에 다녔고 세일즈맨용 호텔에 익숙한 사람이었다고 생각한다. 그는 몹시 가난한 유객꾼들과 외판원들이 끝없이 여행하는 동안 쉬어 가는 참으로 하류인 이런 하숙집을 처음으로 본 것이었다. 아침에 우리가 옷을 입고 있었을 때 (물론 그는 이인용 침대에서 잤다.) 나는 그가 경악하며 혐오스럽게 황량한 방을 둘러보는 것을 보았다. 나와 눈이 마주쳤을 때 그는 내가 그와 같은 남부 사람이라는 것을 알아챘다.

"추악한 놈들," 그는 흥분해서 말했다.

그런 다음 그는 가방을 싸 들고 아래층으로 내려가 마음을 단단히 먹고 부룩커 부부에게 이곳은 자신이 익숙하게 머물던 종류의 하숙집이 아니어서 곧 떠나겠다고 말했다. 부룩커 부부는 왜 그런지 전혀 이해할 수 없었다. 그들은 매우 놀랐고 마음에 상처를 받았다. 이런 배은망덕함이 있나! 겨우 하룻밤을 묵고 아무 이유 없이 그렇게 떠나다니! 그 후 그들은 그것에 온갖 의미를 부여해서 다시 또다시 얘기하곤 했다. 그것으로 그들의 불평거리에 하나가 더 추가되었다.

아침 식탁 밑에 가득 찬 요강이 놓여 있던 날 나는 이 집을 떠나기로 마음먹었다. 이 집은 나를 우울하게 만들기 시작했다. 먼지와 냄새, 그리고 저질의 음식 때문만이 아니었다. 침체되어 무의미하게 쇠진한다는 느낌, 꾀죄죄한 일과 천박한 불평이 끝없이 뒤죽박죽으로 얽힌 가운데 사람들이 마치 바퀴벌레처럼 뱅뱅 돌며 기어 다니는 어떤 지하 세계로 내려온 것 같은 느낌이 들었기 때문이다. 부룩커 부부와 같은 사람들이 끔찍스러운 것은 그들이 똑같은 말을 다시 또다시 되풀이하는 습관 때문이다. 그것은 그들이 도무지 진짜 사람들이 아니라 무익하고 시시한 이야기를 끝없이 연습하는 유령이라는 생각이 들게 해준다. 결국 부룩커 부인이 되풀이해서 읊어대는 자기 연민의 말—언제나 되풀이되는 똑같은 불평이었고, 언제나 불평 끝에는 "정말 힘든 것 같아요. 그렇지 않아요?"라고 구슬프게 말했다──은 그녀가 습관적으로 신문 조각으로 입을 닦는 것보다 더 나를 역겹게 했다. 하지만 부룩커 부부 같은 사람들이 불쾌하다고 그들을 마음에서 몰아내려고 해봤자 아무 소용이 없다. 우리 주위에는 그런 사람들이 수만, 수십만 명은 널려 있기 때문이다. 그들은 현대 세계의 특징적인 부산물 중 하나다. 그들을 배출해 낸 문화를 받아들인다면 그들을 무시할 수 없다. 이것이 적어도 산업주의가 우리에게 해준 일부분이기 때문이다. 콜럼버스가 대서양을 항해했고 첫 번째 증기기관이 비틀거리며 움직였고, 워털루에서 영국의 방진[05]이 프랑스 대포를 굳세게 견뎌냈으며, 편협한 19세기의 악당들은 신을 찬양했고 그리고 자신들의 주머니를 채웠다. 이런 것들이 가져온 결과란 미로 같은 빈민가와 병들고 나이 든 사람들이 마치 바퀴벌레처럼 기어 다니는, 집 뒤쪽에 있는 어두운 부엌이다. 때때로 그런 장소를 보고 그 냄새를 맡는 것, 특히 그들이 거기 존재한다는 것을 잊지 않도록 그 냄새를 맡는 것은 일종의 의무이다. 아마 그곳에 너무 오래 머물지 않는 것이 좋긴 하겠지만 말이다. 나를 태운 기차는 폐석 더미, 공장 굴뚝, 높이 쌓인 쇠 부스러기 더미와 더러운 운하, 나막신 자국이 어지럽게 나 있고, 뜬숯이 흩어져 있는 진흙 길 등이 펼치는 괴기스러운 풍경 사이로 달려갔다. 삼월이었지만 날씨는 매우 추웠고 모든 곳에 검게 더럽혀진 눈 더미들이 쌓여 있었다. 서

---

05 사각형 모양으로 친 진.

서히 도시 외곽을 통과할 때 제방에 직각으로 줄줄이 늘어서 있는 초라한 작은 집들을 지나쳐 갔다. 어떤 집의 뒷마당에서 젊은 여인이 돌 위에 무릎을 꿇고 앉아서 납으로 된 하수관을 막대기로 쑤시고 있었다. 집 안에 있는 싱크대에 연결된 하수관이 막힌 모양이었다. 나는 거친 삼베 앞치마며, 볼품없는 나막신, 추워서 새빨개진 팔 등 그녀의 모든 것을 살펴볼 시간이 있었다. 기차가 지나갈 때 그녀는 눈을 들어 기차를 바라보았고 나와 거의 눈이 마주칠 정도로 그녀는 가까운 거리에 있었다. 창백한 그녀의 둥근 얼굴은 유산하고 고된 일을 한 탓으로 25세인데도 40세 같아 보이는 평범한 빈민가 여인의 지친 얼굴이었다. 내가 그녀를 바라본 순간 그녀 얼굴에는 내가 지금까지 보아 온 중에서 가장 황량하고 절망적인 표정이 담겨 있었다. 그때 나는 번뜩 "그들이 생각하는 빈민가는 우리가 생각하는 빈민가와 똑같지는 않을 거야"라고, 그리고 빈민가에서 자란 사람들은 빈민가 이외에는 아무것도 생각할 줄 모른다고 우리가 이야기하는 것은 오해라는 것을 깨달았다. 내가 그녀의 얼굴에서 본 것은 동물의 무지한 고통이 아니었기 때문이다. 그녀는 자신의 처지를 잘 알고 있었다—매서운 추위에 빈민가 뒷마당에서 더러운 돌 위에 무릎 꿇고 앉아 불결한 하수관을 막대기로 쑤셔야 하는 것이 얼마나 끔찍한 신세인지 그녀는 나 못지않게 잘 알고 있었다.

기차는 계속 달려서 곧 탁 트인 지역으로 들어섰는데, 그곳은 마치 공원 같아서 부자연스러울 정도로 낯설어 보였다. 왜냐하면 산업지역에서는 매연과 불결함이 영원히 계속되리라고,

그리고 지표면 어느 곳도 매연과 더러움으로 뒤덮이지 않은 곳은 없으리라고 우리는 생각하기 때문이다. 사람들로 북적이는 이런 더러운 작은 지역에서는 우리는 불결함을 거의 당연한 것으로 여긴다. 잔디나 나무보다도 폐석 더미와 공장 굴뚝의 광경이 더 정상적이고, 아마도 더 그럴싸한 풍경 같아 보인다. 그리고 그 지역 깊숙한 곳으로 들어가 땅을 포크로 찌르면 깨진 유리병이나 녹슨 깡통이 나올 것 같다고 생각한다. 하지만 여기 외곽에서는 아무도 밟지 않은 눈이 매우 깊이 쌓였기 때문에 경계를 나타내는 돌담의 꼭대기만 보였다. 그건 마치 언덕 위로 꼬불꼬불 올라가는 검은 오솔길 같았다. 나는 D.H. 로런스[06]가 바로 이와 같은 광경이나, 아니면 근처에 있는 다른 풍경을 묘사한 것을 떠올렸다. 그는 눈 덮인 언덕들이 "근육처럼" 물결치며 멀리 퍼져나간다고 했다. 내게는 그런 비유가 떠오르지 않았을 것이다. 내 눈에는 하얀 눈과 시꺼먼 담들은 검은색 파이핑[07]이 둘리어 있는 하얀 드레스 같아 보였다.

눈은 거의 녹지 않았지만 해는 화창하게 빛났고 창문이 닫힌 기차 안에 있으니 일기가 따뜻한 것 같았다. 달력상으로는 지금이 봄이지만 그걸 믿는 새는 별로 없는 것 같았다. 내 생애에 처음으로 나는 철로 변의 헐벗은 작은 땅에서 구애하는 떼까마귀

---

06 20세기 영국의 대표적인 소설가, 시인, 비평가(1885~1930). 광부의 아들로 태어나 작가로 성공했으며 그의 작품에서는 산업사회를 비난하고 성적인 관계를 탐구했음. 대표작에는 《아들과 연인》, 《채털리 부인의 연인》 등이 있다.

07 옷에 붙이는 가두리 장식.

들을 보았다. 그들은 내가 생각했던 대로 나무 위에서가 아니라 땅 위에서 구애했다. 그들의 구애 방법은 신기했다. 암놈은 부리를 벌리고 서 있었고 수놈은 암놈 주위를 돌며 암놈에게 먹이를 주는 것 같았다. 기차를 탄 지 30분도 채 되지 않았지만 부룩커 부부의 집 뒤편에 있는 부엌에서 출발하여 사람이 다니지 않는 눈 덮인 언덕과 밝게 빛나는 햇빛, 그리고 반짝반짝 빛나는 커다란 새들이 있는 광경을 보기까지 머나먼 길을 온 것 같았다.

산업지역 전체는 하나의 거대한 마을이다. 인구수로는 거의 대 런던에 맞먹지만 운 좋게도 대 런던보다 훨씬 더 넓은 지역을 차지하고 있는 마을 말이다. 그렇기 때문에 산업지역의 한가운데라 해도 여전히 정결하고 깨끗한 땅들이 존재할 여지가 있다. 이것은 용기가 솟아나게 해주는 생각이다. 열심히 노력하고 있지만 인간은 아직 모든 곳을 다 더럽히지는 못했다. 지구는 광활하고 여전히 비어 있어서 문명이 일구어 놓은 불결함 한가운데서도 회색 아닌 초록색 풀이 자라는 들판을 발견할 수 있고 열심히 찾으면 아마 당신은 연어 통조림 대신 살아 있는 물고기가 헤엄치는 냇물마저 찾을 수 있을 것이다. 기차가 훤히 트인 곳을 상당히 오랫동안, 약 20분간 더 달려갔더니 빌라 문화가 또다시 우리 앞에 나타나기 시작했다. 그 후 외곽에 있는 빈민가, 다음에는 폐석 더미가, 연기를 뿜어내는 굴뚝이, 용광로의 요란한 소리가, 운하와 가스탱크가 우리 앞에 다가왔다.

2장

체스터턴[08] 씨에게는 실례가 되겠지만, 잠시 멈춰 서서 우리 문명에 대해 생각해 볼 때, 우리 문명은 우리가 깨닫는 것보다 더 철저하게 석탄에 그 기반을 두고 있다. 우리의 삶을 유지시켜 주는 기계들과 기계를 만드는 기계들은 모두 직접 혹은 간접으로 석탄에 의존하고 있다. 서방세계의 신진대사에서 광부는 땅을 경작하는 농부 다음으로 중요한 사람이다. 그는 그리스 건축물을 떠받치는 때 묻은 여인상 기둥 같은 사람이다. 그의 어깨에 더럽지 않은 거의 모든 것을 지탱하고 있다. 이런 이유로 기회가 생긴다면 그리고 기꺼이 수고할 의사가 있다면 석탄 채취가 실제로 이루어지는 과정을 살펴보는 것은 가치 있는 일이다.

탄광으로 내려갈 때는 "필러[09]가 작업하고 있을 때 막장에 가는 것이 중요하다. 이것은 쉽지 않다. 탄광에서 작업 중일 때 손

---

08 G. K. Chesterton(1874~1936): 영국의 보수적인 작가 · 평론가로 가톨릭교도. 비평과 논쟁의 글들 이외에 브라운 신부(Father Brown)를 등장시키는 탐정소설을 썼음.

09 석탄 통 채우는 사람들.

님들은 귀찮은 존재여서 방문을 권하지 않기 때문이다. 그러나 만약 다른 때 간다면 완전히 잘못된 인상을 받고 돌아올 수도 있다. 가령, 일요일에 광산은 거의 평화로워 보인다. 기계 소리가 요란하게 나고, 대기는 석탄 먼지로 시커멀 때, 그럴 때 그곳에 가야 한다. 바로 그때가 실제로 광부들이 어떤 일을 하고 있는가를 볼 수 있는 때다. 그런 때 그곳은 마치 지옥 같다. 아니면 적어도 내가 마음속에서 지옥이라고 그려보는 광경과 같다. 우리가 지옥이라는 곳에 있다고 상상하는 대부분의 것들—열기, 소음, 혼동, 어둠, 탁한 공기, 그리고 무엇보다도 견딜 수 없이 좁은 공간—이 거기에 있다. 지옥 불 빼고는 모든 것이 다 있다. 땅속의 탄갱에는 흐릿한 데이비램프와 회중전등 말고는 아무런 불빛도 없는데, 이것들도 거의 시꺼먼 석탄 먼지를 뚫고 나오지 못한다.

드디어 막장에 가게 되면—그곳에 가는 자체가 일거리이다. 왜 그게 일거리인지 곧 설명할 것이다—마지막 갱 버팀목들을 통과해 기어가서 맞은편에 있는 약 1m 높이의 반짝거리는 검은 벽을 보게 된다. 이것이 탄층이다. 머리 위에는 석탄을 채취한 후에 남겨 놓은 바위로 형성된 매끄러운 천정이 있다. 밑에는 또다시 바위가 있기 때문에 당신이 들어가 있는 수평갱도의 높이는 석탄이 돌출해 나온 높이로, 아마 1m보다 더 높지 않다. 잠시 동안 다른 모든 것을 제압하는 첫인상은 무엇보다도 석탄을 나르는 컨베이어 벨트가 내는, 귀를 먹게 하는 소름 끼치는 소리다. 석탄 먼지 안개가 램프의 불빛을 되쏘기 때문에 멀리 볼 수는 없지만 당신은 양쪽으로 4, 5m마다 한 사람씩 반쯤 벗은 남자들이 줄지어 무릎 꿇고 앉아서 떨어져 내린 석탄을 삽으로 재빨리 왼쪽 어깨 너머로 퍼내는 것을 볼 수 있다. 그들은 석탄을 컨베이어 벨트에 올리는 것인데, 그 사람들의 뒤쪽에 1, 2m 떨어져 있는 컨베이어 벨트의 폭은 약 2m가량이다. 번쩍이는 석탄이 강이 되어 이 벨트 위로 끊임없이 질주해 내린다. 큰 광산에서는 그 벨트가 매분 3, 4톤의 석탄을 나른다. 석탄을 실은 벨트가 중요 도로에 있는 어떤 장소에 이르면 반 톤 넘어 담을 수 있는 탄차에 석탄을 쏟아 넣는다. 그리고 탄차는 거기서 질질 끌려가서 탄갱의 광주리 모양 승강대에 실린 다음 지상까지 끌어올려 진다. "필러들"이 일하는 것을 보면서 그들의 강인함을 부러워하지 않는다는 것은 불가능하다. 그들이 하는 일은 지독한 일이고, 보통 사람의 수준으로 본다면 그들이 하는 일은 거의 초인적인 일이다. 왜냐하면 그들은 거대한 양의 석탄을 이동시킬 뿐 아니라, 작업을 두세 배로 어렵게 만드는 자세로 그 일을 하기 때문이다. 그들은 내내 무릎을 꿇어야만 한다—그들이 일어나면 천정을 치게 되어 있기 때문이다. 그걸 시도해 보면 그것이 얼마나 대단히 힘든 일인지를 쉽게 알 수 있다. 서 있을 때는 삽질하기가 비교적 쉬운데, 삽질할 때 무릎과 넓적다리를 사용할 수 있기 때문이다. 무릎을 꿇으면 그 모든 무게가 팔과 복근에 실린다. 그리고 다른 상황들도 일을 더 쉽게 해주지 않는다. 열기가 있다—탄광에 따라 다르지만 어떤 곳에서는 열기로 숨이 막힐 지경이다—그리고 목과 콧구멍을 가득 채우고 눈자위 주위에 쌓이는 석탄 먼지, 끊임없이 덜컹거리는 컨베이어 벨트

소리가 있다. 그 폐쇄된 공간에서는 그 소리는 기관총이 덜컹거리는 소리 같다. 그러나 "필러들"은 철인처럼 보이고, 철인처럼 일한다. 그들은 정말이지 머리끝에서 발끝까지 매끈한 석탄 먼지가 한 켜 덮여 있는 철처럼, 망치로 두들겨 만든 철 입상들처럼 보인다. 광산 갱 안에서 벗고 있는 광부들을 볼 때야 비로소 당신은 그들이 얼마나 멋진 사람들인가를 알게 된다. 그들 대부분은 자그마한 사람들이다(덩치가 큰 사람은 그 일을 하는 데 불리하다). 하지만 거의 모두 가장 훌륭한 몸매를 지녔다. 넓은 어깨선은 날씬하고 유연한 허리로 내려가며 좁아져서, 눈에 확 띄는 작은 엉덩이와 근육질 넓적다리로 이어진다. 어디에도 쓸데없는 군살은 조금도 없다. 열기가 더 많은 광산에서는 그들은 단지 얇은 팬티와 나막신 그리고 무릎 보호대만 착용하고 있다. 가장 열기가 심한 광산에서는 단지 나막신과 무릎 보호대만 착용한다. 그들의 외모만 보고서는 그들이 청년인지 나이 든 사람인지 전혀 구별할 수 없다. 그들의 연령은 청년에서 60세나 65세까지 어느 연령대일 수도 있지만, 까맣고 벌거벗은 그들은 모두 비슷해 보인다. 젊은이의 몸을 지니지 않은 사람은 누구도 그들이 하는 일을 해낼 수 없을 것이다. 게다가 근위병에나 어울릴 자태도 가져야 한다. 허리에 단지 이삼백 그램의 살만 더 있어도 항상 구부리는 일은 불가능할 것이다. 그 광경—몸이 석탄 검댕으로 온통 뒤덮인 사람들이 줄지어서 머리를 숙인 채 무릎 꿇고 엄청난 힘과 속도로 거대한 삽을 석탄층 밑으로 밀어 넣는 광경—을 일단 한 번 보게 되면 당신은 결코 그걸 잊을 수 없다. 그들은 그 일을 일곱 시간 반 동안 한다. 이론적으로는 그들에게 "휴식" 시간은 없지만 실제로는 근무 시간 중 아무 때나 15분이나 그 정도 잠깐 짬을 내서 자신들이 가져온 음식, 보통 두툼한 빵과 기름 덩어리 한 조각과 차가운 차 한 병을 먹는다. 내가 처음으로 "석탄 채우는 사람들"이 일하는 것을 보고 있었을 때, 석탄 먼지 가운데 있는 무언가 무지하게 끈적끈적한 것이 내 손에 닿았다. 그것은 씹는담배를 뱉어낸 것이었다. 거의 모든 광부들은 담배를 씹는다. 그렇게 하면 목마른 것을 방지할 수 있다고 사람들이 말하기 때문이다.

주위에서 일어나고 있는 과정을 파악할 수 있으려면 아마도 서너 군데의 탄갱에 내려가 보아야 할 것이다. 왜냐하면 대체로 탄갱 내의 한 장소에서 다른 장소로 이동하는 것이 매우 힘들어서 이동 이외에는 다른 것을 알아볼 여력이 없기 때문이다. 이것은 어떤 의미에서는 실망스럽기도 하고 적어도 우리가 기대했던 것과는 다른 것이다. 당신은 탄광의 승강기에 탄다. 승강기는 공중전화 통 정도의 폭에 그보다 두 세배 긴 철제 상자이다. 열 사람이 탈 수 있지만 열 사람은 통조림 깡통에 밴댕이가 가득 차 있듯이 승강기를 꼭꼭 채운다. 그리고 키가 큰 사람은 똑바로 서 있을 수 없다. 철문이 닫히면 지상에서 감아올리는 장치를 조정하는 누군가가 당신을 허공 속으로 떨어뜨린다. 당신은 으레 순간적으로 뱃속이 메슥메슥하고, 고막이 터질 것같이 느낀다. 그러나 바닥 가까이 이르기까지는 움직인다는 느낌을 받지 않다가 바닥 가까이에서 승강기가 얼마나 갑자기 속도를 줄이는지 거의 다시 올라가고 있다고 단언할 지경이 된다. 승강기가 한창 운행 중일 때는 아마 시속 100km까지 낼 수 있고, 더 깊은 어떤 광산에서는 그보다 속도를 더 낸다. 탄갱 바닥에 도착해서 승강기에서 기어 나오면 당신은 깊이 400m의 지하에 있게 될 것이다. 말하자면 웬만한 크기의 산을 지고 있는 셈이다. 수백 미터에 이르는 단단한 바위, 사멸한 동물들의 뼈, 지표면 밑의 토양, 부싯돌, 식물의 뿌리, 푸른 풀들과 그 풀을 뜯어 먹는 암소들, 이 모두가 당신의 머리 위에 있고 당신 정강이 정도 굵기의 나무 버팀목들만이 그것들을 지지하고 있다. 하지만 승강기가 내려올 때의 속도가 빠르고 칠흑같이 깜깜한 속을 내려오기 때문에 당신은 "피커딜리" 지하철역에서 그렇듯이 지하 깊은 곳에 있다는 것을 거의 느끼지 못한다.

반면에 놀라운 것은 지하로 내려와서 수평으로 이동해야 하는 거리가 엄청나다는 것이다. 광산에 내려가 보기 전에는 나는 막연히 광부가 승강기에서 내리면 몇 미터 떨어진 곳에 있는 석탄층에서 작업을 시작한다고 생각했다. 그가 일을 시작하기 전에 "런던 브리지"역에서 "옥스퍼드 서커스"역까지의 거리만큼이나 기어가야 할지 모른다는 것을 깨닫지 못했었다. 물론 시초에는 어딘가 석탄 광맥 층 가까이에 환기통이 설치된다. 그러나 그 석탄층을 다 파고 나면 새로운 석탄층을 따라가야 하고, 작업장은 수갱 바닥에서 점점 더 먼 곳에 있게 된다. 환기통 바닥에서 탄층까지의 거리가 1.6km라면 아마 평균 거리라고 할 수 있고, 5km라면 상당히 정상적이라 볼 수 있다. 그 거리가 자그마치 8km나 되는 광산도 몇 군데 있다고 한다. 지하에서의 거리는 땅 위에서의 거리와 전혀 다르다. 왜냐하면 1.6km나 5km의 거리 내에서는 주요 도로 이외에는 사람이 곧추서 있을 수 있는 높이가 되는 곳이 거의 없고 심지어 주요 도로에도 그런 곳이 많지 않기 때문이다.

당신은 환기통에서 2, 3백 미터를 이동하고서야 겨우 이것이 어떤 것인지를 실감하게 된다. 희미하게 불빛이 비추는 폭이 약 3m, 높이 약 1.5m의 수평갱도를 약간 구부정하게 서서 출발한다. 수평갱도의 벽은 더비셔[10]의 돌담처럼 넓적한 혈암 판으로 구축되었다. 1, 2m마다 들보와 대들보를 지지해 주는 나무 버팀목들이 있다. 어떤 대들보들은 환상적인 곡선이어서 그 밑에서는 머리를 홱 숙여야 한다. 대개 밑바닥은 걷기에 좋지 않다. 먼지가 두껍게 쌓여 있거나 혈암 덩어리들이 삐죽삐죽 나와 있거나, 또 물이 많은 어떤 광산에서는 농장 마당같이 불결하기 때문이다. 또한 탄차가 다니는 협궤철로 같은 궤도가 있는데 30cm 내지 60cm마다 침목이 있어서 그 위를 걷는 것은 넌더리 나는 일이다. 혈암 먼지 때문에 모든 것은 회색이다. 불에 타는 듯한 메케한 냄새가 나는데 그것은 거의 모든 광산에서 똑같은 것 같다. 어떤 용도로 쓰이는지 결코 알지 못할 불가사의한 기계들과 철망 위에 함께 내던져 있는 연장 꾸러미들, 그리고 때로는 램프 불빛을 벗어나려고 총알같이 도망치는 생쥐들이 보인다. 생쥐

---

10 영국 중부의 주; 주도는 더비(Derby).

들은 놀랄 만큼 흔한데 말들이 있거나 있었던 광산에서는 특히 그렇다. 그들이 우선 어떻게 그곳에 이르렀는지를 안다면 재미 있을 것이다. 아마도 생쥐들은 환기통으로 떨어졌을 것이다. 생쥐들은 그 무게에 비해 표면적이 매우 크기 때문에 아무리 거리가 먼 곳에 떨어져도 다치지 않는다고들 하기 때문이다. 환기통을 향해 덜커덕거리며 서서히 줄지어 가는 탄차들이 지나갈 수 있도록 자리를 내기 위해서 당신은 벽에 바짝 붙어야 한다. 탄차들은 지표면에서 작동하는 끝없이 이어지는 강철 케이블에 이끌려 간다. 당신은 거친 삼베 커튼과 두꺼운 나무 문들을 통과하여 기어간다. 이것들이 열리면 맹렬한 돌풍을 내보낸다. 이 커튼과 문들은 환기 장치의 중요한 부분들이다. 팬을 이용해서 다 써버린 공기를 한 환기통에서 빨아내면 또 다른 환기통을 통해서 신선한 대기가 저절로 유입된다. 그러나 만약 그대로 내버려 두면 공기는 가장 짧은 거리를 돌아 나갈 것이고 그래서 더 깊은 곳의 작업장은 환기가 되지 않을 것이기 때문에 모든 지름길을 커튼과 문 등의 칸막이로 막아야 한다.

허리를 굽히고 걷는 것은 처음에는 좀 장난 같지만 그 장난은 곧 사라지게 된다. 나는 유별나게 키가 커서 불리한 입장이었지만, 천정이 1.2m나 그보다 더 낮을 때는 아이나 난쟁이가 아니고는 그런 식으로 걷는 것은 누구에게나 힘든 일이다. 몸을 반으로 구부려야 할 뿐 아니라 들보나 대들보를 만나면 그것들을 피할 수 있도록 고개를 항상 위로 향하고 걸어야 한다. 그렇기 때문에 목의 근육이 경련하는 것을 내내 느끼지만 이것은 무룡과 넓적다리의 고통에 비하면 아무것도 아니다. 800m를 걸은 후 그 고통은 참을 수 없는 사투가 된다(과장하는 것이 아니다). 도 대체 끝까지 갈 수나 있을지—도대체 그보다 더 어떻게 돌아갈 수 있을 것인지를 생각하기 시작한다. 속도는 점점 더 느려진다. 200m 가량 되는, 유별나게 천정이 낮고 그래서 쪼그린 자세로 가야만 하는 지역에 도달한다. 그러다가 갑자기 신비스럽게도 천정이 높이 열려서—아마 예전에 바위가 떨어진 곳이었을 것 이다—약 20m를 꼿꼿이 서서 걸을 수 있다. 그처럼 고통에서 잠 시 벗어나는 것은 굉장한 것이다. 하지만 그 후에는 천정이 낮은 100m의 또 다른 구역이 있고 그런 다음에는 연속적으로 들보가 있어서 그 밑으로 기어가야 한다. 엉금엉금 기어가야 하지만 쪼 그리고 가야 했던 것에 비하면 한숨 돌리는 것이다. 그러나 마지 막 들보를 통과하고 다시 일어서려고 할 때 무릎이 임시로 파업 해서 일어서기를 거부한다. 당신은 수치스럽게 정지를 요청하 고 잠깐 쉬고 싶다고 말한다. 안내자(광부)는 동정적이다. 그는 당신의 근육이 자신의 근육 같지 않다는 것을 안다. "단지 400m 만 더 가면 됩니다." 그가 격려하듯 말한다. 당신은 그가 마치 400km를 더 가야 한다고 말하는 것과 다름없다고 느낀다. 그러 나 어떻게 해서든 드디어 탄층까지 기어간다. 1.6km를 가는 데 꼬박 한 시간이 걸렸다. 광부라면 그만큼 가는데 20분 이상 걸리 지 않을 것이다. 탄층에 이르러 석탄 먼지 속에서 네 활개를 펴 고 3, 4분간 누워 기운을 되찾은 후에야 제정신으로 일이 진행되 는 것을 관찰할 수 있다.

돌아오는 길은 갈 때보다 더 어렵다. 이미 지쳐 있기도 하지만 환기통으로 돌아오는 길은 약간 오르막길이기 때문이다. 낮은 곳을 통과할 때 거북이 속도로 간다. 무릎이 제대로 말을 듣지 않으면 이제는 부끄러워하지도 않고 멈추자고 요청한다. 들고 가는 램프조차 귀찮아지고 그리고 아마 비틀거리다가 그걸 떨어뜨릴 수도 있다. 데이비램프라면 떨어뜨리면 불이 꺼진다. 들보를 피하는 것이 점점 더 힘들어진다. 그리고 때때로 피하는 걸 잊는다. 광부들처럼 머리를 숙이고 걸으려 하면 등뼈를 얻어맞는다. 광부들조차 매우 자주 등뼈를 얻어맞는다. 거의 반은 벌거벗은 채로 일해야만 하는 매우 더운 광산에서 대부분 광부가, 그들 말로 "등 단추"라 부르는 것—각 등뼈에 있는 영구적인 딱지—을 지니게 되는 것은 그 때문이다. 길이 내리막일 때는 광부들은 때때로 밑바닥이 텅 비어 있는 나막신을 트롤리 궤도에 끼워 넣고 미끄럼을 탄다. "이동"이 매우 어려운 광산에서는 모든 광부들은 약 75cm 정도의 지팡이들을 가지고 다닌다. 그 지팡이 손잡이 부분 아래는 움푹 파여 있다. 천정이 정상적인 곳에서는 지팡이 손잡이를 잡고 가고, 천정이 낮은 곳에서는 손으로 지팡이의 움푹 팬 곳을 잡는다. 이 지팡이들은 대단한 도움이 된다. 그리고 나무로 된 안전 헬멧—비교적 최근 발명품인데—은 신이 보내 준 선물이다. 이 헬멧은 프랑스나 이탈리아산(産) 강철 헬멧처럼 보이지만, 일종의 고갱이로 만든 것으로 아주 가볍고 매우 튼튼해서 머리를 심하게 얻어맞아도 느끼지 못할 정도다. 세 시간 정도를 지하에서 보내고 3km 정도를 걸은 후 드디어 지표면으로 되돌아오면, 당신은 지표면에서 40km를 걸었을 때보다 더 지친다. 그 후 일주일간 넓적다리가 어찌나 뻣뻣한지 층계를 내려오는 것이 매우 어려운 재주를 부리는 것과 같을 것이다. 무릎을 굽히지 않고 기묘한 모습으로 옆으로 내려와야만 한다. 광부 친구들은 당신의 걸음걸이가 뻣뻣한 걸 알아보고 당신을 놀린다. ("막 장으로 내려가 일하고 싶어요? 그래요?" 등등) 그렇지만 광부라 해도, 가령 병 때문에 오래 일을 쉬었던 사람이 다시 갱도에 일하러 가면, 처음 며칠은 매우 고통스러워한다.

내가 과장하는 것으로 보일 수도 있다. 구식 탄갱(영국 광산 의 대부분이 구식이다)에 내려가 본 적이 있는 사람, 그리고 탄층까지 실제로 가본 경험이 있는 사람은 아무도 과장한다고 말하지 않을 것이다. 그러나 내가 강조하고 싶은 것은 이것이다. 기어가고 기어와야 하는 끔찍한 일은 그 자체만으로도 보통 사람에게는 힘든 하루 일거리가 된다는 것이다. 그런데 이것은 광부가 하는 작업의 일부분이 아니라 도시에 사는 사람이 매일 지하철을 타고 일터에 가듯이 단순히 부가적인 일이다. 광부는 석탄층까지 가고 오는 이동을 해야 하고 그사이에 7시간 반에 걸쳐 거친 작업을 해야 한다. 나는 탄층까지 가는데 1.6km 이상을 이동해 본 경험이 없다. 그러나 광부는 종종 5km 이상을 가야 할 때가 있다. 그런 경우 광부가 아닌 나나 대부분 사람들은 결코 석탄층까지 가지 못할 것이다. 이것이 우리가 항상 놓치기 쉬운 점이다. 우리가 광산을 생각할 때 우리는 깊이, 열기, 어두움, 석탄층에서 석탄을 파헤치는 검댕을 뒤집어 쓴 모습들을 생각한다. 수

km를 기어가고 기어와야 한다는 것을 우리가 딱히 생각하는 것은 아니다. 또한 시간문제도 있다. 광부의 7시간 반이라는 근무 시간은 매우 긴 것 같지 않다. 그러나 우리는 거기에 적어도 하루 한 시간, 종종 두 시간, 때로는 세 시간의 "이동"에 드는 시간을 보태야 한다. 물론 엄밀히 말해서 "이동"을 근무 시간이라고 볼 수 없고 그것에 대해 급료를 받지는 못하지만, 그것은 일이나 다름없다. 광부들은 이것을 전혀 개의치 않는다고 말하기는 쉽다. 당신이나 내가 이동하는 것이 광부가 이동하는 것과 똑같지 않은 것은 확실하다. 그들은 어린 시절부터 그 일을 해왔고, 그 일을 해낼 수 있는 단단한 근육을 지녔다. 그래서 그들은 깜짝 놀랄 만큼 날렵하게 지하를 오갈 수 있다. 내가 겨우 비틀거리기나 할 뿐인 곳에서 광부는 고개를 숙이고 성큼성큼 당당하게 **달린다**. 그들이 일할 때 보면 그들은 거의 개처럼 탄갱 들보를 피하면서 팔다리로 기어 다니며 일한다. 하지만 그들이 그것을 즐긴다고 생각하는 것은 상당한 오해다. 나는 여기에 대해서 수십 명의 광부들과 이야기를 나누었는데 그들 모두 "이동"이 힘들다는 것을 인정했다. 어쨌든 그들이 자기들끼리 탄갱에 관해 이야기하는 것을 듣게 되는 경우, 으레 이야기하는 것 중 하나는 언제나 "이동"에 관해서다. 한 근무조가 일을 갈 때보다 올 때 속도가 더 빠르다고들 이야기한다. 그렇긴 해도 모든 광부들은 특별히 넌더리 나는 것은 힘든 하루의 일을 마치고 돌아오는 길이라고 말한다. 광부들은 일의 일부이기 때문에 감당하긴 하지만 그것은 분명히 힘든 일이다. 아마도 그 일은 당신이 하루의 일을 시작하기 전과 마친 후에 자그마한 산을 오르는 것에 비유할 수 있을 것이다.

탄갱 두세 곳에 내려가서 보면 당신은 지하에서 진행되는 과정을 다소 파악하기 시작한다. (그런데 나는 광산의 기술적인 측면에 대해서는 아무것도 모른다고 이야기해야 마땅하다. 나는 내가 본 것을 단순히 묘사하는 것에 지나지 않는다.) 석탄은 거대한 암반 사이에 있는 얇은 광맥 층에 들어 있다. 그래서 석탄을 채굴하는 과정은 본질적으로 나폴리 아이스크림[11]에서 맨 가운데 있는 아이스크림 층을 떠내는 것과 같다. 예전에는 광부가 곡괭이와 쇠지레를 써서 곧장 석탄을 잘라 내곤 했다. 그건 매우 느린 작업인데, 사람의 손길이 닿은 적이 없는 석탄은 거의 바위만큼 단단하기 때문이다. 오늘날은 전기로 작동하는 석탄 절단기로 예비 작업이 이루어진다. 석탄 절단기는 대체로 어마어마하게 내구성이 강하고 힘센 띠톱으로서, 톱니 길이는 6cm내지 7cm이고 두께는 1.3cm 내지 2.5cm에 이르는데 수직이 아니라 수평으로 톱질한다. 절단기는 그 자체의 힘으로 앞뒤로 움직일 수 있고 그것을 운전하는 사람이 이쪽저쪽으로 돌릴 수 있다. 부수적으로 그것은 내가 들은 소리 중 가장 끔찍하게 시끄러운 소리를 내며 어찌나 석탄 먼지를 구름처럼 뿜어내는지 80cm나 90cm 이상을 볼 수가 없고 숨쉬기가 거의 불가능하다. 이 기계는 탄층을 따라 움직여 가면서 석탄층 밑바닥을 절단해서 석탄을 1.5m나 1.7m 깊

---

11 3색 아이스크림.

이로 판다. 이렇게 해놓으면 파헤쳐진 부분까지 석탄을 채취하는 것은 상대적으로 쉬운 일이다. 하지만 "석탄 채취가 어려운" 곳에서는 폭약을 사용해서 석탄을 풀어 놓아야 한다. 도로를 보수할 때 쓰는 드릴보다 좀 작은 종류의 전기 드릴을 가진 사람이 석탄층 안에 간격을 두고 구멍을 뚫어 그 구멍에 폭약 가루를 집어넣고 진흙으로 막은 후, 쉽게 갈 수 있는 곳으로 피신해서 (약 25m 이상 떨어진 곳으로 가도록 되어 있다.) 집어넣은 폭약 가루를 전류로 폭발시킨다. 이것은 석탄을 캐내는 게 아니라 단지 석탄을 느슨하게 해놓기 위한 것이다. 물론 때때로 폭약이 너무 강력하면 석탄을 느슨하게 할 뿐 아니라 천정을 무너뜨리기도 한다.

폭파가 이루어지면 "필러들"이 석탄을 굴려 꺼내서 잘게 부수어 삽으로 퍼서 컨베이어 벨트에 올려놓는다. 석탄은 애초에는 거대한 둥근 돌덩어리로 나오는데 그 무게가 20톤까지 나갈 수 있다. 컨베이어 벨트는 석탄을 탄차에 던져 넣고 그러면 그 탄차는 간선도로로 밀어 보내져서 끊임없이 돌아가는 강철 케이블에 연결되어 승강기로 간다. 승강기로 끌어 올려진 석탄은 지표면에서 채 위를 지나가며 분류된다. 필요하면 석탄을 씻기도 한다. 가능한 한 "폐석"—즉 혈암—은 지하의 길을 만드는 데 사용된다. 길을 만드는 데 다 쓰지 못한 혈암은 지표면으로 보내서 내버린다. 그래서 추악한 회색빛 산 같은 "폐석 더미"가 생기게 되고 그것이 광산 지역의 특징적인 풍경을 이루게 된다. 기계가 잘라 놓은 깊이까지 석탄이 채취되면 석탄층은 1.5m까지 앞으로 나가게 된다. 새로 생긴 천정을 지지하기 위해 새로운 버팀목이 설치되고 그러면 다음 근무 시간 동안 컨베이어 벨트는 해체되어 1.5m 앞으로 옮겨져서 재조립된다. 가능하면 절단, 폭파, 채탄의 세 작업은 세 근무 시간에 행해진다. 오후에 절단하게 되면 폭파는 밤에 이루어지고(항상 지켜지지는 않지만 다른 사람들이 가까이에서 일할 때는 폭파를 금지하는 법이 있다), 그리고 "채탄"은 아침 근무조에서 이루어진다. 아침 근무조는 오전 6시에서 오후 1시 30분까지 일한다.

당신이 석탄 캐는 과정을 관찰한다 해도 아마 단지 잠시만 관찰할 수 있을 것이다. 그리고 몇 가지 계산을 해보기 시작하고서야 비로소 "필러들"의 임무가 얼마나 엄청난 것인지를 깨닫는다. 보통 각 광부는 4,5m 넓이의 공간에 있는 석탄을 모두 채취해야 한다. 절단기는 석탄을 1.5m 깊이까지 파놓는다. 그래서 엷은 석탄층이 약 1m 높이라면 각자가 잘라 내고. 잘게 부셔서 컨베이어 벨트에 올려놓아야 하는 석탄의 양은 7에서 12입방미터까지 된다. 1입방미터가 2700의 중량이 나간다고 하면 각 광부는 1시간에 2톤에 가까운 석탄을 옮기는 꼴이 되는 것이다. 곡괭이와 부삽으로 일해본 내 경험에 비추어 이것이 무엇을 의미하는지를 나는 겨우 이해할 수 있다. 정원에 도랑을 팔 때, 내가 오후에 2톤의 흙을 옮긴다면 나는 내 밥값을 했다고 느낀다. 그러나 석탄에 비하면 흙은 다루기 쉬운 물질이다. 그리고 지하 330m의 숨이 콱 막히는 열기 속에서 무릎을 꿇고 호흡할 때마다 석탄 먼지를 들이쉬며 일하는 것도 아니다. 또한 일을 시작하기 전에 몸을 구부리고 1.6km를 걸어가야 할 필요도 없다. 광부의 일이란 날아가는 그네 위에서 묘기를 부리는 것이나 대 장애물 경마에서 우승하는 것이 내 능력에 벅찬 것처럼, 내 능력에 벅찬 일일 것이다. 나는 육체노동자가 아니다. 그리고 사정이 허락하면 결코 육체노동자가 되지 않을 것이다. 그러나 만약 꼭 그래야 한다면 내가 해낼 수 있는 육체노동이 있다. 나는 어느 정도 쓸만한 도로 청소부나 비효율적인 정원사나, 아니면 형편없는 농장 노동자는 될 것이다. 그러나 생각해낼 수 있는 온갖 노력을 하고 훈련을 받는다고 해도 나는 석탄 광부는 될 수 없다. 그 일은 나를 몇 주안에 죽게 할 것이다.

석탄 광부가 일하는 것을 바라보면 당신은 문득 사람들이 얼마나 서로 다른 세계에서 사는지를 깨닫게 된다. 석탄을 캐내는 저 지하 세계는, 사람들이 거기에 대해 전혀 듣지 못한다 해도 삶을 수월하게 살아갈 수 있는 지상 세계와 얼마나 동떨어져 있는가. 아마도 대다수 사람들은 그 세계에 대해 듣지 않는 편을 택할 것이다. 그런데도 그 지하 세계는 지상에 있는 우리 세계에 절대적으로 필요한 우리의 동반자이다. 실제로 우리가 하는 모든 것, 아이스크림을 먹는 것에서 대서양을 건너는 것 그리고 빵한 줄을 굽는 것에서 소설 쓰기에 이르기까지, 이 모두는 석탄을 사용하는 것과 직접 혹은 간접적으로 관계가 있다. 평화를 유지하는 모든 기술에 석탄이 필요하다. 만일 전쟁이 일어나면 석탄이 더욱더 필요하다. 혁명기에 광부는 계속 일해야 하지, 그렇지 않으면 혁명은 반드시 중단되리라. 반동만큼 혁명에도 석탄이 필요하기 때문이다. 지상에서 무슨 일이 일어나든지 석탄을 자르고 삽질하는 일은 간단없이 계속되어야 하거나 혹은 적어도 2, 3주 이상은 멈추지 말아야 한다. 히틀러가 거위걸음으로 행진하기 위해서는, 교황이 볼셰비즘을 비난하기 위해서는, 로즈 경기장[12]에 관중이 모이기 위해서는, 동성애자 시인들이 서로의 등을 긁어 주기 위해서는 석탄은 반드시 생산되어야 한다. 그렇지만 대체로 우리는 그것을 의식하지 못하고 있다. 우리는 모두 "석탄이 반드시 있어야 한다"는 것을 안다. 그러나 거의 혹은 결코 석탄을 얻기 위한 과정이 어떤 것인지를 떠올리지 못한다. 나는 여기 안락한 석탄불 앞에 앉아서 글을 쓰고 있다. 4월이지만 내게는 여전히 불이 필요하다. 보름에 한 번 석탄 배달차가 문까지 온다. 그리고 가죽조끼를 입은 사람들이 타르 냄새를 풍기는 튼튼한 자루에 담은 석탄을 집 안으로 운반해서 층계 밑에 있는 석탄 통에 절걱절걱 소리를 내며 던져 넣는다. 내가 정신적으로 노력한다 해도 이 석탄을 멀리 있는 광산에서의 노동과 연결하게 하는 때는 분명히 거의 없다. 그것은 그저 "석탄"일 뿐이다. 무언가 나에게 꼭 필요한 것에 지나지 않는다. 돈을 지급해야 하는 것을 빼고는 만나[13]처럼 특히 미지의 장소에서 신비스럽게 오는 검은색 물질일 뿐이다. 당신은 차를 몰고 느긋한 마음으로 영국 북부를 횡단할 수 있다. 그러면서 달리고 있는 길의 밑, 백여

---

12 영국 런던의 크리켓 경기장.

13 《성경》의 〈출애굽기〉에 나오는 이집트를 탈출한 이스라엘 백성이 광야를 헤맬 때 하나님에게서 받은 음식.

미터 지하에서 광부들이 석탄을 캐고 있다는 것을 결코 한 번도 떠올리지 않는다. 하지만 어떤 의미에서는 당신의 차가 앞으로 달리도록 하는 것은 광부들이다. 램프로 불을 밝혀야 하는 저 지하의 세계는 꽃에 뿌리가 필요하듯이 낮 세계에 필요한 존재이다.

광산의 조건이 지금의 상황보다 더 나빴던 것은 오래전 일이 아니다. 젊은 시절에 허리에는 마구를 둘러매고 다리 사이에는 쇠사슬이 지나가는 상황에서 팔다리로 기어서 탄차를 질질 끄는 일을 지하에서 했던 노부인들이 아직도 몇 사람 살아 있다. 그녀들은 임신 중일 때도 이 일을 계속하곤 했다. 요즈음에도 만약 임신한 여성들이 석탄 차를 끌어야만 석탄을 얻을 수 있다면 우리는 석탄 없이 지내기보다 차라리 임신부들이 탄차를 끌게 하리라고 나는 생각한다. 그러나 대부분 시간을 그들이 그렇게 일하고 있다는 것을 잊는 편을 택하리라. 이런 것은 모든 종류의 육체노동에서도 마찬가지다. 그 노동 덕분에 우리가 계속 살아가지만 우리는 그 존재를 망각한다. 아마 육체노동자의 전형으로는 누구보다도 광부를 꼽을 수 있을 것이다. 그가 하는 일이 매우 끔찍할 뿐 아니라, 절대적으로 필요한 것임에도 불구하고 우리의 경험과는 매우 동떨어져 있기 때문에, 말하자면 눈에 전혀 보이지 않기 때문에 우리는 그들의 노동을 잊을 수 있는 것이다. 우리가 우리 혈관의 피를 잊고 지내는 것처럼 말이다. 어느 면에서는 광부가 일하는 것을 바라보는 것조차 수치스러운 일이다. 그가 일하는 것을 바라보고 있으면 마음속에 불현듯 "지식인"으로서 그리고 일반적으로 좀 더 상위층에 있는 사람으로 서의 자기 자신의 지위에 대해 덧없는 의구심이 든다. 적어도 그들이 일하는 것을 바라보는 동안 우월한 자가 우월하게 버틸 수 있도록 해주는 것은 광부들이 땀 흘리며 열심히 일하기 때문이라는 것이 명백해지기 때문이다. 당신과 나 그리고《타임 문학 부록》의 편집자, 그리고 동성애자 시인들과 캔터베리 대주교와 《유아를 위한 마르크시즘》의 저자인 동지 X—우리가 모두 비교적 고상하게 살 수 있는 것은 **정말이지** 목구멍에는 석탄 먼지가 가득하고 눈까지 시꺼멓게 된 채 강철 같은 팔과 배의 근육으로 삽질을 해대며 지하에서 악착스럽게 일하는 이 가련한 사람들 덕택이다.

3장

탄갱에서 지상으로 올라온 광부의 얼굴은 어쩌나 창백한지. 석
탄 먼지가 얼굴을 한 켜 덮고 있는데도 그 창백함이 눈에 띈다.
그가 계속해서 오염된 공기를 호흡했기 때문인데 창백함은 곧
사라진다. 남부에서 처음으로 광산 지역에 온 사람들에게는 수
백 명의 광부들이 근무를 마치고 탄갱에서 줄지어 나오는 광경
은 낯설고 약간 위협적으로 보이기도 한다. 오목한 부분마다 석
탄 먼지가 달라붙어 있는 그들의 지친 얼굴은 사납고 난폭해 보
인다. 얼굴이 깨끗한 다른 때에 그들은 그 지역의 주민들과 별반
다르지 않다. 광부들은 어깨를 쫙 펴고, 지하에서 계속 몸을 구
부리고 있었던 것에 대한 반작용으로, 굉장히 꼿꼿하게 걷지만,
이들 대부분은 키가 자그마하고 몸에 잘 맞지 않는 두꺼운 옷을
입고 있어서 그들의 멋진 몸이 드러나지 않는다. 가장 확실한 그
들의 특징은 그들의 코에 있는 푸른색 흉터이다. 모든 광부는 이
마와 코에 푸른색 흉터가 있는데 이들은 이 흉터를 죽을 때까지
지닐 것이다. 지하 대기에 가득 차 있는 석탄 먼지가 모든 상처
에 파고 들어가게 되고 그 후 그 위에 새 살이 돋으면 문신처럼

푸른색 얼룩이 생기게 된다. 실상 그것은 문신이다. 이런 이유로 노광부들 중 어떤 이들은 이마에 로크포르 치즈[14] 같은 정맥을 지니고 있다. 지상으로 올라오자마자 광부는 약간의 물로 입을 헹구어서 목과 콧구멍에 있는 가장 심한 석탄 먼지를 우선 제거하고 그런 다음에 집으로 가서 각자 성질대로 목욕하거나 말거나 한다. 내가 관찰한 바로는 대부분 광부들은 우선 식사한 후에 목욕하는 쪽을 택한다. 나라도 그들의 입장이라면 그렇게 할 것이다. 광부가 크리스티 악단[15] 단원처럼 검은 얼굴을 하고 식탁에 앉아 있는 것을 보는 것은 흔한 일이다. 그의 얼굴은 완전히 검은 먼지로 덮여 있고 음식을 먹어서 먼지가 씻긴 입술만 유독 매우 붉다. 식사 후에 그는 커다란 물통에 물을 담아 매우 꼼꼼하게 몸을 씻는다. 제일 먼저 손을 씻고 그다음에 가슴, 목, 겨드랑이 그리고 팔뚝을 씻은 후에 얼굴과 머리(석탄 먼지가 제일 두껍게 달라붙는 곳은 머리다)를 씻는다. 그 후에 그의 아내가 플란넬 천으로 그의 등을 씻는다. 이제까지 그는 윗몸을 씻었을 뿐이고 아마 그의 배꼽은 여전히 석탄 먼지의 보금자리일 것이다. 그렇지만 한 통의 물로 적당하게 깨끗이 씻는 데는 상당한 기술이 필요하다. 내 경우에는 탄광에 다녀온 후 두 번에 걸쳐서 철저히 목욕하는 것이 필요했다. 눈자위에서 먼지를 털어 내는 것만도

---

14 양젖으로 만든 풍미가 진한 치즈.

15 영국에서 19세기 후반에 활동했던 얼굴을 검게 칠하고 흑인 노래를 부르는 순회 악단.

10분이 걸리는 일이다.

규모가 크고 설비가 더 좋은 채탄장에는 목욕탕이 갱구에 있다. 이것은 대단히 편리하다. 왜냐하면 광부는 매일 편안하고 호사스럽게 온몸을 깨끗하게 씻을 수 있을 뿐 아니라 목욕탕에 있는 두 개의 보관함을 사용하여 탄갱에서 입는 옷과 평상복을 구분하여 둘 수 있어서, 흑인처럼 까맣게 되어서 올라온 후에 20분이 채 되기 전에 광부는 성장하고 축구 시합을 관람하러 달려갈 수 있기 때문이다. 그러나 목욕탕을 가진 광산은 비교적 드물다. 부분적인 이유는 석탄층이 영원히 계속되는 것이 아니어서 수갱을 설치할 때마다 매번 목욕탕을 짓는 것이 반드시 가치 있는 일은 아니기 때문이다. 정확한 숫자를 입수할 수는 없었지만 갱구 목욕탕 혜택을 입는 광부는 세 사람 중 한 사람도 채 안 되는 것 같다. 아마도 대다수의 광부들이 일주일에 적어도 6일 동안 허리 아래는 완전히 까만 몸으로 지낼 것이다. 그들이 집에서 온몸을 완전히 씻는 것은 거의 불가능한 일이다. 한 방울의 물도 데워야 하며, 게다가 작은 거실은, 부엌 조리용 레인지와 어느 정도의 가구는 별도로 친다 해도, 아내, 아이들, 그리고 십중팔구는 한 마리의 개가 기거해야 할 공간이기 때문에 단순히 목욕을 제대로 할 만한 공간이 없다. 욕조가 있다 해도 가구에 물을 튀기지 않을 수 없다. 중류 계급 사람들이 광부들은 할 수 있을 때도 철저하게 몸을 씻지 않는다고 즐겨 이야기하는 것은 말도 되지 않는다. 이 말이 난센스라는 것은 갱구 목욕탕이 있는 곳에서는 모든 광부들이 그것을 사용한다는 사실에서 알 수 있다.

단지 나이가 많은 광부들만이 여전히 다리를 씻는 것이 "요통을 일으킨다"라고 믿고 있다. 더구나 갱구 목욕탕이 있는 곳에서는 그 목욕탕은 전적으로 아니면 부분적으로 광부 자신들이 지급하는 광부복지기금으로 운영된다. 때로는 탄광 회사에서 기부금을 내기도 하고 때로는 복지기금이 전체 비용을 감당하기도 한다. 그러나 의심할 바 없이 최근에도 브라이튼[16]의 하숙집에서 노부인들은 "광부들에게 목욕탕을 쓰게 해주면 그들은 그 목욕탕을 단지 석탄을 쟁여두는 데만 사용할 거다"고 말하고 있다.

사실 광부들이 일하고 자는 시간 이외에 시간이 얼마나 빠듯한지를 안다면 그들이 그처럼 규칙적으로 몸을 씻는다는 것만 해도 놀라운 일이다. 광부의 근무 시간이 하루에 단지 일곱 시간 반이라고 생각하는 것은 대단한 오해이다. 일곱 시간 반이라는 것은 실제로 그들이 채탄하는 데만 보내는 시간이다. 그러나 내가 이미 설명했듯이 이 작업 시간에 "이동" 시간을 더해야만 한다. "이동"에 걸리는 시간이 한 시간 이하일 때는 드물고 종종 세 시간이 될 수도 있다. 게다가 대부분의 광부들은 탄갱으로 오가는 데 많은 시간을 보내야만 한다. 산업지역 전체의 주택난은 매우 심각해서, 탄갱 주위에 마을이 모여 있는 작은 광산촌에서만 광부들은 확실히 작업장 가까이에 살 수 있다. 내가 머물렀던 좀 더 큰 광산 마을에서는 거의 모든 광부들은 버스를 타고 일하러 갔다. 보통 ½크라운을 일주일의 차비로 쓰는 것 같았다. 나와

---

16 영국 남부의 도시, 해변 휴양지.

같은 집에 머물렀던 한 광부는 오전 6시부터 오후 1시 30분까지 일하는 아침 근무조에서 일했다. 그는 아침 4시 15분 전에 기상했고 대략 오후 3시 이후에 돌아왔다. 내가 머물렀던 또 다른 집에서는 15세의 소년이 야간 근무를 했다. 그는 저녁 9시에 일하러 갔다가 아침 8시에 돌아와서 조반을 들고는 재빨리 침대에 들어서 저녁 6시까지 잠을 잤다. 그래서 그의 여유 시간은 하루에 약 4시간이었다―씻고, 식사하고, 옷 입는 시간을 빼고 나면 실상은 그보다 훨씬 적었다.

광부가 한 근무조에서 다른 근무조로 바뀔 때 광부의 가족이 적응해야 하는 것들은 틀림없이 극도로 짜증이 나는 일일 것이다. 만약 야간 근무조라면 그는 아침 식사 시간에 맞춰 돌아올 수 있다. 그리고 아침 근무조라면 오후 한나절에 집에 온다. 그리고 오후 근무조라면 한밤중에 돌아온다. 그런데 물론 어느 조에서 작업해도 그는 그날의 가장 중요한 식사를 집에 오자마자 먹기를 원한다. 나는 W.R. 인지 목사가 《영국》이라는 저서에서 광부들은 식탐가라고 비난한 것을 안다. 내가 관찰한 바로는 그들은 놀랄 정도로 조금 먹는다. 내가 함께 숙식했던 대부분의 광부들은 나보다 약간 적게 먹었다. 많은 광부들은 일하기 전에 많이 먹게 되면 하루치 작업을 할 수 없다고 단언한다. 그리고 그들이 가지고 가는 음식은 단지 스낵 정도로서 소고기 기름을 바른 빵과 차가운 한 잔의 차뿐이다. 그들은 그것들을 스냅 캔[17]이

---

17 영국 방언으로 노동자·여행자의 도시락.

라 불리는 납작한 도시락통에 넣어서 끈으로 혁대에 묶는다. 광부가 밤늦게 집에 돌아올 때 아내는 깨어서 그를 기다린다. 그러나 아침에 근무할 때는 혼자서 아침을 먹는 것이 관습인 것 같았다. 아침 근무 때 일하러 가기 전에 여자를 보게 되면 재수가 없다고 하는 오래된 미신이 분명히 아직 완전히 사라지지 않았다. 예전에는 이른 아침에 우연히 여자를 만나게 되는 광부는 종종 그날 일을 하지 않고 되돌아섰다고 한다.

광부들은 비교적 좋은 급료를 받는다는 널리 퍼져 있는 오해를 나도 탄광 지역에 가보기 전에는 믿었다. 광부가 근무조에서 한번 작업하면 10이나 11실링을 받는다고 대충 말들 한다. 그래서 곱셈을 좀 해서 모든 광부가 대략 한 주에 3파운드, 아니면 일년에 150파운드를 번다고 우리는 결론짓는다. 그러나 광부가 교대 근무 한 번의 작업으로 10이나 11실링을 받는다는 말은 대단한 오해를 불러일으키는 말이다. 우선 이런 급료를 받는 사람은 실제로 석탄을 "캐는 사람"이다. 예를 들어서 갱도의 천정을 돌보는 탄광의 "날품팔이 인부"는 대개 한 번의 근무 시간에 더 낮은 급여, 즉 8실링이나 9실링을 받는다. 또 많은 경우에 석탄 "캐는 사람"이 한 톤 캐는 데 얼마를 받는 식으로 성과급으로 일하게 되면 그의 급료는 석탄의 질에 따라 결정된다. 기계가 고장난다던가 아니면 "단층"—말하자면 석탄층에 암반 줄이 끼어 있는 것—을 만나게 되면 광부는 한 번에 하루나 이틀의 벌이를 빼앗길 수도 있다. 그러나 어쨌든 우리는 광부가 한 주에 6일, 일년에 52주, 일한다고 생각하면 안 된다. 거의 확실히 일시적으로

"일이 없는" 날들이 여러 날 있을 것이다. 1934년도에 나이와 성별을 통틀어서 영국의 모든 광산 노동자가 한 번의 근무 시간에 받은 평균 임금은 9실링 1.75데나리온[18]이었다.[19] 만일 모든 광부들이 항상 일한다면 광부의 수입은 일 년에 142파운드를 조금 웃돌 것이고, 주급으로는 거의 2파운드 15실링이 될 것이다. 그러나 그의 실제 수입은 이보다 훨씬 낮다. 왜냐하면 9실링 1.75페니라는 계산은 단순히 실제로 근무 시간에 일한 노동에 대한 평균 임금을 계산한 것이고 일을 쉰 날들은 고려하지 않았기 때문이다.

내 앞에는 요크셔의 한 광부가 1936년 초 5주간(연속적인 것은 아니었다)에 받은 다섯 개의 급여 명세서가 있다. 이 명세서의 것들을 평균하면 세전 주급은 2파운드 15실링 2페니이다. 이것은 이 사람이 교대 근무로 한 번 일했을 때의 평균 임금이 거의 9실링 2.5페니라는 것을 나타낸다. 그러나 이 명세서들은 거의 모든 광산들이 전 시간에 걸쳐 운영되는 겨울철의 것들이다. 봄이 다가오면서 석탄 거래는 불경기에 접어들게 되고 점점 더 많은 광부들이 "임시로 일을 쉬게" 된다. 반면에 법률적으로 말해서 여전히 일하는 다른 광부들도 매주 하루나 이틀은 일을 쉰다. 그렇기 때문에 150파운드의 연봉이나 142파운드의 연봉이라는 것조차 광부의 연간 수입으로서는 매우 부풀려진 것이다. 실상

---

18 1971년까지 펜스, 페니의 약자.

19 1935년도《채탄소 연감 및 석탄 거래 주소록》에서—원주

1934년에 영국 전체에서 모든 광부들의 세전 평균 수입은 115 파운드 11실링 6페니에 불과했다. 그것은 지역에 따라서 상당히 달라서 스코틀랜드에서는 133파운드 2실링 8페니로 높았고, 반면에 더럼[20]에서는 연 수입이 105파운드를 약간 밑돌아서 주급이 겨우 2파운드 정도였다. 나는 이 수치들을 요크셔의 반즐리[21] 시장인 조셉 존스 씨가 쓴《석탄 통》에서 얻었다 존스 씨는 다음과 같이 덧붙인다.

> "이런 수치들은 성인뿐 아니라 미성년자의 급여와 높은 급여를 받는 사람뿐 아니라 낮은 급여를 받는 사람들 모두를 포함한 것이다…… 이 수치에는 특별히 높은 급여를 받는 사람들의 수입도 포함되었을 것이다. 사무직들과 높은 급여를 받는 다른 사람들의 급여뿐 아니라 시간외 작업에 지급된 높은 급여도 포함된 것처럼 말이다. ……
>
> "이 수치들은 평균 수치이기 때문에…… *평균치를 훨씬 밑도는 급여를 받는, 한 주에 겨우 30에서 40실링, 혹은 그보다 덜 받는 수천 명의 성인들의 입장을 나타내 주지 못한다.*"

이탤릭체는 존스 씨가 쓴 것이다. 그러나 이 끔찍한 급여는 **세전** 급여라는 것에 주목하라. 게다가 광부의 주급에서는 매주 온갖 종류의 공제가 이루어진다. 랭커셔[22]의 어떤 지역에서 매

---

20 영국 동북부의 주에 있는 중심 도시.

21 영국 잉글랜드 북부, 요크셔 남쪽의 도시.

22 잉글랜드 북서부의 주, 공업 지대.

주 통상적으로 공제되는 목록들을 내가 받았는데 그것은 다음과 같다.

보험(실업과 건강)	…………	1실링	5페니
램프 대여	…………		6페니
연장 연마	…………		6페니
검량감시인	…………		9페니
보건소	…………		2페니
병원	…………		1페니
기부	…………		6페니
노조 회비	…………		6페니
합계	…………	4실링	5페니

이 공제 항목 중에서 기부와 노조 회비는 소위 광부 자신의 책임하에 이루어지지만, 다른 항목들은 채탄 회사에서 부과하는 것이다. 이 항목들은 지역마다 다 똑같지는 않다. 예를 들어 광부로 하여금 램프 대여료를 내게 하는 사악한 협잡(한 주에 6페니, 그 금액으로 그는 한 해에 램프를 대여섯 개 살 수 있다)이 모든 곳에서 일어나는 것은 아니다. 그러나 공제 금액은 항상 거의 같은 금액에 이르는 것 같다. 요크셔 광부의 다섯 개의 급여 명세서에서 총수입은 평균 주당 2파운드 15실링 2페니이다. 공제 후 평균 수입은 2파운드 11실링 4페니에 불과하다—한 주에 공제된 것이 3실링 10페니이다. 그러나 급여 명세서는 자연히 채탄 회사를 통해 부과되거나 지급하는 공제 항목들만을 언급한다.

여기에 노조 회비를 더해야 하는데 이렇게 되면 주당 공제 합계는 4실링이 넘을 수도 있다. 아마도 모든 성인 광부의 주급에서 이런저런 공제 항목으로 4실링이나 그런 정도가 나간다고 보는 것이 무난할 것이다. 그래서 1934년도에 영국 전역에서 광산 노동자의 평균 연간 수입 115파운드 11실링 6페니라는 것은 실제로는 105파운드에 가까운 금액이 된다. 이것에 반하여 대부분의 광부들은 현물 지급 같은 할인을 받아서 그들은 보통 1톤에 8이나 9실링의 할인 가격으로 자신들이 사용하는 석탄을 구매할 수 있다. 그러나 위에서 인용한 존스 씨에 따르면 "영국 전체에서 현물 지급 같은 할인의 평균 가치는 하루에 4페니에 불과하다." 많은 경우에 이 4페니는 광부가 탄갱으로 오가는 데 쓰는 교통비로 상쇄된다. 그래서 석탄 산업을 총체적으로 고려하면 광부가 실제로 집으로 가져와 자신의 것이라고 부를 수 있는 총 금액은 평균해서 주당 2파운드가 넘지 않고, 아마 그것에 약간 미치지 못한다.

그런데, 보통 광부는 얼마만큼의 석탄을 생산해 낼까?

탄광에 고용된 광부 한 사람이 매년 생산하는 석탄 톤수는 더디긴 하지만 꾸준히 늘어나고 있다. 1914년에는 광부마다 평균 253톤의 석탄을 생산했다. 1934년에는 280톤을 생산했다.[23] 물론 이 숫자는 모든 종류의 광산 노동자들의 평균치이다. 실제로 막장에서 일하는 광부들은 엄청나게 더 많은 양을 채탄했

23 《석탄 통. 채탄 연감 및 석탄 거래 인명부》에서는 숫자가 약간 더 높다.—원주

다—많은 경우에 한 광부가 아마도 1000톤은 족히 넘는 양을 생산했을 것이다. 그러나 280톤을 대표적인 숫자로 받아들여도 이것이 얼마나 대단한 성과인가를 눈여겨볼 만하다. 광부의 삶과 다른 사람의 삶을 비교해 봄으로써 이것이 얼마나 대단한지를 잘 이해할 수 있다. 만일 내가 60세까지 산다면 나는 아마도 30권의 소설을 쓸 것이다, 아니면 중간 크기의 도서관 선반을 두 개 정도 충분히 채울 글을 쓸 것이다. 같은 기간에 보통 광부는 8400톤의 석탄을 생산한다. 트래펄가 광장[24]을 60cm 두께로 포장하기에 충분하고 또는 대가족 7가구에 100년 이상 연료를 공급하기에 충분한 석탄량이다.

내가 이미 언급한 다섯 개의 급여 명세서 가운데 적어도 세 개에는 "사망 공제"라는 단어가 고무 스탬프로 찍혀 있었다. 광부가 작업 도중에 사망할 때는 다른 광부들은 고인의 아내를 위해서 대개 각자 1실링씩 기부금을 내는 것이 보통이다. 그런데 채탄 회사가 이 기부금을 걷기 때문에 광부들의 임금에서 이것이 자동으로 공제된다. 여기에서 주목할 만한 항목은 고무도장이다. 다른 직업과 비교할 때 광부들의 사고율은 매우 높기 때문에 거의 소규모 전쟁에서 그런 것처럼 사상자가 나는 것을 당연한 것으로 여긴다. 매년 약 900명의 광부 중 한 사람이 사망하고, 6명 중 한 명이 부상한다. 물론 이러한 부상의 대부분이 아주 경상이지만, 완전히 장애인이 되는 숫자도 상당하다. 이것은 만

---

24   런던에 있는 광장. 중앙에 넬슨 제독의 입상(像)이 있다.

약 광부의 작업 가능한 기간을 40년으로 본다면 그가 부상을 하지 않을 확률은 거의 1/7이고, 그가 즉사할 확률은 1/20 정도라는 것을 의미한다. 어느 다른 직업도 그 위험도가 여기에 근접하는 것은 없다. 광부 다음으로 가장 위험한 직업은 선박 운송업이다. 매년 대략 1300명에 조금 못 미치는 선원 중에 한 사람꼴로 사망한다. 물론 내가 받은 통계는 광산 노동자 전체에 관한 것이다. 실제로 지하에서 일하는 사람들이 부상할 확률은 훨씬 더 높다. 광부 생활을 오래 한 광부마다 자신이 상당히 심각한 상처를 입거나 동료가 죽는 것을 보았다고 나에게 이야기했다. 그리고 모든 광부들의 가정마다 아버지, 형제, 혹은 삼촌들이 작업 중에 사망했다고 이야기해준다. ("그가 230m 아래로 떨어졌어요. 그런데 방수포로 된 새 옷을 입지 않았더라면 사람들은 그의 뼈도 추리지 못했을 거예요." 등등) 이런 이야기 중 어떤 것들은 말할 수 없이 끔찍하다. 예를 들어서 한 광부는 내게 그의 "날품팔이" 동료 한 사람이 떨어져 내린 바위에 파묻힌 광경을 묘사했다. 사람들이 그에게 달려가서 간신히 그의 목과 어깨가 나오도록 돌을 치워서 숨을 쉴 수 있게 해주었다. 그랬더니 그가 생생해져서 그들에게 말을 걸었다. 그들은 그 뒤 곧 천정이 또 무너져 내리는 것을 보았고 그래서 자신들의 목숨을 건지기 위해서 도망쳐야만 했다. 그 "날품팔이 노동자"는 두 번째 파묻히게 되었다. 또다시 그들은 그에게 달려가서 머리와 어깨를 드러내 주었다. 그래서 그가 다시 살아나서 그들에게 말을 건넸다. 그때 또다시 천정이 세 번째 무너져 내렸고 이번에는 그를 몇 시간 동안 구조하지 못했다. 물론 그 후에 그는 사망했다. 내게 이 이야기를 해준 광부는 (한번은 그 자신도 매몰되었지만 다행히도 그의 머리가 양다리 사이에 끼어 있어서 숨 쉴 수 있는 공간이 조금 있었다) 그 이야기가 특별히 끔찍한 것으로 생각하지 않았다. 그 이야기에서 그에게 중요한 것은 그 "날품팔이 노동자" 자신이 일터가 매우 안전하지 못한 곳이라는 것을 너무나 잘 알고 있어서 매일 사고가 날지 모른다는 것을 예상하면서 일하러 갔다는 것이다. "그리고 그 사실이 어찌나 그의 마음을 움직였는지 그는 일하러 가기 전에 아내에게 키스하지 않을 수 없을 정도였대요. 그리고 후에 그의 아내가 내게 남편이 자신에게 키스하기 시작한 지 20년이 넘었다고 하더군요."

가장 명백하게 이해할 수 있는 사고 원인은 언제나 탄갱의 대기 중에 다소 포함된 메탄가스가 폭발하는 것이다. 대기 중에 있는 메탄가스를 시험하기 위해 사용하는 특별한 램프가 있다. 그리고 평범한 데이비램프의 불꽃이 푸른색으로 타는 것으로 가스의 양이 상당히 많다는 것을 알아낼 수 있다. 심지를 끝까지 돋우었을 때 여전히 불꽃이 푸른색이면 대기 중의 가스의 양은 매우 위험한 수준이다. 그러나 가스가 갱내 대기 중에 골고루 퍼져 있는 것이 아니고 바위의 갈라진 틈이나 균열이 있는 곳에 떠다니기 때문에 그것을 알아내기란 쉽지 않다. 작업을 시작하기 전에 광부는 종종 모든 구석마다 램프를 밀어 넣어서 가스가 있는지 알아본다. 가스는 폭파 작업 도중에 튀긴 불똥에 의해 점화될 수도 있고, 곡괭이가 돌을 때릴 때 돌에서 튀기는 불꽃에 의해 점화되거나 결함이 있는 램프에 의해서 혹은 "버력 불꽃"—
석탄 먼지 속에서 연기를 내다가 자연 발생적으로 시작되는 불
로 진화하기가 매우 어렵다—에 의해 점화될 수도 있다. 때때로
일어나는 수백 명이 사망하는 커다란 광산 참사는 대개 폭발로
일어난다. 그래서 우리는 광산의 가장 주된 위험은 폭발이라고
생각하는 경향이 있다. 실제로는 사고의 대부분은 탄갱에서 보
통 매일 만나게 되는 위험 때문에 일어난다. 특히 천정이 무너져
내리는 것 때문이다. 예를 들어, 둥근 구멍에서 사람을 죽일 정
도로 큰 돌덩어리를 총알처럼 빠른 속도로 쏘아 대는 "포트홀"[25]
들이 있다. 내가 기억하는 한, 나와 이야기를 나눈 모든 광부들
은 한 사람을 빼고는 새로운 기계들, 그리고 일반적으로 "작업
속도 높이기"가 작업을 더욱 위험하게 만든다고 단언했다. 아마
이런 견해는 어느 정도 그들의 보수적인 태도 때문일 수도 있지
만, 그들은 상당히 많은 이유를 댈 수 있다. 우선 현재 석탄이 채
취되는 속도로 보면 위험하게도 한 번에 여러 시간 동안 천정의
넓은 지역이 버팀목 없는 상태로 존재한다는 것을 의미한다. 게
다가 진동이 모든 것을 흔들어서 느슨하게 만드는 경향이 있고,
그리고 소음 때문에 위험 신호를 알아채기가 더욱 어렵게 된다
는 것이다. 우리는 지하에서의 광부 안전은 주로 광부 자신의 세
심한 주의와 역량에 따라 좌우된다는 것을 반드시 기억해야 한
다. 경험이 있는 광부는 천정이 안전하지 않다는 것을 본능적으

---

25 강바닥의 암석 따위에 생기는 원통상(圓筒狀) 구멍.

로 안다고 주장한다. 그는 "자신의 몸 위에 무게를 느낀다"는 식으로 이야기한다. 가령, 그는 버팀목이 아주 희미하게 삐걱거리는 소리를 들을 수 있다. 아직도 나무 버팀목을 강철 대들보보다 선호하는 이유는 강철 대들보가 예기치 않게 덮치는 데 비해서 나무 버팀목들은 삐걱거려서 곧 넘어진다고 경고하기 때문이다. 엄청난 기계의 소음 때문에 그 이외의 다른 소리를 듣는 것은 불가능하여 위험은 더욱 증가한다.

광부가 부상을 했을 때 즉시 그를 돌보는 것은 물론 불가능하다. 그는 지하의 끔찍하게 갈라진 곳에서 몇백의 돌 무게 아래 짓눌려 있다. 그리고 그를 거기에서 끄집어낸다고 하더라도 그 후에 1,6km나 그 이상을 그의 몸을 질질 끌고 가야만 하고, 아마도 아무도 고추 설 수 없는 수평갱도들을 통과해야 할 것이다. 대개 부상한 경험이 있는 사람과 이야기해 보면 사람들이 그를 땅 위로 데려오기까지 두 시간 혹은 그 정도 걸렸다는 것을 알게 된다. 물론 때로는 승강기 사고도 난다. 승강기가 위쪽으로 혹은 아래쪽으로 이삼백 미터를 급행열차의 속도로 쏜살같이 달린다. 그런데 지상에 있는 사람이 승강기를 작동하는데 그는 지하에서 어떤 일이 벌어지는지 볼 수 없다. 승강기가 어디까지 갔는지를 알려주는 매우 섬세한 계기를 가지고 있지만 그가 실수를 저지를 가능성도 있다. 그래서 승강기가 최고의 속도로 탄갱 바닥을 들이박는 일도 있다. 내게는 이것은 참으로 끔찍하게 죽는 길인 것으로 보인다. 왜냐하면 그 작은 강철 통이 암흑 속을 윙윙거리며 질주할 때 그 안에 갇혀 있는 열 사람이 무언가 잘못되었다는 것을 **깨닫는** 순간이 반드시 올 것이기 때문이다. 그리고 그들이 산산조각으로 박살이 나기 전의 몇 초간에 대해서는 차마 생각할 수도 없다. 어떤 광부가 내게 한 번은 뭔가 잘못된 승강기에 타고 있었다고 말해 주었다. 승강기의 속도가 줄어야 할 때 줄지 않아서 그 속에 탄 사람들은 쇠줄이 끊어졌다고 생각했다고 한다. 일이 잘되어서 안전하게 탄갱 바닥에 도착했지만 승강기에서 나올 때 그는 자신의 치아 하나가 부러진 것을 알았다. 끔찍한 충돌을 예상하고 이를 몹시 심하게 악물었던 것이다.

사고 말고는 광부들은 건강해 보인다. 그들이 구사해야 하는 근육질 힘을 고려한다면 그들은 확실히 건강해야만 한다. 광부들은 관절염에 걸리기 쉽고 폐가 좋지 않은 사람은 그처럼 먼지가 스며들어 있는 공기 속에서 오래 견딜 수 없다. 그러나 그들에게 가장 특징적인 산업병은 안구진탕증(眼球振倔症)이다. 이것은 빛 가까이 가면 안구가 이상하게 움직이게 되는 눈 질환이다. 아마도 반 암흑 속에서 일하기 때문에 생기는 병인 것 같은데 때로는 완전히 실명하기도 한다. 이런저런 식으로 장애인이 되면 광부들은 탄광 회사에서 보상금을 받는다. 때로는 목돈으로 주기도 하고 때로는 주급으로 연금을 주기도 한다. 연금의 경우에 그 금액은 주당 29실링 이상이 되는 때는 없다. 만약 주급 연금이 15실링 이하일 때는 장애자는 실업수당이나 생활보호위원회에서 얼마를 받을 수 있다. 만약 내가 장애자 광부라면 나는 목돈을 받는 쪽을 훨씬 더 선호할 것이다. 그렇게 해야 어쨌든 내 돈을 받는다는 것을 알기 때문이다. 장애자 연금은 어떤 중앙 집중화된 기금에서 보장하는 것이 아니라서 탄광 회사가 만약 파산하게 되면 장애 광부의 연금은 끝나게 된다. 장애 광부는 다른 채권자들과 함께 채권자가 되기는 하지만 말이다.

위건에서 나는 안구진탕증(眼球振倪症)을 앓는 광부와 잠시 함께 머물렀다. 그는 방 건너편 정도까지 볼 수 있었고 그 이상은 보지 못했다. 그는 과거 9개월간 주당 29실링의 연금을 받아 왔는데, 이제 탄광 회사는 그를 주당 14실링의 "부분 연금" 수령자로 하겠다고 이야기하고 있었다. 그것은 전적으로 의사가 그 사람은 "지상"에서 가벼운 일을 하기에 적합하다고 통과시키는지와 통과시키지 않는지에 좌우된다. 그가 가벼운 일은 할 수 있다고 의사가 이야기한다 해도, 말할 필요도 없이 그가 할 수 있는 가벼운 일은 없을 것이다. 그러나 그는 실업수당을 받을 수 있고 회사는 주당 15실링을 절약할 수 있을 것이다. 이 광부가 연금을 타러 탄광 회사로 가는 것을 보면서 나는 신분이라는 것이 여전히 얼마나 대단히 중요한 것인가에 충격을 받았다. 모든 직업 중에서 가장 유용한 일 중 하나를 하다가 거의 시력을 잃은 사람이 여기에 있다, 그리고 그는 완벽하게 받을 권리가 있는 연금을 타고 있었다. 만약 어느 누가 받을 권리가 있다면 말이다. 그런데도 그는 이 연금을 요구할 수 없었다. 말하자면, 그가 받고 싶은 시간에, 받고 싶은 방식으로 받을 수 없었다. 그는 한 주에 한 번 탄광 회사에서 지정하는 시간에 가야만 했고, 그곳에 가서 차가운 겨울바람을 맞으며 몇 시간씩 기다려야 했다. 내가 아는 한 그에게 연금을 지급해 주는 사람이 누구이건 광부는 자신의 모자에 가볍게 손을 대 그 사람에게 감사를 표시해야 했다. 어쨌든 그는 오후 시간을 허비하고 버스 비용으로 6페니를 써야 했다. 그것은 나처럼 매우 초라한 사람이라 해도, 중산계급에 속하는 사람에게는 다르다. 내가 거의 기아 상태에 있을 때조차 나는 중산계급 신분에 속하는 권리들을 가지고 있다. 나는 광부 정도의 돈을 벌지만 적어도 신사에 걸맞은 방식으로 그것이 내 은행 통장으로 지급되게 할 수 있고 내가 원할 때 그것을 출금할 수 있다. 그리고 내 잔고가 바닥이 나도 은행 사람들은 내게 상당히 공손하다. 이처럼 사소한 불편함이나 모욕을 당하고, 그리고 여기저기서 기다려야 하는 것, 모든 것을 다른 사람에게 편리하게 해야 하는 것이 노동 계급의 삶에 내재하여 있다. 천 가지의 권력이 노동자를 줄곧 찍어 눌러서 그가 수동적인 역할을 하게 만든다. 그는 행동하지 않고, 지시를 받는다. 그는 자신이 불가사의한 권위의 노예라고 느끼며, 그리고 "그들"이 결코 이것, 저것, 그리고 다른 것들을 하도록 허용하지 않을 것이라는 확고한 신념을 가지고 있다. 언젠가 내가 홉[26] 따는 일을 할 때 나는 땀 흘리며 홉을 따는 사람들에게 (그들은 시간당 6페니 이하를 받았다) 왜 노조를 만들지 않느냐고 물었다. 그들은 즉각적으로 "그들"이 노조를 허락하지 않을 것이라고 말했다. "그들"이 누군데요? 내가 물었다. 아무도 그들이 누구인지 모르는 것 같았다. 하지만 "그들"은 분명히 무한한 힘을 가진 자들이었다.

---

26 맥주에 향기·쓴맛을 내게 하는 잎.

중산계급 출신은 일생 동안 타당한 범위 내에서 자신이 원하는 것을 얻을 수 있다고 예상하고 산다. 그래서 비상시에는 "교육받은" 사람들이 지도력을 갖추게 되는 것이 현실이다. 그들이 다른 사람들보다 더 재능이 있는 것도 아니고 그들이 받은 교육은 그 자체가 상당히 쓸모없는 것이지만, 그들은 어느 정도 존경받는 일에 익숙하고 그래서 결과적으로 지도자에게 필요한 뻔뻔스러움을 지니고 있다. 그래서 그들이 항상 어디서나 지도자가 될 것이라는 게 당연하게 받아들여지는 것 같다. 리사가리(Lissagaray)가 쓴 《코뮌의 역사》[27]에는 사회주의 정권이 진압된 후에 있었던 발포를 묘사하는 흥미로운 문단이 있다. 당국자들은 주모자를 사살하고 있었는데 그들은 누가 주모자인 줄 몰랐기 때문에 상류 계급 사람들이 주모자일 것이라는 기준을 세워서 주모자들을 가려냈다. 어떤 장교가 한 줄로 서 있는 죄수들을 지나가며 그럴싸해 보이는 유형의 사람들을 선발했다. 한 사람은 손목시계를 찼기 때문에 사살되었고 또 다른 사람은 그의 "얼굴이 지성적"이어서 사살되었다. 나는 지성적인 얼굴 때문에 사살되고 싶지 않지만, 거의 모든 항거에서 에이치(h)를 발음할 수 있는 사람이 주모자이기 쉽다는 것에 동의한다.

---

27 1871년 3~5월 파리를 지배한 사회주의 정권의 역사를 다룬 책.

4장

산업지역을 이리저리 걷다 보면 작은 벽돌집들의 미로 속에서 길을 잃는다. 매연으로 시커멓게 썩어 가는 작은 집들은 석탄재 깔린 마당과 진흙투성이 골목 주위로 여기저기 계획 없이 무질서하게 난립해 있다. 석탄재 깔린 마당에는 쓰레기통에서 고약한 냄새가 나고 먼지로 더러워진 빨래가 줄에 널려 있으며 화장실은 거의 무너져 내리고 있다. 이 집들의 내부는 항상 거의 똑같지만, 방 숫자는 두 개에서 다섯 개까지 저마다 다르다. 모든 집에는 개방형 조리용 레인지가 놓여 있는 넓이가 3이나 5평방미터인 거실이 있다. 좀 더 규모가 큰 집의 거실에는 식기 세척대가 있고, 좀 더 작은 집의 거실에는 싱크대와 큰 구리 솥이 있다. 집 뒤에는 마당이 있거나 혹은 여러 집이 함께 쓰는 마당이 있는데 쓰레기통과 화장실이 들어갈 정도 크기의 마당이 각 집 차지이다. 온수관이 설치되어 있는 집은 하나도 없다. 작업할 때는 누구나 다 머리부터 발끝까지 새까만 광부들이 사는 거리인데도 문자 그대로 수백 킬로미터를 걷는다고 해도, 광부가 집에서 목욕할 수 있는 집을 한 집도 지나지 않을 것으로 생각한다.

부엌에 있는 조리용 화덕에서 물을 덥힐 수 있는 온수관을 설치하는 것은 매우 간단한 일이겠지만, 건설사는 그렇게 하지 않음으로써 아마 10파운드를 절약했을 것이다. 그리고 이 집들이 지어진 시기에는 아무도 광부들이 목욕하기를 원한다고 생각하지 않았다.

이 집들의 대부분은 적어도 지은 지 오륙십 년은 된 낡은 집들이고, 아무리 평범한 기준으로 보아도 사람이 거주하기에 적합하지 않다는 것을 알아야 한다. 사람들이 계속해서 이 집을 임대하는 것은 단순히 임대할 다른 집이 없기 때문이다. 이것이야말로 산업지역 주택문제에서 가장 중요한 사실이다. 집들이 비좁고 보기 흉하고 비위생적이고 불편하다거나, 아니면 연기를 뿜어내는 주물공장과 고약한 냄새를 풍기는 운하와 유황 섞인 매연을 쏟아 내는 폐석 더미에 둘러싸인 지독히 더러운 빈민가에 퍼져 있다는 것—이 모두가 전적으로 사실일 수도 있지만—이 문제가 아니다. 단순히 모든 사람에게 돌아갈 만큼 주택이 충분하지 않다는 것이 문제이다.

"주택 부족"이란 말은 전쟁 후에 매우 스스럼없이 회자된 표현이지만, 일주일에 10파운드, 혹은 한 주에 5파운드 정도라 해도, 그런 수입을 가진 사람들에게는 별로 의미가 없는 말이다. 집세가 비싼 곳에서 집을 구하는 것이 어려운 게 아니라 세입자를 구하기가 어렵다. 메이페어[28]에 있는 아무 거리나 걸어 보라.

---

28 런던의 하이드 공원 동쪽에 있는 고급 주택 지구.

절반이 되는 집들의 창에 "임대할 집"이란 표시판이 붙어 있는 것을 볼 수 있을 것이다. 그러나 산업지역에서는 단순히 집을 구하기가 어렵다는 것이 가난을 가장 악화시키는 것 중 하나이다. 그것은 사람들—빈민가 모퉁이의 누추한 거처나 빈대의 비참함이나 마루가 썩어 있거나 벽이 갈라지거나 집주인이 구두쇠거나 부동산 업자가 협박하거나—이 어떤 것이라도 참을 것이란 걸 의미한다. 단순히 머리를 가릴 지붕을 얻기 위해서 말이다. 나는 내게 돈을 얹어 준다 해도 일주일도 살지 못할 끔찍한 집에 들어가 보았다. 그리고 세입자들이 그곳에 운 좋게 이삼십 년 살았고 그 집에서 죽을 수 있기만을 바란다는 것을 알 수 있었다. 항상 그런 것은 아니지만, 대체로 이런 상황들이 당연한 것으로 받아들여진다. 어떤 사람들은 품위 있는 집이 존재한다는 것을 거의 깨닫지 못하는 것 같고 그래서 빈대나 새는 지붕을 하나님이 하시는 일이라고 여긴다. 다른 사람들은 그들의 집주인을 혹독하게 비난한다. 하지만 모든 사람들이 최악의 상황이 일어나지 않도록 그들의 집에 절박하게 매달린다. 주택 부족 현상이 지속되는 한, 지역 관리들이 현존하는 집들을 좀 더 살만한 집으로 만드는 일을 별로 할 수 없다. 그들이 어떤 집을 "불량하다"라고 판정할 수는 있지만 세입자가 갈 수 있는 다른 집이 생길 때까지는 그 집을 헐어 버리라고 명령할 수 없다. 그래서 불량하다고 판정된 집들이 여러 해 동안 그대로 서 있고, 불량하다고 판정받았기 때문에 그 집의 상태가 더 나빠진다. 집주인은 자연히 조만간 헐어 버릴 집을 위해서 어찌할 도리가 없는 것 이상은 돈을 들이려고 하지 않기 때문이다. 예를 들자면, 위건 시 같은 곳에서는 여러 해 전에 불량 판정을 받은 2000채 이상의 집들이 건재해 있다. 그리고 만약 이들을 대치할 다른 주택들이 건설될 희망이 있다면, 전체 구역이 집단으로 불량 판정을 받게 될 곳이 위건 시에 여러 군데 있을 것이다. 리즈[29]나 셰필드[30] 같은 도시에 수만 채의 "등을 맞대고 있는" 집들이 있다. 그 집들은 모두 불량 판정을 받은 유형이지만 몇십 년을 계속해서 그대로 서 있을 것이다.

나는 여러 광산 도시와 마을에 있는 수많은 집들을 조사해서 중요한 점들을 적어 두었다. 내가 적은 것을 몇 개 무작위로 뽑아 여기에 옮김으로써 그 집들의 상태가 어떤지를 잘 알릴 수 있다고 생각한다. 이것들은 그저 짧게 적은 것이고 그래서 설명이 필요할 것인데 나는 차후에 설명할 것이다. 다음은 위건 시에서 뽑은 몇 집이다.

1. 월 게이트 지역에 있는 집. 뒤쪽이 막힌 타입. 위층에 하나, 아래층에 하나. 거실의 크기는 가로 4m, 세로 3m. 위층 방도 같은 크기임. 층계 밑 빈 공간은 2.25평방미터이며 식품 저장고, 싱크, 석탄 저장소로 쓰임. 창은 열림. 화장실까지 거리는 50m. 집세는 4실링 9페니. 지방세는 2실링 6페니이며 합계는 7실링 3페니.

---

29 영국 잉글랜드, 요크셔 중부의 도시.

30 영국 잉글랜드 북부, 요크셔 남부에 있는 도시.

2. 근처의 또 다른 집. 크기는 위의 집과 같지만 층계 밑 공간이 없고 단지 싱크가 놓인 60cm 깊이의 반침이 있음—식품 저장 공간이 없음. 집세는 3실링 2페니이고 지방세는 2실링. 합계 5실링 2페니.

3. 위의 집과 같지만 반침이 하나도 없고 앞문을 열면 거실이고 거실에는 싱크가 있을 뿐임. 집세는 3실링 9페니 지방세는 3실링. 합계 6실링 9페니.

4. 숄즈 지구의 불량 판정이 난 집. 위층에 하나, 일층에 하나. 방들은 2.25평방미터. 거실에 싱크와 큰 구리 솥이 있고 층계 밑 공간에 석탄 저장소. 마루가 가라앉음. 창문은 하나도 열리지 않음. 집은 제법 건조한 편. 집주인은 사람이 좋음. 집세 3실링 8페니. 지방세 2실링 6페니. 합계 6실링 2페니.

5. 부근에 있는 또 다른 집. 위층에 둘, 아래층에 둘 그리고 석탄 저장소. 벽은 완전히 조각조각 무너져 내리고 있음. 위층의 방에는 다량의 물이 새 들어옴. 마룻바닥은 한쪽으로 기울었음. 아래층 창문은 열리지 않음. 집주인은 악질. 집세 6실링. 지방세 3실링 6페니. 합계 9실링 6페니.

6. 그리노스 거리에 있는 집. 위층에 하나 아래층에 둘. 거실은 가로 4.1m, 세로 2.7m. 벽은 갈라지고 물이 새 들어옴. 뒤쪽의 창은 열리지 않고 앞쪽의 창은 열림. 부부와 나이가 고만고만한 8명의 자녀들인 열 사람의 가족이 살고 있음. 시 지자체에서는 식구가 너무 많아서 그들을 내보내려 하지만 그들을 보낼 다른 집을 찾을 수 없음. 집주인 악

질. 집세 4실링. 지방세 2실링 3페니. 합계 6실링 3페니.

위건 지역에 대해서는 이쯤에서 접기로 한다. 나는 이와 똑같은 유형의 집에 대한 기록을 더 많이 가지고 있다. 여기에 셰필드의 어떤 집에 대해 이야기하겠다—이 집은 셰필드에 있는 수천 채의 "등을 맞대고 있는" 집들의 전형적인 예이다.

토마스 가에 있는 등을 맞대고 있는 집. 위층에 둘, 아래층에 하나(말하자면, 한 층에 방이 하나씩 있는 3층짜리). 밑에 지하실 있음. 거실은 가로 4.6m, 세로 3.3m, 그리고 위층의 방들도 똑같은 크기임. 거실에 싱크대. 맨 위층 방에는 문이 없어서 곧장 훤히 트인 층계로 통함. 거실의 벽 약간 습함. 위층의 방들은 벽이 허물어지고 사방에서 습기가 솟아남. 집이 너무 어두워서 하루 종일 불을 밝혀야 함. 전기료 하루에 약 6페니(약간 과장되었을 것임). 부부와 네 아이 여섯 식구가 기거. 남편(생활보호위원회의 급여를 탐)은 결핵 환자. 한 아이는 병원에 있고 다른 식구들은 건강해 보임. 세입자는 7년간 이 집에 살았음. 이사하고 싶지만 다른 집이 없음. 집세는 지방세를 포함해서 6실링 6페니.

다음은 반즐리 지역에 있는 한두 채의 집이다.

1. 워틀리 가에 있는 집. 위층에 둘 아래층에 하나. 거실은 가로 4m, 세로 3.3m. 거실에는 싱크와 구리 솥, 층계 밑에 석탄 저장소. 싱크는 닳아서 거의 편편하고 그래서 끊임없이 물이 넘침. 벽은 그다지 튼튼하지 않음. 가스 불을 키려면 동전 구멍에 페니를 집어넣어야 함. 집

은 매우 어둡고 그래서 하루 약 4페니의 비용이 가스 불 켜는데 소비됨. 위층의 방은 실제로 커다란 방 하나를 둘로 갈라놓은 것. 벽 상태는 매우 나쁨—뒷방의 벽은 완전히 갈라졌음. 창틀은 조각나서 나무를 채워넣어야 했음. 여러 곳에서 비가 샘. 집 밑으로 하수가 지나서 여름에는 고약한 냄새가 나지만 시 지자체에서는 "할 수 있는 것이 하나도 없다고 말함." 부부와 네 아이 여섯 식구가 기거. 제일 큰 아이는 15세이고 가장 어린아이는 단지 한 살인데 병원에 다님—결핵이 의심됨. 집 안에는 빈대가 들끓음. 집세는 지방세를 포함해서 5실링 3페니.

2. 필 가에 있는 등을 맞대고 있는 집. 위층에 두 개, 아래층에 두 개, 커다란 지하실. 거실은 정사각형으로 평방 3.3m. 구리 솥과 싱크가 있음. 아래층의 다른 방은 똑같은 크기이고 집을 지을 때는 필경 응접실로 이용할 의도였을 테지만 침실로 사용됨. 위층의 방들은 아래층의 방과 똑같은 크기. 거실은 매우 어두움. 하루에 가스 비용이 약 4.5페니. 화장실까지 거리는 70m. 8명의 가족—나이 든 부부와 두 명의 성인이 된 딸들(큰 딸은 27세)과 청년인 아들 한 명, 그리고 세 아이들—에 침대는 네 개. 부모가 침대 하나를 사용하고 큰 아들이 침대 하나를 차지하고 나머지 다섯 사람이 침대 두 개를 함께 사용. 빈대 문제는 매우 심각함—"더울 때는 빈대를 퇴치할 수 없어요"라고 함. 아래층 방은 말로 표현할 수 없을 정도로 누추하고, 위층의 악취는 거의 참을 수 없 을 정도. 집세는 지방세를 포함하여 5실링 7과 ½페니.

3. 매풀웰(반즐리 가까이에 있는 작은 광산 마을)에 있는 집. 위층에 두 개, 아래층에 하나. 거실은 가로 4.6m, 세로 4m. 거실에 싱크 있음. 벽에 바른 회반죽에 금이 가고 벽에서 떨어져 나옴. 오븐에는 선반이 없음. 가스가 약간 샘. 위층 방들은 각각 가로 3.3m, 세로 2.6m. 침대 4

개(모두 성인인 여섯 명이 사용), 그러나 "침대 하나는 아무짝에도 쓸모없음." 아마도 침구가 없어서일 것. 계단에 제일 가까운 방은 문이 없고, 계단에는 난간이 없어서 침대에서 나오면 발이 허공을 딛게 됨. 그래서 3.3m 아래 돌바닥으로 떨어질 수도 있음. 목재 부패가 아주 심해서 마루 사이로 아래층 방을 볼 수 있음. 빈대가 있지만, "나는 빈대를 양 소독제로 퇴치해요"라고 함. 이 집들 앞에 있는 진흙 길은 마치 오물 더미 같고 겨울에는 거의 다닐 수 없다고 함. 마당 끝에 있는 돌로 지은 화장실은 거의 반은 무너진 상태. 세입자들은 22년간 이 집에 살았음. 집세 연체료 11파운드를 갚느라고 한 주에 1실링 씩 더 내고 있음. 집주인은 지금 이것을 거절하고 나가라는 명령을 송달했다고 함. 집세는 지방세 포함해서 5실링.

그런 식으로 계속된다. 나는 예를 이십 개나 더 들 수 있다—만약 누군가 산업지역 전체를 다니며 가가호호 방문하여 집을 면밀히 조사하기로 작정한다면 이러한 예는 십만 채로 늘어날 수도 있을 것이다. 그런데 내가 사용한 몇몇 표현에는 설명이 필요하다. "하나는 위층 하나는 아래층"이라는 것은 각층에 방이 하나씩 있다는 의미이다—다시 말하자면, 방 두 개짜리 집이라는 뜻이다. "등을 맞대고 있는" 집들이라는 것은 두 집이 한 채로 지어졌다는 것. 이 집의 각 면은 다른 사람 집의 앞문이어서 만약 당신이 겉으로 보기에 12채의 집이 있는 거리를 걸어 내려간다면 실제로 당신은 12채가 아니라 24채의 집을 보고 있는 것이다. 앞집들은 거리에 면해 있고 뒷집들은 마당을 바라보고 있는데 각 집에서 나오는 길은 단지 하나뿐이다. 이 결과는 뻔하다. 화장실은 뒤쪽 마당에 있다. 그래서 당신이 거리에 면한 쪽에 산다면 화장실에 가거나 쓰레기통에 가려면 앞문으로 나와서 그 거리의 끝까지 가서 돌아가야만 한다—걷는 거리가 200m가 될 수도 있다. 반면에 만약 당신이 뒤쪽에 산다면 죽 늘어선 화장실들을 바라보며 살아야 한다. 또한 "뒤가 막힌 형태"가 있는데 이런 집들은 단독이지만 건설사가 뒷문을 내는 걸 생략했다—아마도 확실히 순전히 심술로 그랬을 것이다. 열리지 않는 창문들은 오래된 광산 마을의 특징이다. 이러한 마을 중 어떤 곳은 오랫동안 탄광 작업으로 침식되어서 대지가 계속해서 내려앉는 중이다. 이런 대지 위에 있는 집들은 옆으로 기울어지고 있다. 위건에서 당신은 놀랄 만한 각도로 기울어진 집들이 줄지어 있는 거리들을 지나게 된다. 그 집의 창문들은 수평에서 10도나 20도 기울어져 있다. 때로는 집 앞 벽이 바깥쪽으로 불룩 나와서 마치 임신 7개월이 된 것처럼 보이기도 한다. 표면을 새롭게 수리할 수 있지만 새로운 표면은 곧 또다시 부풀어 오르기 시작한다. 어떤 집이 갑자기 내려앉을 때는 그 집의 창문들은 영원히 움직이지 않게 되고 문을 다시 짜 맞추어 넣어야 한다. 그 지역에서는 이런 것은 전혀 놀랍지 않다. 일에서 돌아온 광부가 도끼로 앞문을 부숴야만 집 안으로 들어갈 수 있다는 걸 발견하게 된다는 이야기는 익살스러운 것으로 간주한다. 몇몇 경우에 나는 "집주인 사람 좋음" 또는 " 집주인 악질"이라고 적었다. 왜냐하면 빈민가의 주민들이 자신들의 집주인에 대해 하는 말은 매우 다양하기 때문이다. 나는—우리가 아마 그것을 예상할 수도 있겠지만—임대 규모가 작은 집주인들이 대체로 최악이라는 것을 발견했다. 이렇게 말하는 것이 성질상 맞지는 않지만 우리는 왜 그렇게 되는지 그 이유를 알 수 있다. 관념상 가장 악질적인 빈민가 집주인은 뚱뚱하고 사악한 남자, 될 수 있으면 집세를 터무니없이 받아서 막대한 수입을 올리는 감독자이다. 실상은 최악의 집주인은 일생 저축한 것으로 투자해서 세 채의 빈민가 집을 구매해 한 채는 자신이 살고 다른 두 집에서 나오는 집세로 생활하려는—그래서 결과적으로 수리할 돈이 전혀 없는—가난한 노부인이다.

그러나 이러한 기록들은 단지 나 자신의 기억을 되살려 주는 데만 쓸모가 있을 뿐이다. 이 기록을 읽으면 내가 목격했던 광경이 되살아난다. 하지만 이것들만 가지고는 북부 지역 빈민가의 끔찍한 상황이 어떤지를 잘 이해시킬 수는 없다. 언어란 매우 미약한 것이다. "지붕이 샘" 혹은 "8명이 쓸 수 있는 4개의 침대"라는 짧은 말들이 무슨 소용이 있을까? 당신의 시선은 이런 표현 위를 그냥 스쳐 지나가고, 어떤 것도 당신의 마음에 각인되지 못한다. 그럼에도 불구하고 이런 말에는 얼마나 많은 비참함이 포함된 것일까! 예를 들어 과밀 문제를 보자. 매우 자주 8식구나 10식구가 방 세 개짜리 집에 사는 것을 본다. 이 방 중 하나는 거실이고 그 크기는 아마도 4평방미터일 텐데 거기에는 부엌 조리용 레인지와 싱크대 이외에 식탁 하나, 의자 몇 개, 찬장이 하나 있어서 침대 하나를 놓을 공간이 없다. 그래서 여덟이나 열 사람이 두 개의 작은 방에서 자야 한다. 아마 고작해야 4개의 침대에서 말이다. 만약 이들 중 몇 사람이 성인이고 일하러 가야만 하는 경우라면, 더욱더 고약하다. 내가 기억하는 어떤 집에서는 다 성장한 세 명의 처녀들이 같은 침대에서 잤고, 셋은 각각 다른 시간에 일하러 갔다. 그래서 각자는 일하러 가기 위해 일어나거나 일에서 돌아올 때 다른 사람들을 방해했다. 또 다른 집에서는 밤 근무를 하는 젊은 광부가 낮에 좁은 침대에서 잤고 그 침대에서 다른 가족이 밤에 잠을 잤다. 성장한 자녀가 있는 경우에는 사정이 더 어렵다. 사춘기 청년과 소녀를 같은 침대에서 자게 할 수 없기 때문이다. 내가 방문했던 한 가정에는 부모와 17세가량의 아들과 딸이 있었는데 그들에게 침대는 딱 두 개밖에 없었다. 아버지는 아들과 함께 자고 어머니는 딸과 함께 잤다. 그것이 근친상간의 위험을 막는 유일한 해결책이었다. 게다가 어떤 방들은 지붕이 새고 벽에서는 습기가 스며 나와 겨울에는 기거할 수 없는 곳이 되어 버린다. 그 외에 빈대들이 있다. 일단 빈대가 집 안으로 침입하면 최후의 심판을 고하는 천둥소리가 날 때까지 빈대들은 집 안에 산다. 그것들을 박멸할 확실한 방법이 없다. 게다가 창문들이 열리지 않는다. 모든 음식을 조리하기 위해서 거의 계속해서 불이 타고 있는 작고 환기가 잘되지 않는 거실의 창문이 열리지 않는다는 것이 여름에 무엇을 뜻하는지 내가 지적할 필요가 없다. 그리고 등을 맞대고 있는 집에 수반되는 특별하게 비참한 처지가 있다. 50m를 걸어야 화장실이나 쓰레기통에 도달할 수 있는 것이 딱히 청결하게 지내도록 도와주는 것은 아니다. 앞쪽에 있는 거리에 면한 집—적어도 시 자치체가 간

섭하지 않는 옆길에 면한 집—에서는 여인들은 쓰레기를 앞문에서 내버리는 습관을 지니게 된다. 그래서 도로의 도랑에는 언제나 찻잎과 빵부스러기가 흩어져 있다. 그리고 죽 늘어선 화장실과 하나의 벽만 바라보이는 뒷골목에서 아이가 성장하는 것이 어떤 것일지는 고려해 볼 만한 가치가 있다.

이런 곳에서 여성은 한도 끝도 없는 일 속에서 갈피를 못 잡고 고된 일을 해내는 불쌍한 사람에 불과하다. 그녀는 계속해서 분발할 수 있겠지만 청결과 정돈의 수준을 유지할 수 없다. 항상 어떤 일을 끝내야 하는데 편리한 시설은 하나도 없고, 거의 문자 그대로 돌아설 자리조차 없다. 한 아이의 얼굴을 씻기자마자 다른 아이의 얼굴이 더러워져 있다. 식사 때 사용한 요리 냄비를 아직 씻지 못했는데 다음 식사를 조리해야만 한다. 내가 방문한 집들의 사정은 매우 다양했다. 어떤 집들은 그런 상황하에서 더 바랄 수 없을 정도로 단정했고, 어떤 집들은 어찌나 끔찍한지 나는 그 모습을 적절하게 묘사할 도리가 없다. 우선 중요하고 본질적인 것은 냄새인데 그 냄새는 이루 말로 표현할 수 없다. 그 누추함과 어수선함이라니! 여기엔 더러운 물이 가득 찬 통, 저기엔 설거지해야 할 철제 냄비가 가득 든 통, 더 많은 냄비들이 구석구석 쌓여 있고, 찢어진 신문 조각들이 사방에 널려 있었다. 그리고 방 한가운데에는 언제나 똑같이 끈끈한 기름종이가 깔린 끔찍한 식탁이 있고, 그리고 그 위에는 조리용 냄비들, 다리미, 반쯤 꿰맨 양말들과 묵은 빵 조각들과 기름 묻은 신문지로 싼 치즈 조각들이 있었다! 그런데다 작은 방 안에는 물건들이 가득 차 있어서 방 한쪽에서 다른 쪽으로 움직이는 것은 가구 사이를 헤치며 가야 하는 복잡한 여정이다. 움직일 때마다 줄에 널려 있는 젖은 빨래가 얼굴에 와닿고, 아이들이 수많은 독버섯처럼 발에 밟힌다! 내 기억에 유달리 생생하게 남아 있는 장면들이 있다. 작은 광산 마을에 있는 한 작은 집의 거의 텅 빈 거실이다. 그 집의 가족들은 모두 실업 상태였고 가족 모두가 영양실조였다. 성장한 아들과 딸들로 대가족을 이룬 가정에서 그들은 모두가 하릴없이 쭉 뻗고 누워 있었다. 그들은 이상하게도 비슷한 빨간 머리와 멋진 뼈대를 지녔지만, 영양실조와 나태함으로 망가진 초췌한 얼굴을 하고 있었다. 그리고 벽난로 옆에 앉아 있는 키가 큰 아들 하나는 너무나 무관심해서 낯선 사람이 집 안에 들어온 것도 눈여겨보지 않았고, 발에서 끈적거리는 양말을 천천히 벗어버리고 있었다. 위건에 있는 어떤 끔찍한 방. 그 방의 모든 가구는 포장 상자와 술통 널빤지로 만들어진 것 같았고, 게다가 그것들은 무너져 내리고 있었다. 그리고 목이 새까맣고 머리를 산발한 노부인이 랭커셔 아이리시 억양으로 집주인을 비난했고 그리고 뒤쪽에는 90은 족히 넘었을 그녀의 어머니가 실내 화장실로 사용하는 술통에 앉아서 크레틴병 환자 같은 노란 얼굴로 우리를 멍하니 바라보고 있었다. 나는 이와 유사한 실내 광경에 대한 기억을 여러 페이지에 걸쳐 묘사할 수 있다.

물론 이 사람들의 집이 누추한 것도 때로는 그들 자신의 잘못이다. 네 아이들을 거느리고 등을 맞댄 집에 살며, 생활보조위원회에서 받는 전체 수당이 32실링 6페니라고 하더라도 쏟아

버리지 않은 요강을 거실에 방치할 **필요**는 없는 것이다. 그러나 똑같이 분명한 것은 그들이 처한 환경은 그들이 자존감을 가지도록 격려하지 못한다는 것이다. 결정적인 요인은 아마도 자녀의 숫자일 것이다. 내가 보았던 내부가 가장 잘 정리되어 있었던 집들은 언제나 자녀가 없거나 단지 하나나 두 자녀가 있는 집이었다. 말하자면 방 세 개짜리 집에서 여섯 명의 자녀들이 있을 때 어떤 것을 품위 있게 유지한다는 것은 완전히 불가능하다. 눈에 확 띄는 한 가지는 아래층에서는 최악의 불결함을 볼 수 없다는 것이다. 당신이 상당히 많은 집들, 심지어 실업 상태에 있는 가장 가난한 사람들을 방문한다 해도 그릇된 인상을 받을 수 있다. 여전히 상당한 양의 가구와 철제 냄비를 가지고 있는 사람들이라면 이들이 그렇게 어렵게 지낼 리가 없다고 생각할 수 있다. 하지만 가난이 진정으로 드러나는 것은 이 층 방에서다. 사람들이 자존심 때문에 마지막까지 거실 가구에 매달리는 것인지, 아니면 이부자리가 좀 더 저당 잡히기 쉬워서 이런 일이 일어나는지 나는 모른다. 그러나 내가 목격한 침실들은 분명히 끔찍한 곳이었다. 여러 해 동안 계속해서 실업 상태에 있는 사람들 중에 이부자리 세트를 다 갖추고 있는 사람은 예외였다. 때때로 적절하게 이부자리라고 부를 수 있는 것은 도무지 하나도 없다—녹슨 철제 침대 틀에는 단지 한 무더기의 낡은 외투와 잡다한 넝마들이 얹혀 있을 뿐이다. 이런 식으로 초만원 상태는 더욱 가중된다. 내가 알았던 부부와 두 자녀인 4인 가족은 침대를 두 개 가지고 있었지만 침대 하나만 사용할 수 있었다. 다른 침대에 쓸 침구가 충분히 없었기 때문이었다.

주택 부족에서 오는 최악의 결과를 보기 원하는 사람이라면 북부 도시에 널려 있는 수없이 많은 끔찍한 캐러밴[31]을 반드시 방문해야 한다. 전쟁 이후로 집을 구하기가 도무지 불가능했을 때, 인구의 일부분은 아마 임시 거처로 삼으려고 고정된 주거용 트레일러로 쏟아져 들어왔다. 예를 들면, 85,000명의 인구를 가진 위건에는 약 200개의 주거용 트레일러가 있고, 트레일러마다 한 가족이 살고 있다—모두 해서 거의 1000명의 사람들이 살고 있다. 산업지역 전체에 이러한 주거용 트레일러 집단 거주지가 얼마나 되는지를 정확하게 알기란 쉽지 않을 것이다. 지역 관리들은 그것들에 대해 침묵을 지키고 있으며, 1931년도의 인구조사는 그것들을 무시하기로 작정했던 것 같다. 그러나 내가 탐문해서 알아낸 바에 의하면 그런 집단 주거지는 요크셔와 랭커셔에 있는 큰 도시 대부분에서, 아마도 더 북쪽에서도 찾아볼 수 있다는 것이다. 아마도 십중팔구는 영국 북부를 통틀어서 고정된 주거용 트레일러를 제외하고 집을 갖지 못한 가족들(개인이 아니다)이 수천, 아마도 수만에 이를 것이다.

하지만 "주거용 트레일러"라는 말은 매우 오해를 일으키는 말이다. 그 말은 장작불이 탁탁 소리 내며 타고 있고, 아이들은 블랙베리를 따러 다니며, 색색 가지 빨래들이 빨랫줄에서 너풀거리는 아늑한 집시의 야영지(물론 일기가 좋은 때)의 광경을 떠

---

31 주거용 트레일러.

오르게 한다. 위건과 셰필드에 있는 거주용 트레일러 집단 거주
지는 그렇지 않다. 나는 셰필드의 집단 거주지를 몇 군데 보았고
위건에 있는 집단 거주지들을 상당히 세심하게 조사했다. 그런
데 나는 그곳과 견줄 수 있는 누추함을 극동 지역 이외에서는 본
적이 없다. 실로 그 거주자들을 보았을 때 내게 즉각적으로 떠오
른 것은 버마에 사는 인도의 쿨리들이 거처하던 더러운 개집이
었다. 그러나 사실 동양에 있는 것은 어느 것도 그다지 나쁘지는
않다. 왜냐하면 동양에서는 영국에서처럼 축축하고 몸속으로
파고드는 추위와 싸울 필요가 없고, 그리고 태양은 살균제이기
때문이다.

위건의 불결한 운하의 둑을 따라서 황폐한 지대가 있는데 거
기에 양동이에서 쏟아 버린 쓰레기처럼 주거용 트레일러가 버
려져 있다. 그들 중 어떤 것들은 실제로 집시의 주거용 트레일러
이다. 그러나 매우 낡은 것들이고 절박하게 수리가 필요한 상태
이다. 대부분은 오래된 일층 버스(10년 전 사용하던 좀 작은 버스들
이다)로 바퀴를 떼어내고 받침목으로 지지해 놓은 것들이다. 어
떤 것들은 단순히 꼭대기에 반원형 슬레이트를 얹고 그 위에 즈
크 천[32]을 펼쳐 놓은 사륜차이다. 그래서 그 안에 있는 사람들과
바깥의 대기 사이에는 즈크 천 말고는 아무것도 없다. 이런 주거
용 트레일러 내부는 대개 가로 1.5m, 높이 1.8m(나는 이런 곳 어
디에서도 꼿꼿이 설 수 없었다)에 세로는 2m에서 5m까지 다양했

---

32 삼베, 무명 따위로 짠 올이 굵은 천.

다. 어떤 곳에는 한 사람이 살았으리라 생각하지만 나는 두 사람 이하가 사는 집은 보지 못했고, 어떤 트레일러에는 대가족이 살았다. 예를 들면, 길이가 4.6m 되는 곳에 일곱 사람이 살았다— 12입방미터에 일곱 사람이 살았다는 말이다. 이것은 각자가 차지할 수 있는 공간이 공중화장실의 한 칸보다도 **훨씬** 작다는 것을 의미하는 것이다. 당신이 직접 눈으로 보지 않고, 더욱이 코로 냄새 맡지 않는다면 이런 장소의 불결함과 혼잡함이 얼마나 대단한지 상상할 수도 없을 정도다. 각 집마다 작은 조리용 화덕과 억지로 밀어 넣을 수 있는 그런 가구들을 지녔다—때로는 두 개, 보통은 한 개의 침대를 지녔는데, 가족 전체가 할 수 있는 한 그 하나의 침대에서 웅크리고 함께 자야 했다. 바닥에서 잔다는 것은 거의 불가능했다. 습기가 밑에서 위로 스며 나오기 때문이다. 아침 11시인데도 여전히 짜야 할 정도로 젖어 있는 매트리스를 그들은 내게 보여주었다. 겨울에는 너무 추워서 조리용 화덕의 불을 밤낮으로 피워야 하며, 그리고 말할 필요도 없이 창문을 결코 여는 법이 없다. 물은 집단 거주지 전체가 공동으로 쓰는 급수전에서 길어 와야 한다. 어떤 주거용 트레일러 거주자는 한 양동이의 물을 길어 올 때마다 150이나 200m를 걸어야만 한다. 위생 시설이라고는 전혀 없다. 대부분 사람들은 트레일러 주위의 아주 작은 땅에 화장실로 쓸 작은 오두막을 짓는다. 그리고는 일주일에 한 번 깊게 구덩이를 파고 쓰레기를 거기에 파묻는다. 이곳에서 내가 보았던 모든 사람들, 특히 아이들은 말할 수 없이 더러웠다. 그리고 나는 그들이 이투성이라는 것 또한 의심치 않는다. 그렇지 않을 수가 없다. 이런 집들을 두루 돌아다닐 때 누가 여기서 죽는다면 이 혼잡한 실내에 무슨 일이 일어날까?라는 생각이 나를 떠나지 않았었다. 하지만 물론 우리는 그런 종류의 질문을 별로 하고 싶어 하지 않는다.

어떤 사람들은 주거용 트레일러에서 여러 해를 살아왔다. 이론상으로는 지자체는 트레일러 집단 거주지를 없애 버리고, 주민들을 주택으로 들여보내고 있다. 하지만 주택이 건설되지 않기 때문에 주거용 트레일러들은 그대로 남아 있다. 나와 이야기를 나눈 대부분 사람들은 깨끗한 주거지를 다시 갖는다는 희망을 아예 포기해 버렸다. 그들은 모두 실업 상태에 있었고, 그래서 일자리와 주택은 그들에게 똑같이 거리가 멀고 불가능해 보였다. 어떤 사람들은 거의 관심조차 가지지 않는 것 같았다. 다른 사람들은 그들이 얼마나 비참하게 사는지를 명확하게 인식하고 있었다. 한 여성의 얼굴이 내 마음에 계속 남아 있는데, 그녀의 해골 같은 지친 얼굴에서 참을 수 없는 고통과 비천해진 처지를 뚜렷이 의식하는 표정을 볼 수 있었다. 만약 사람이 오물을 온몸에 뒤집어쓰게 된다면 느낄 그런 감정을 느꼈으리라고 나는 짐작한다. 우리는 이 사람들이 집시가 아니라는 것을 기억해야만 한다. 여기에서 태어난 아이들을 제외하고 이들 모두는 한창때는 자신들의 주택을 지니고 살았던 품위 있는 영국인들이다. 그 밖에도 그들의 주거용 트레일러는 집시의 그것보다 훨씬 열악하다. 그리고 그들이 집시처럼 이동해 다닌다는 대단한 이점을 지닌 것도 아니다. 의심할 여지 없이 하류계급 사람들은 그런 것에 개의치 않는다고 말하며, 그리고 기차를 타고 우연히 트레일러 집단 주거지를 지나치게 될 때는, 사람들이 트레일러에 사는 것은 그들이 선택한 것으로 생각할 중류 계급 사람들이 여전히 존재한다. 나는 요즈음 그런 사람들과 결코 논쟁을 벌이지 않는다. 그러나 사람들이 트레일러에 살아서 돈이 절약되는 것도 아니라는 것을 아는 것은 중요하다. 왜냐하면 그들은 주택에 사는 것과 거의 똑같은 집세를 내고 있기 때문이다. 나는 주당 5실링 (5, 7입방미터의 공간에 5실링이었다) 이하의 집세는 들어보지 못했다. 그리고 주당 10실링이라는 높은 금액을 내는 경우까지 있었다. 틀림없이 누군가 그런 트레일러에서 짭짤한 수입을 올리고 있을 것이다! 그러나 분명히 그런 트레일러들이 계속해서 존재하는 것은 주택 부족에 기인한 것이지 전적으로 가난 때문은 아니다.

한번은 어떤 광부와 이야기하면서 그가 사는 지역에서 주택 부족이 언제부터 심각했느냐고 물었다. 그는 "주택 부족에 관한 이야기를 우리가 들었을 때"였다고 대답했다. 그것은 최근까지 사람들의 기준이 너무 낮았기 때문에 그들이 거의 어떤 혼잡함도 당연한 것으로 받아들였다는 것을 의미했다. 그가 어렸을 때 그의 가족은 열한 명이 한 방에 자면서도 그걸 아무렇지도 않게 여겼고, 그리고 후에 성장했을 때 그와 그의 아내는 등이 맞붙은 집에서 살았는데 화장실에 가려면 200m 정도를 걸어가야 할 뿐 아니라, 가서는 종종 줄에 서서 기다려야만 했다고 한다. 한 화장실을 36명이 함께 썼기 때문이라고 그는 덧붙였다. 그의 아내가 병이 들었을 때도 화장실까지 200m를 걸어가야 했고 결국 그녀는 병으로 사망했다. 이것이 이른바 사람들이 "주택 부족에 관한 이야기를 듣게 될 때까지" 인내하는 것들이라고 그는 말했다. 이것이 사실인지 아닌지 나는 모른다. 분명한 것은 이제는 어느 사람도 한 방에서 열한 사람이 자는 것을 견딜 만하다고 여기지 않는다는 것과 수입이 넉넉한 사람들조차 "빈민가"라는 생각에 막연히 마음이 편치 않다는 것이다. 그러므로 전후에 "새집에 살게 하기"와 "빈민가 철거"에 대해 왁자지껄 떠드는 것을 우리는 간간이 들어왔다. 주교들, 정치가들, 자선가들, 그리고 어중이떠중이들은 "빈민가 철거"에 대해 경건하게 이야기하는 것을 즐긴다. 왜냐하면 그렇게 함으로써 사람들의 관심을 좀 더 심각한 해악에서 다른 데로 돌릴 수 있고 그리고 빈민가를 철폐함으로써 가난을 철폐하는 것처럼 꾸밀 수 있기 때문이다. 그러나 이 모든 이야기들은 놀랄 정도로 별로 성과를 거두지 못했다. 우리는 과밀함이 더 나아지지 않았고 아마 12년 전보다 약간 더 악화하다는 것만 알 수 있다. 도시마다 주택문제를 공략하는 속도는 분명히 매우 다르다. 어떤 도시에서는 건축이 거의 정지 상태에 있는 것 같고, 다른 도시에서는 건축이 빨리 진행되고 그래서 개인적으로 세를 주는 집주인들은 사업에서 밀려나고 있다. 예를 들자면 리버풀에서는 매우 광범위하게 재건축이 이루어졌는데 그것은 주로 시 자치단체의 노력에 힘입은 것이었다. 셰필드 역시 집들을 헐어 내고 매우 빠르게 재건축을 하고 있다. 아마 그 유례를 찾을 수 없는 빈민가의 불결함을 고려한다

면 그다지 빠르다고 할 수는 없지만 말이다.[33]

새집에 살게 하기가 왜 그렇게 더디게 진행되는지 그리고 무슨 이유로 어떤 도시에서는 다른 도시보다 훨씬 수월하게 건축 목적으로 돈을 빌릴 수 있는지 나는 모른다. 거기에 대한 답은 누군가 지역 정부 기구에 대해 나보다 더 잘 아는 사람이 해주어야만 할 것이다. 지자체의 집 한 채에는 보통 300에서 400파운드의 금액이 들어간다. "직접 고용 노동자"들이 지을 때는 청부로 지을 때보다 비용이 덜 든다. 이런 집들의 집세는 지방세를 감안하지 않을 때 일 년에 보통 20파운드를 웃돌 것이다. 그래서 모든 경비를 포함한 비용과 대부금 이자를 고려한다 해도 세 줄 수 있는 만큼의 주택을 지자체가 짓는 것은 이익이 될 것으로 생각한다. 많은 경우에 물론 이 주택들은 생활보호위원회 급여 혜택을 받는 사람들이 거주할 수 있어야 할 것이다. 그렇게 되면 지자체가 한 주머니에서 돈을 꺼내어서 다른 주머니로 옮기는 것이 될 것이다—바꿔 말하면, 구제의 형태로 지급하고 그것을 집세의 형태로 되돌려 받는 것이 될 것이다. 그러나 어쨌든 지자체들은 구제를 위한 비용을 지급해야만 하는데 현재는 그들이 지급하는 것의 일부를 개인적인 집주인들이 삼키고 있다. 주택 건축 속도가 느린 이유는 자금이 부족하고 택지 구하기가 어렵기 때문이다—왜냐하면 지자체의 집들은 한 가구씩 세워지는

---

33 1936년 초에 셰필드에서 건축 중인 시 지자체의 주택 수는 1398채였다. 셰필드의 빈민가 지역을 모두 대치하려면 10만 채가 필요하다고 한다.-원주

것이 아니라 단지로, 때로는 한 번에 수백 채의 단지로 건축되기 때문이다. 언제나 내가 이상스럽게 생각하는 것 한 가지는 많은 북부의 도시들이 주택 건설이 급선무일 때에 동시에 거대하고 사치스러운 공공건물을 짓는 것이 온당하다고 본다는 것이다. 예를 들면, 반즐리 시는 최근에 새 시청을 짓는데 거의 15만 파운드를 소비했다. 공중목욕탕은 말할 것도 없고 적어도 2천 채의 노동자 주택이 필요한 것을 스스로 인정하면서도 말이다. (반즐리 시에는 개별 욕조를 가진 공중목욕탕이 19개 있다—이것이 7만 명의 주로 광부 인구를 가진 도시의 목욕탕 숫자이다. 광부들 중 어느 누구도 집에 목욕탕을 가진 사람은 없다!) 15만 파운드라면 350채의 지자체 주택을 짓고도 시청을 지을 수 있는 돈이 여전히 1만 파운드 남을 것이다. 그러나 이야기했듯이 나는 지역 정부의 불가사의한 면을 이해하는 척하지 않는다. 나는 주택이 절박하게 필요하고 그리고 건축되고 있지만 전체적으로 그 속도는 마비된 듯 느리다는 것을 기록할 뿐이다.

하지만 주택이 여전히 건설되고 있다. 그리고 지자체가 건설한 두 개의 완두콩(어디에서 이런 표현이 온 것일까? 완두콩 하나하나의 크기도 서로 많이 다른데)처럼 거의 모두가 똑같아 보이는 작은 붉은색 집들이 줄줄이 늘어서 있는 단지들이 산업 도시들 교외의 일상적인 모습이다. 그들이 어떤 집들인지, 그리고 빈민가의 집들과 비교해서 어떤지를 가장 잘 알려줄 수 있는 방법은 여기에 내 일지에서 발췌한 글 두 개를 더 옮겨 쓰는 것이다. 세입자의 자기 집에 대한 의견은 대단히 다양하다. 그래서 나는 하나는 우호적인 글 그리고 하나는 비우호적인 글을 보여줄 것이다. 이 두 글 다 위건 시의 것이고 둘 다 "응접실 없는 타입"의 싸구려 집들이다.

1. 비치 힐 단지의 주택

일층. 요리용 화덕 벽로, 찬장과 붙박이 조리대가 있고, 조립 마루가 깔린 커다란 거실. 작은 현관과 큰 편인 부엌. 가스용 조리기와 똑같은 요금으로 시 자치단체에서 세낸 최신형 전기 조리기.

이 층. 큰 편인 두 개의 침실, 매우 작은 침실 하나—이것은 임시 침실로 사용하거나 상자들을 두기에 적합할 뿐이다. 온수와 냉수가 나오는 목욕탕과 화장실.

자그마한 정원. 단지 내에서도 정원들은 다양하지만 대개는 경작 대여지보다 작음.

부부와 두 자녀인 4인 가족. 남편은 좋은 직장에 다님. 잘 지어졌고 매우 쾌적해 보이는 집. 다양한 규제 있음. 예를 들어 자치단체의 허가 없이 가금류나 비둘기를 키우는 것, 하숙인을 들이는 것, 다시 빌려주기, 어떤 종류의 사업을 시작하는 것들이 금지됨. (하숙인을 들이는 경우에는 쉽게 허가가 나지만 나머지 것들은 허가가 나지 않음.) 세입자들은 집에 만족하고 집을 자랑스러워 함. 이 단지의 집들은 모두 잘 유지됨. 지자체는 수리를 잘 해주지만 이곳을 깨끗하게 유지하기 위해서 세입자들이 기준에 따르도록 함.

집세는 지방세를 포함해서 11실링 3페니. 시내로 가는 버스 요금 2페니.

2. 웰리 단지의 주택

일층. 가로 4.6m에 세로 3.3m의 거실, 상당히 작은 부엌, 층계 밑에 작은 식품 저장소, 작지만 상당히 좋은 목욕탕. 가스 조리기, 전기 불, 외부에 있는 화장실.

이 층. 작은 벽난로가 있으며 크기가 4m에 3.3m인 침실 하나, 또 다른 침실은 벽난로가 없이 같은 크기. 또 다른 침실 크기는 2.3m에 2m. 제일 좋은 침실에는 작은 붙박이 옷장이 있음.

정원은 약 20m에 10m 크기.

여섯 명 가족. 부부와 4자녀. 큰 아들은 19세, 큰 딸은 22세. 장남 이외에는 아무도 일자리가 없음. 세입자들 매우 불만. 그들의 불평은 "집이 춥고, 외풍이 심하고 습하다는 것. 거실의 벽난로는 온기를 내보내지 못하고 방을 온통 먼지투성이로 만든다는 것—벽난로가 매우 낮게 고정되어 있는 탓이라는 것. 가장 좋은 침실의 벽난로는 너무 작아서 아무 쓸모가 없다는 것. 위층의 벽들은 갈라지고 있음. 작은 침실은 아무 짝에도 쓸모가 없어서 다섯 사람이 한 침실에서 자고 한 사람(장남)이 또 다른 침실을 사용한다는 것."

이 단지의 정원은 모두 방치되어 있음.

집세는 지방세 포함 10실링 3페니. 시내까지 거리는 1.6km이상—여기서는 시내로 가는 버스가 없음.

　

더 많은 예를 들 수 있지만 이 두 집으로 충분하다. 지자체가 짓는 집의 유형들이 여기나 저기나 대단히 다르지는 않기 때문이다. 두 가지가 당장 명백하다. 첫째는 아무리 최악의 것이라도 지자체가 짓는 집들이 그들이 대체하는 빈민가의 집들보다 더 낫다는 것이다. 목욕탕이 있고 정원이 조금 있다는 그 사실만으로도 거의 어떤 결점도 메우기에 충분하다. 다른 하나는 그 집에 들어가 사는데 비용이 훨씬 더 비싸게 든다는 것이다. 철거될 집에서 일주일에 6이나 7실링을 지급하던 사람이 그곳에서 나와 지자체 집으로 이사하게 되면 한 주에 10실링을 지급해야 하는 것은 흔한 일이다. 이것은 단지 일자리가 있거나 근래에 일을 하는 사람에게만 해당한다. 왜냐하면 생활보호위원회에서 실업수당을 받을 때 그의 집세는 수당의 1/4로 계산되기 때문이다. 그리고 만약 집세가 그 이상이면 그는 추가 수당을 받는다. 어쨌든 어떤 등급의 지자체 주택에는 실업수당을 받는 사람들은 입주할 수 없다. 그러나 당신이 일하거나 실업 상태이거나 간에 지자체 주택에서 생활하는 것은 다른 면에서 비용이 많이 든다. 우선 집세가 더 비싸기 때문에 단지 내의 상점들은 훨씬 더 비싸고 그 숫자도 많지 않다. 게다가 지저분하게 밀집된 빈민가에서 멀리 떨어져 있는 비교적 큰 독립가옥은 훨씬 더 추워서 연료가 더 많이 든다. 더욱이 특히 일하는 남성이면 시내를 오가는 비용이 있다. 이 마지막 문제는 새집으로 이주하는 데서 생기는 훨씬 명백한 문제 중 하나이다. 빈민가를 철거한다는 것은 인구를 분산한다는 것을 뜻한다. 대규모로 재건축을 한다는 것은 결과적으로 도심 한가운데를 움푹 떠내어서 그것을 도시 외곽에 재배치하는 일을 하는 것이다. 어떤 면에서는 이것은 매우 잘하는 일이다. 사람들을 악취 풍기는 골목에서 탈출시켜 숨 쉴 수 있는 여지가 있는 곳으로 데려가야만 한다. 하지만 사람들 자신의 견해에서 본다면 이렇게 하는 것은 그들을 들어 올려서 일터에서 8km 떨어진 곳에 털썩 내려놓는 것이다. 가장 간단한 해결책은 아파트이다. 만약 사람들이 적어도 큰 도시에서 살려고 한다면 그들은 다른 사람의 집 위에서 사는 것을 배워야만 한다. 그러나 북부 노동자들은 아파트를 달가워하지 않는다. 아파트가 있는 곳에서조차 그것들은 경멸스럽게 "셋집"이라 불린다. 거의 모든 사람이 "자신만의 집을 원한다"라고 말할 것이다. 그리고 분명히 100m나 길게 집들이 늘어서 있는 블록 한가운데에 있는 집이라도 그들에게는 그것이 공중에 떠 있는 아파트보다 더 "자신들만의 집"으로 보이는 것 같다.

내가 방금 예로 들었던 두 채의 지자체 주택 중 두 번째 집으로 돌아가 보자. 세입자는 집이 춥다, 집에 습기 찬다, 등등을 불평했다. 아마 집이 날림으로 지어졌을 것이다. 하지만 동시에 그가 과장하고 있는지도 모른다. 전에 내가 우연히도 시찰했던 위건 시 한가운데 있는 더러운 오두막에서 그는 그 주택으로 왔다. 그는 위건에 살 때 지자체 집을 얻으려고 온갖 노력을 했었다. 그러던 그가 지자체 주택에 오자마자 빈민가로 돌아가기를 원했다. 그가 생트집을 잡는 것같이 보이지만, 이것은 진짜 불만을 완벽히 가려 주는 것이다. 상당히 많은 경우에, 아마도 지자체 주택에 사는 반 정도의 사람들이 그 주택을 좋아하지 않는 것을 나는 발견했다. 그들은 빈민가의 악취에서 벗어나는 것이 기뻤고, 아이들이 집 안에서 뛰어놀 공간을 가지는 것이 더 좋다는 것을 알지만, 자신들의 집에서 편안하다고 느끼지 않는다. 예외적인 사람들은 대개 좋은 직장을 가지고 있어서 연료와 가구와 교통비에 드는 약간의 부가적인 비용을 쓸 수 있는 사람들이고, 그들은 어쨌든 "상류 계급" 타입이다. 보통 빈민가 거주자들인 나머지 사람들은 빈민가의 숨 막히는 따뜻함을 그리워한다. 그들은 "도시 외곽"에서, 바꾸어 말하자면, 도시의 변두리에서 "굶주린다(꽁꽁 언다)"라고 불평한다. 확실히 대부분의 지자체 주택은 겨울에 매우 황량하다. 내가 지나쳐 간 어떤 주택들은 나무도 없는 흙 언덕에 자리 잡고 있어서 얼음같이 찬 바람이 휩쓸고 가기 때문에 그 안에 거처하기가 끔찍한 곳일 것이다. 배 뚱뚱이 중산층이 믿고 싶어 하는 것처럼 빈민가의 주민들이 그들 자신을 위해 더러움과 혼잡을 원하는 것은 아니다. (예를 들어서 골즈워디[34]의《백 조의 노래》에 나오는 빈민가 철거에 대한 대화에서 정기 수입이 있는 사람들은 빈민가 거주자가 빈민가를 만드는 것이지 그 반대가 아니라는 생각을 품고 있고, 그것이 유대인 자선가의 입을 통해 표현되는 것을 보라.) 사람들에게 품위 있는 집을 주어 보라. 그러면 그들은 곧 그것을 품위 있게 유지하는 법을 배울 것이다. 게다가 멋있어 보이는 집에 사는 데 걸맞게 행동함으로써 그들의 자존감과 청결이 개선되고, 그들의 자녀들은 더 나은 기회를 얻고 출발하게 될 것이다. 그러나 지자체 주택단지에는 불편한, 거의 감옥 같은 분위기가 있다. 그리고 그곳에 사는 사람들은 그것을 정확하게 잘 깨닫는다.

여기에서 우리는 주택문제의 핵심적인 어려움에 이른다. 매연으로 검게 더러워진 맨체스터의 빈민가를 이리저리 걸을 때,

---

34 John Galsworthy(1867~1933): 영국의 소설가 · 극작가. 대표작으로 《 The For- syte Saga(1906–1921)》와 속편으로《A Modern Comedy》와《End of the Chapter》가 있다. 1932년에 노벨 문학상 수상.

이 혐오스러운 것들을 헐어 버리고 그 자리에 품위 있는 집들을 짓는 것이 가장 절실하다고 우리는 생각한다. 그러나 문제는 빈민가를 파괴함으로써 다른 것도 파괴하게 된다는 점이다. 주택이 절박하게 필요하지만 주택 건설이 충분히 빠르게 이루어지지 않는다. 하지만 새집에 살게 하기는 대단히 비인간적인 방식으로 진행된다—그렇게 되는 것을 피할 수 없는지도 모른다. 단순히 주택들이 새것이고 보기 흉하다는 뜻으로 내가 말하는 것은 아니다. 모든 집들은 얼마간은 새것이 아닐 수가 없다. 그리고 사실 건설되고 있는 지자체 주택들이 눈에 거슬린다는 것은 전혀 아니다. 리버풀의 외곽에는 완전히 지자체 주택들로 이루어진 마을들이 있다. 그 마을들은 매우 보기 좋다. 내가 알기로 도시 중심부에 있는 노동자들의 아파트 블록은 오스트리아의 빈에 있는 노동자들의 아파트 블록을 모델로 삼아 지은 것으로 확실히 훌륭한 건물들이다. 하지만 이 사업 전체는 무언가 무자비하고 인정이 없다. 가령 지자체 주택에서 당신을 버겁게 하는 규제들을 예로 들어보자. 그들은 거주자가 원하는 대로 집과 정원을 가꾸도록 내버려 두지 않는다—어떤 단지에서는 모든 정원은 똑같은 종류의 생나무 울타리를 해야 한다는 규칙까지 있다. 가금류나 비둘기를 기르는 것도 허용하지 않는다. 요크셔의 광부들은 전서구[35]를 기르는 것을 좋아한다. 그들은 비둘기들을 뒷마당에 두었다가 주말에 데리고 가서 경주를 시킨다. 그러나

---

35 전신용 비둘기.

비둘기들은 지저분한 새들이다. 그래서 지자체에서 당연히 비둘기들을 금지한다. 상점 규제는 더욱 심각하다. 지자체 집단 단지 내의 상점 수는 엄격하게 제한되고 우선권이 소비조합과 연쇄점에 주어진다고들 말한다. 이것은 정확히 사실이 아닐지도 모른다. 그러나 보통 우리가 그곳에서 보는 상점은 그런 상점들이다. 이것은 일반 대중을 위해서 상당히 좋지 않지만 자영하는 상점 주인의 견해로 보면 이것은 재앙이다. 작은 상점을 운영하는 많은 주인들이 그들의 존재는 안중에도 없는 '새집에 살게 하기' 계획 때문에 완전히 망했다. 도시의 한 구획 전체가 **총괄적으로** 철거 대상이 된다. 곧 그 집들이 철거되고 사람들은 수 킬로미터 떨어진 곳에 있는 주택단지로 옮겨간다. 이런 방식으로 그 지역의 작은 상점주들 모두가 단 한 번에 고객 전체를 잃게 되지만 1페니의 보상금도 받지 못한다. 그들은 그들의 사업을 주택단지로 옮길 수 없다. 그들이 이사해서 훨씬 더 높은 집세를 감당할 수 있다 하더라도 아마 그들은 허가증을 받을 수 없기 때문이다. 주점으로 말할 것 같으면 주택단지에서 주점은 거의 철저하게 추방되고, 그리고 두어 서넛 남아 있는 주점은 커다란 양조 회사들이 시설을 갖추어 놓은 짝퉁 튜더[36] 양식으로 된 음산한 장소인데 술값이 매우 비싸다. 중류층 사람들에게는 이것은 성가신 일이다―한 잔의 맥주를 마시기 위해 1.6km를 걸

---

36 튜더 왕가는 헨리 칠세에서 엘리자베스 일세까지(1485~1603)의 영국 왕가를 지칭하는 것임.

어야 한다는 것을 의미할 수도 있다. 이것은 주점을 일종의 클럽으로 사용하는 노동자층의 공동체 생활에는 심각한 타격이 된다. 빈민가 주민들을 품위 있는 집에 살게 해준다는 것은 대단한 업적이다. 하지만 우리 시대의 특이한 성격 때문에 그들이 누리는 자유의 마지막 흔적을 박탈하는 것 또한 필요하다고 생각하는 것은 대단히 불행한 일이다. 사람들 자신도 이것을 느낀다. 그리고 그들이 자신들의 새집—자신들이 살았던 집보다 집으로서는 훨씬 더 좋은—을 춥고 불편하고 그리고 "집 같지 않다"라고 불평할 때 그들은 이런 느낌을 합리화하는 것이다. 나는 때때로 자유를 위해 치러야 하는 대가가 영원히 조심해야 하는 것이 아니라 영원히 불결함을 버리는 것으로 생각한다. 어떤 지자체 주택에서는 조직적으로 이 잡기가 이루어진 후에 새로운 세입자의 입주가 허용된다. 그들이 입고 있는 것 이외의 모든 것을 가져가서 훈증한 후에 새집으로 보낸다. 이러한 절차는 그 나름대로 의미가 있다. 새집에 빈대를 가지고 간다는 것은 애석한 일이기 때문이다(빈대는 조금만 기회가 있어도 당신의 짐을 따라갈 것이다). 그러나 이 잡기란 당신이 "위생"이란 단어가 사전에서 없어졌으면 좋겠다고 생각하게 만드는 그런 종류의 일이다. 빈대는 나쁘다. 그러나 사람을 양처럼 액체에 잠기게 하는 이 잡기 상황은 더 나쁘다. 빈민가 철거의 경우에 어쩌면 우리는 어느 정도의 규제와 비인도적인 행위를 당연한 것으로 받아들여야만 한다. 가장 중요한 것은 그런 절차를 거친 후에 사람들이 돼지우리가 아닌 품위 있는 집에서 살게 된다는 점이다. 빈민가를 너무나 많이 보았기 때문에 나는 빈민가에 대해서 체스터턴식의 황홀경에 휩싸일 수 없다. 아이들이 맑은 대기를 호흡할 수 있고, 여인들을 힘든 일에서 구해 줄 두세 개의 편의시설이 있으며, 그리고 남자들이 약간의 밭일을 할 수 있는 정원이 있는 곳이, 리즈나 셰필드의 악취 풍기는 뒷골목보다 더 나음에는 틀림이 없다. 모든 것을 고려해 보면 지자체 주택이 빈민가보다 더 낫다. 하지만 그 차이는 단지 근소할 뿐이다.

주택문제를 조사하고 있었을 때, 나는 여러 광산 마을이나 도시에 있는 집들을 통틀어서 100 내지 200군데를 방문하고 조사했다. 나는 모든 곳에서 나를 받아들였던 사람들의 특별한 정중함과 선한 성품을 언급하지 않고서는 이 장을 마칠 수 없다. 나는 홀로 가지는 않았다―항상 그 지역의 실업자 가운데 나를 안내해줄 친구와 동반했었다―그러나 그렇다고 해도 모르는 사람의 집에 끼어들어서 침실 벽에 갈라진 곳을 보자고 요청하는 것은 주제넘은 일이다. 그런데도 모든 사람이 놀랄 정도로 인내심을 보였고, 왜 내가 그들에게 질문하는지 그리고 내가 무엇을 보기 원하는지를 거의 설명하지 않아도 이해하는 것 같았다. 만약 어떤 사람이 허가 없이 내 집으로 들어와서 지붕이 새는지, 빈대 때문에 고생을 많이 하는지, 그리고 내가 집주인을 어떻게 생각하는지를 묻기 시작한다면 나는 아마도 그에게 꺼지라고 할 것이다. 이런 일이 내게 딱 한 번 있었다. 그리고 그 경우에 그 여인은 가는귀먹어서 나를 자산 조사를 하는 앞잡이로 오해했었다. 그러나 그녀조차도 잠시 후 마음이 누그러져서 내가 원하는 정보를 제공해 주었다.

　나는 작가가 자신이 쓴 책 서평을 인용하는 것은 무례하다는 말을 들었다. 그러나 여기에서 《맨체스터 가디언》에 내 책의 서평을 쓴 사람에게 반박하고 싶다.

> "위건이나 와이트채플에 자리 잡은 오웰 씨는 인간성을 중상하는 일에 전념하기 위해 모든 선한 것에서 눈을 감아 버리는 힘을 여전히 확고하게 행사할 것이다."

　틀렸다. 오웰 씨는 상당한 기간 위건에 "자리 잡고 있었다." 그렇지만 그것이 그에게 인간성을 중상하고자 하는 생각을 일으키지는 않았다. 그는 위건을 매우 좋아했다―위건의 풍경이 아니라 사람들을 좋아했다. 그가 보기에 위건에는 단지 한 가지 결점이 있었는데 그것은 그가 보기를 갈망했던 유명한 위건 부두에 관한 것이다. 슬프다! 위건 부두는 파괴되었고 그것이 있었던 자리조차 이제는 확실하지 않다.

5장

실업자의 숫자가 200만으로 인용되는 것을 볼 때, 우리는 200만 명이 실업 상태에 있고 나머지 인구는 비교적 금전적으로 부족함이 없는 것을 의미한다고 받아들이기가 너무나 쉽다. 최근까지 나 자신도 그랬다는 것을 인정한다. 나는 만약 등록된 실업자를 약 200만 명으로 잡고 거기에 극빈자들과 이런저런 이유로 등록되지 않은 사람들을 포함한다면 영국에서 영양실조에 있는 (왜냐하면 실업수당을 받는 사람 모두와 그와 유사한 사람들은 영양실조이기 때문에) 사람들의 숫자가 최대한도로 500만 명이 될 것이라고 계산하곤 했다.

이것은 대단히 과소평가한 숫자다. 우선 실업자의 수에 포함된 사람들은 실업수당을 실제로 받는 사람들뿐이기 때문이다―그런데 그들은 일반적으로 가장이다. 실업자의 부양가족들은 따로 수당을 받는 자가 아니면 실업자 명단에 들어가지 않는다. 고용안정국의 관리는 실제로 실업수당으로 살아가는 (받는 것이 아니라) 사람들의 숫자를 알려면 공식적인 숫자를 3배 이상으로 곱해야만 한다고 일러주었다. 이렇게만 해도 실업자 수는 약 600만 명이 된다. 그러나 거기에다가 일하고 있지만 재정적인 면에서 보면 실업 중인 것이나 다름없는 사람들이 있다. 왜냐하면 그들은 생활이 될 만한 임금이라고 말할 정도의 임금을 받지 못하기 때문이다.[37] 이 사람들과 그들의 부양가족을 고려하고, 앞에서처럼 노령 연금자와 극빈자와 눈에 띄지 않는 다른 사람들을 포함하면 영양실조에 걸린 인구는 일천만 명을 훨씬 넘는다는 계산이 나온다. 존 오어 경은 그 숫자를 2천만 명으로 잡는다.

산업지역과 광산 지역의 전형적인 도시라고 불릴 자격이 있는 위건 시의 숫자를 보자. 실업보험에 가입한 노동자의 숫자는 약 3만 6천 명(남성이 2만 6천, 여성이 1만 명)이다. 그러나 이 사람들 중에 1936년 초의 실업자는 1만 명이다. 그러나 이것은 광산이 모두 가동되는 겨울철의 숫자이다. 여름에는 아마도 그 숫자는 1만 2천일 것이다. 앞에서처럼 그 숫자를 3으로 곱하면 3만 명이나 3만 6천 명이 된다. 위건 시의 총인구는 8만 7천 명을 약간 밑돈다. 그래서 어느 때고 전체 인구의 세 명 중 한 명—등록된 노동자들뿐 아니라—이 실업수당을 받거나 실업수당으로 생활한다. 1만 명이나 1만 2천 명의 실업자들 숫자는 과거 7년 동안 계속해서 실업 상태에 있었던 4천 명에서 5천 명에 이르는

---

37 예를 들자면 최근의 랭커셔의 면 공장 인구조사에서 4만 명 이상의 종업원들이 한 주에 30실링 이하를 받는 것으로 나타났다. 하나의 시만 예로 들자면, 프레스턴에 서는 한 주에 30실링 이상을 받는 사람들의 숫자는 640명이었고 30실링 이하의 금액을 받는 사람들의 수는 3,113명이었다.─원주

실업자 광부의 고정된 핵심을 이루는 광부들을 포함한다. 그런데 위건 시가 산업도시로서 특별히 형편이 나쁜 것은 아니다. 전쟁이나 전쟁 소문 때문에 과거 일이 년을 잘 꾸려 온 셰필드에서조차 실업자의 비중은 거의 똑같다━ 등록된 노동자들 중 실업자는 세 사람에 한 사람꼴이다.

어떤 사람이 처음 실업할 때는 그가 보험금 인지를 다 쓸 때까지 "전체 수당"을 받는다. 그 급여율은 다음과 같다.

		주당
남자 한 명	………	17실링
아내	………	9실링
14세 이하의 자녀 당	………	3실링

그러므로 부부와 세 자녀 중 14세 이상 자녀가 1명인 전형적인 5인 가족의 총수입은 한 주에 32실링과 거기에 14세 이상인 맏이가 벌 수 있는 금액이 얼마가 되건 그 금액을 더한 것이 될 것이다. 처음 실업한 사람이 보험금 인지를 다 쓰면 생활보호위원 회로 넘겨지기 전에 실업보호위원회에서 26주 동안 "전환 수당"을 받는다. 그 급여율은 다음과 같다.

		주당
독신 남자	………	15실링
부부	………	24실링

14세에서 18세 자녀	········	6실링
11세에서 14세 자녀	········	4실링 6페니
8-11 세 자녀	········	4실링
5-8세 자녀	········	3실링 6페니
3-5세 자녀	········	3실링

그러므로 일하는 자녀가 없을 때 실업보호위원회의 도움을 받는 전형적인 5인 가족의 수입은 한 주에 37실링 6페니일 것이다. 실업보호위원회의 수혜 대상일 때 그 사람이 수령하는 수당의 1/4은 집세로 간주되고 그 금액은 한 주에 최소한 7실링 6페니이다. 만일 그가 내는 집세가 실업수당의 1/4이 넘으면 그는 추가 비용을 받는다. 그러나 집세가 7실링 6페니 이하이면, 거기에 못 미치는 만큼의 금액이 감해진다. 생활보호위원회의 실업수당은 이론상으로는 지방세에서 나오지만 중앙 기금에서 후원받는다. 생활보호위원회의 급여율은 다음과 같다.

		주당
독신 남자	········	12실링 6페니
부부	········	23실링
큰 자녀	········	4실링
다른 자녀	········	3실링

지방자치단체들의 자유재량으로 운영되기 때문에 이 급여율은 지역마다 약간씩 달라서 독신 남자는 한 주에 추가로 2실

링 6페니를 더 받을 수도 있고, 그래서 그의 수당은 15실링이 될 수도 있다. 실업보호위원회의 경우처럼 기혼 남성 수당의 1/4은 집세로 간주된다. 그래서 위에서 살펴본 전형적인 가족의 급여는 한 주에 33실링이 될 것이고 이중 1/4은 집세로 간주된다. 더욱이 대부분 지역에서 크리스마스 전과 후로 각각 6주씩 한 주에 1실링 6페니의 석탄 비용을 받는다(1실링 6페니는 50kg의 석탄에 해당된다).

실업수당을 받는 한 가족의 수입은 보통 한 주에 평균 약 30실링이다. 적어도 이중의 1/4은 집세이므로 그것을 빼면, 아이이건 어른이건 보통 한 사람이 먹고 입고 따뜻하게 불 때고, 그 이외의 다른 돌보아야 할 것들을 6실링이나 7실링으로 해결해야 한다는 말이 된다. 엄청난 사람들의 무리가, 적어도 산업지역의 인구 1/3이 아마도 이런 수준에서 생활하고 있다. 자산 조사가 매우 엄격하게 시행되고 그래서 또 다른 출처에서 돈을 받는다는 약간의 기미만 보여도 실업수당을 거부당하기 쉽다. 예를 들면, 일반적으로 반나절만 일하는 부두 노동자들은 반드시 하루에 두 번 고용안정국에서 서명해야 한다. 그렇게 하지 못하면 일하는 것으로 간주되어서 급여가 거기에 상응하여 삭감된다. 나는 자산 조사를 회피하는 경우들을 보긴 했지만 아직도 어느 정도의 공동체 생활이 유지되어서 이웃이 누구인지를 다 아는 산업도시에서는 런던에서보다 자산 조사를 피하기가 매우 힘들다. 자산 조사를 피하려고 보통 사용하는 방법은 젊은 남자가 실제로는 부모와 동거하면서 숙박 시설의 주소를 얻어 서류상 별거 상태를 만들어 별도로 급여를 받는 것이다. 그러나 엿보고 신고하는 일이 잦다. 예를 들어 내가 아는 남성은 그의 이웃이 외출했을 때 이웃집의 닭에게 모이를 주었는데, 그것을 본 어떤 사람이 관계 당국에 그가 "닭 모이를 주는 일"을 한다고 보고해서 그는 이것을 부인하느라고 진땀을 흘렸다. 위건 사람들이 좋아하는 농담은 "땔나무를 운반하는 일"을 한다는 이유로 급여를 거부당한 남성에 관한 것이다. 그가 밤에 땔나무를 운반하는 것을 누가 보았다는 것이다. 그는 땔나무를 운반한 것이 아니라 야반도주를 하는 것이었다고 설명해야만 했다. "땔나무"는 그의 가구였다.

자산 조사로 빚어지는 가장 잔인하고 해로운 결과는 가족의 해체이다. 침대에 누워 지내는 노인들이 자산 조사 때문에 때로는 그들의 집에서 쫓겨난다. 예를 들어 노령 연금을 받는 사람이 홀아비이면 대개 그의 자녀 중 한 자녀와 함께 살 수 있다. 그가 매주 받는 10실링은 집안 비용으로 쓰이게 되고 그는 아마 그다지 나쁘지 않은 보살핌을 받을 것이다. 그러나 자녀의 집에 있으면 자산 조사 기준으로는 자녀의 "하숙인"으로 간주되고 그래서 그의 자녀의 급여는 삭감될 것이다. 그래서 70세나 75세의 노인들이 하숙집으로 가야만 하고, 하숙집주인에게 그의 연금을 넘기고 거의 기아선상에서 생존하게 된다. 나 자신 이런 경우를 여러 번 보았다. 자산 조사 덕분에 영국 전역에서 지금 이런 일들이 일어나고 있다.

그러나 실업 상태가 끔찍하게 광범위한데도 북부 산업지역에서는 빈곤—극빈—이 런던에서보다 별로 눈에 뜨이지 않는다. 모든 것이 더 초라하고 꾀죄죄하며 자동차 수도 적고 옷을 잘 입은 사람들도 별로 없지만 분명하게 극빈 상태인 사람들 또한 더 적다. 리버풀이나 맨체스터 같은 규모의 큰 도시에서도 거지가 별로 없다는 인상을 받는다. 런던은 일종의 낙오자들을 끌어모으는 소용돌이다. 그리고 런던은 광대한 도시여서 그곳에서 외롭게 이름 없이 살아가기 때문에 법을 위반하기까지는 아무도 당신의 존재를 전혀 알아채지 못할 것이다. 당신을 아는 이웃이 있는 곳에서는 감히 그럴 수 없을 정도로 당신은 자제력을 잃을 수 있다. 그러나 산업도시에서는 오래된 공동체 생활 방식이 아직도 와해되지 않았고, 전통이 여전히 건재하고 있으며 누구나 가족을 지니고 있다—그러므로 잠재적으로 가정을 지니고 있다. 인구 5만이나 10만의 도시에서는 임시 보호를 받는 사람이 하나도 없다. 말하자면 아무도 책임지지 않는 인구는 없다. 예를 들면, 노숙자도 없다. 더욱이 실업 법규에는 실업자의 결혼을 말리는 조항 따위는 없다. 부부가 한 주에 23실링의 수입으로 산다는 것은 거의 기아선상을 헤매는 것이지만 그들은 가정 같은 것을 꾸릴 수 있고 15실링의 수입으로 사는 독신 남성보다 훨씬 더 잘살 수 있다. 실업 중인 독신 남성은 비참하다. 그는 때때로 공공 숙박소에, 더욱 자주 "가구가 딸린" 방에 사는데 일주에 6실링을 방세로 지급한다. 그리고 할 수 있는 한 최선을 다해서 9실링으로 나머지 것들을 해야 한다(이를테면 6실링을 음식에, 그리고 3실링을 의복과 담배와 오락에 써야 한다). 물론 그는 적절하게 먹거나 자신을 돌볼 수 없다. 그리고 일주일에 6실링을 지급하는 사람은 필요 이상으로 집 안에 머물면 집주인이 반기지도 않는다. 그래서 그는 낮 동안 따뜻하게 지낼 수 있는 공공 도서관이나 다른 장소에서 빈둥거린다. 겨울에는 독신 실업자의 거의 유일한 급선무는 따뜻하게 지내는 것이다. 위건 시에서 이들에게 인기 높은 피난처는 영화관이다. 그곳에서 영화는 환상적으로 싸다. 언제나 4펜스면 입장할 수 있고 어떤 영화관에서는 주간 흥행(마띠네)에는 2펜스면 입장할 수 있다. 기아선상에 있는 사람들조차도 끔찍한 겨울 추위에서 벗어나기 위해 기꺼이 2펜스를 지급할 것이다. 셰필드에서 나는 어떤 목사의 강연을 듣기 위해 공공 회관으로 안내되었다. 그런데 그 강연은 내가 그때까지 들어보았던, 그리고 앞으로 들을 것으로 기대되는 어떤 강연보다도 가장 어리석고 형편없었다. 앉아서 그것을 끝까지 듣는다는 것은 신체적으로 도저히 견딜 수 없는 일이어서 강연이 반도 진전되기 전에 정말이지 내 발이 스스로 나를 데리고 나오는 거 같았다. 그런데도 그 회관에는 실업자들이 운집해 있었다. 그들은 따뜻한 곳에 있기 위해서라면 훨씬 더 고약한 푸념도 끝까지 듣고 앉아 있을 것이다.

때때로 나는 실업수당을 받는 미혼 남성이 극심하게 비참한 생활을 하는 것을 보았다. 어떤 도시에서 그런 사람들 한 무리가 거의 무너져 내리고 있는 것이나 다름없는 버려진 집을 불법으로 점거하고 있는 것을 본 기억이 난다. 그들은 쓰레기통에서 몇몇 가구 조각을 수거했을 것이다. 그들의 유일한 테이블이 대리석을 얹은 낡은 세면대였던 것을 기억한다. 그러나 이런 일은 예외적이다. 노동자 계층의 미혼 남성은 드물고, 남성이 결혼 생활을 하는 한 실업해도 그의 삶의 방식에는 비교적 거의 변화가 없다. 그의 가정이 가난해졌지만 그래도 여전히 가정이다. 그리고 실업으로 야기되는 변칙적인 입장─여성은 전처럼 계속 일하고 남성은 실업 상태─이 남성과 여성 간의 상대적인 지위에 변화를 가져오지 않는다는 것을 모든 곳에서 발견할 수 있다. 노동자 계층에서는 집안의 주인은, 중류층에서처럼 여성이나 아기가 아니라, 남자이다. 예를 들어서, 노동 계층 가정에서는 남성이 조금이라도 집일을 거드는 것을 실제로 볼 수 없을 것이다. 이런 관습이 실업 때문에 바뀌지 않는데 그것은 표면상으로 다소 불공평해 보인다. 남성은 아침부터 저녁까지 한가하지만 여성은 언제나처럼 바쁘다─정말 더 바쁘다. 그녀는 더 적은 돈으로 살림을 꾸려야 하기 때문이다. 그런데도 내가 경험한 바로는 여성은 항의하지 않는다. 남성뿐 아니라 여성들도 단순히 실직했다고 해서 남성이 "가사를 도와주는 남자"가 되어 가면 그가 남성성을 잃을 것으로 생각한다.

그렇지만 실업은 기혼자이건 미혼자이건, 모든 사람, 그리고 여성보다 남성이 더 기가 꺾이고 쇠약해지게 만든다. 가장 훌륭한 지성인도 실업에 맞서지 못한다. 한두 번 나는 진짜 문학적 재능을 지닌 실업자들을 만날 기회가 있었다. 내가 만나지는 못했지만 때때로 잡지에서 작품을 읽어본 다른 사람들도 있다. 이들은 뜸한 간격을 두고 기사 하나나 단편을 발표할 것이다. 이러한 작품들은 호의적인 서평을 쓰는 평론가들이 입을 모아 극찬하는 대부분 작품보다 확실히 더 훌륭하다. 그렇다면 이들은 왜 자신들의 재능을 거의 이용하지 못할까? 그들은 이 세상의 온갖 여가를 다 가지고 있는데 왜 앉아서 글을 쓰지 않을까? 책을 쓰기 위해서는 편안함과 고요함—그런데 노동 계층의 가정에서는 고요함을 누리기가 절대 쉽지 않다—을 누려야 할 뿐 아니라 마음도 평화로워야 하기 때문이다. 실업이라는 불길하고 사악한 구름이 당신을 짓누르는 상황에서는 어떤 것에도 집중할 수 없고 어떤 것을 창조해 내는데 필요한 **희망적인** 정신을 구사할 수 없다. 그렇지만 책을 읽을 때 편안하게 느끼는 실업자는 어쨌든 독서하며 시간을 보낼 수 있다. 그러나 불편해서 책을 읽을 수 없는 사람은 어떻게 해야 할까? 예를 들어 어려서부터 탄갱에서 일했고, 다른 것은 다 그만두고 광부가 되기 위한 훈련만을 받아온 광부를 생각해 보자. 도대체 어떻게 그가 그 비어 있는 시간을 채울 것인가? 그가 당연히 일을 찾아야 한다고 말하는 것은 당치도 않다. 찾을 일거리가 도무지 없다는 것을 누구나 다 알고 있다. 7년 동안 계속해서 매일 일을 찾아다닐 수는 없는 것이다. 시간도 보낼 겸 가족의 먹거리에도 도움이 될 대여 경작지가 있지만 큰 도시에서는 그런 경작지들이 많지 않아서 적은 비율의 사람들에게만 돌아갈 정도이다. 그리고 실업자들을 돕기 위해서 2, 3년 전에 시작된 직업 센터들이 있다. 대체로 이 운동은 실패했지만, 어떤 센터들은 여전히 번창하고 있다. 나는 그런 곳을 한두 곳 방문했다. 그곳에는 사람들이 따뜻하게 지낼 수 있는 장소가 있었고 목공, 제화, 가죽일, 수직기, 바구니 세공, 해초로 짜는 카펫 등등에 대한 수업들이 주기적으로 있었다. 도구는 무료로 주고, 재료는 싸게 구매해서 남성들이 팔기 위해서가 아니라 자신들의 가정에서 사용할 가구를 만들 수 있다는 개념이었다. 나와 이야기를 나눈 대부분의 사회주의자들은 실업자들에게 소규모 자작 농지를 주기 위한 프로젝트—이 프로젝트에 관해서 언제나 이야기했지만 그것은 헛수고로 끝났을 뿐이다—를 비난하는 것처럼 이 운동을 비난했다. 그들은 직업 센터란 단순히 실업자들이 자신들을 위해 무언가가 행해지고 있다는 환상을 가지게 해서 그들이 조용하게 지내도록 하기 위한 장치일 뿐이라고 말한다. 의심할 바 없이 그것이 그 운동 밑에 깔린 동기이다. 한 남성으로 하여금 구두를 만드느라 바쁘게 하면 그가《데일리 워커》[38]를 읽을 가능성이 줄어들 것이다. 또한 이런 곳에서는 걸어 들어가자마자 곧 YMCA 같은 고약한 분위기를 느낄 수 있다. 이런 장소에 자주 드나드는 실업자들은 대부분 모자에 손을 대고 인사하는 부류—당신에게 자신은 "금주가"이며 보수당에 투표한다고 구변 좋게 이야기하는 부류이다. 그러나 이곳에서도 당신은 마음이 양쪽으로 찢어지는 것을 느낀다. 왜냐하면 한 남성이 해초로 카펫 짜는 것 같은 허접스러운 일을 하며 시간을 낭

---

38 영국 공산당 중앙 위원회의 기관지로 1930년 창간되었고 1941년 제2차 세계 대전 반대로 1942년 9월까지 휴간되기도 했다. 전후에는 한때 10만 부 이상을 발행하기도 했고, 1966년《모닝스타Morning Star》로 이름을 바꾸어서 조간으로 발행.

비한다고 하더라도 계속해서 여러 해 동안 전혀 **아무 일도 하지** 않는 것보다는 더 나을 것 같기 때문이다.

지금까지 실업자를 위해서 가장 훌륭하게 일하고 있는 곳은 국가실업자운동(National Unemployed Workers Movement)이다. 이 것은 실업자들을 결집하고, 파업하는 동안 배신을 방지하고, 실업자들에게 자산 조사에 대비해 법률 자문을 하고자 하는 혁명적 기구이다. 그것은 실업자들의 푼돈과 노력으로 무에서 일구어낸 운동이다. 나는 국가실업자운동의 많은 면을 보아왔는데 다른 사람들처럼 남루한 옷을 입고 영양실조 상태에 있으면서도 그 운동을 계속 유지하는 사람들을 대단히 찬양한다. 그들이 인내심과 기지를 가지고 일하는 것을 더욱더 찬양한다. 생활보호자 수당을 받는 사람들의 주머니에서 한 주에 1페니라도 기부금을 받아 낸다는 것은 쉬운 일이 아니기 때문이다. 내가 앞서 이야기했듯이 영국의 노동 계급은 지도자로서의 능력은 별로 없지만 조직하는 재주는 대단히 훌륭하다. 노동조합 운동 전체가 이를 증명한다. 요크셔에서 매우 흔하게 볼 수 있는 뛰어난 노동자클럽—정말로 멋있게 조직된 일종의 명예로운 협동 주점 같은 것—또한 이를 증명한다. 많은 도시에서 국가실업자운동은 시설을 가지고 있고 그리고 공산주의자 연사들의 연설을 주선한다. 그러나 이러한 시설에서조차 거기 가는 사람들은 난롯가에 둘러앉아서 때때로 도미노 게임을 하는 것 이외에는 아무것도 하지 않는다. 만약에 이 운동이 무언가 직업 센터의 진행 방향과 결합할 수만 있다면 그것이야말로 실업자들에게 필요한 것에 근접한 것이 될 것이다. 기술을 지닌 사람이 여러 해를 아무런 희망 없이 빈둥거리며 퇴보하는 것을 보는 것은 견딜 수 없는 일이다. 실업자를 Y.M.C.A.에서 코코아나 마시는 사람으로 전락하지 않게 하면서 그에게 손을 사용해서 자신의 가정을 위한 가구나 그런 것들을 만드는 기회를 제공할 수 있어야만 한다. 우리는 영국에서 2, 3백만 명의 남성들이 살아 있는 동안 진정한 직업을 결코 가질 수 없다는 사실을 직시하는 것이 좋을 것이다. 전쟁이 또 일어나지 않는다면 당연하게 그리고 꼭 해야만 할 한 가지는 모든 실업자에게 한 조각의 땅과, 신청하는 실업자에게는 무료 연장들을 주는 것이다. 생활보호자 수당을 받아 생계를 유지할 작정인 남자들에게 가족을 위해서 채소를 기를 기회조차 주지 않는다는 것은 수치스러운 일이다.

실업과 그 영향을 조사하기 위해서는 산업지역으로 가야만 한다. 남부에도 실업이 존재하지만 그곳의 실업은 산발적이고 이상하게도 눈에 확 뜨이지 않는다. 실업자란 말을 거의 들을 수 없는, 그리고 도시 거리의 전체 주민이 생활보호자 수당과 실업자 수당을 받고 사는 광경을 어디에서도 볼 수 없는 전원 지역들이 상당히 많다. 아무도 일자리를 가지지 못하고, 직업을 구하기가 비행기를 소유하는 것만큼 어렵고, 축구 도박에서 50파운드를 따는 것보다 훨씬 확률이 적은 지역의 거리에서 묵어 보아야 우리는 우리 문명에서 일어나고 있는 변화를 파악하기 시작한다. 변화가 일어나고 있고, 거기에 대해서는 의심할 여지가 없다. 빈곤에 허덕이는 노동 계층의 태도는 7, 8년 전의 노동 계층의 태도와 대단히 다르다.

내가 처음 실업 문제를 깨닫게 된 것은 1928년이었다. 그때 나는 버마에서 방금 돌아왔었고 그곳에서는 실업이란 하나의 낱말에 지나지 않았었다. 그리고 나는 아직도 청년이었을 때, 전후의 붐이 아직 끝나지 않았을 때 버마에 갔다. 내가 실업자들을 처음으로 가까이에서 보았을 때, 많은 실업자들이 실업 상태에 있는 것을 **부끄럽게** 생각하는 것을 발견하고는 나는 매우 놀라고 충격을 받았다. 나는 대단히 무식했지만 해외 시장을 잃은 결과로 200만 명의 남자들이 일자리를 잃게 되었는데 그 200만 명이 캘커타 더비 복권에서 꽝을 뽑은 사람들보다 더 비난받아야 한다고 생각할 만큼 무식하지는 않다. 그러나 그때는 어느 사람도 실업이 불가피하다는 걸 인정하려 하지 않았다. 그것을 인정하면 실업이 계속될 것이라고 인정하는 것이기 때문이었다. 중류층에서는 여전히 "실업수당을 타 먹으며 게으르게 빈둥대는 자"들에 대해 이야기하고 있었고, 그리고 "이 사람들은 원한다면 모두 일자리를 찾을 수 있다"라고 말했다. 그리고 이런 의견은 노동 계층에 자연스럽게 스며들었다. 나는 부랑자와 거지를 냉소적인 기생충이라고 생각하도록 배웠다. 그런데 내가 처음으로 부랑자와 거지와 어울려 지내게 되었을 때 이들 중 상당히 많은 사람들, 아마도 1/4은 품위 있는 젊은 광부들과 면직물 노동자들이라는 것을 발견하고 대단한 충격을 받았던 것이 생각난다. 그들은 덫 안에 갇힌 동물처럼 경악하며 묵묵히 자신들의 운명을 응시하고 있었다. 그들은 자신들에게 어떤 일이 일어나고 있는지 도무지 이해할 수 없었다. 그들은 일하도록 양육되었다. 그런데 보라! 그들이 다시는 일할 기회가 없을 것 같았다. 그들 입장에서는 처음에는 피할 수 없이 자신들의 품격이 저하되었다는 느낌에 사로잡혔을 것이다. 그 시절에는 그것이 실업에 대한 태도였고, 실업은 **당신**에게 개인적으로 일어났고 거기에 대해 **당신**이 비난받아야 할 재앙이었다.

25만 명의 광부들이 실업하게 될 때 뉴캐슬의 뒷거리에 사는 광부 알프 스미스가 일자리를 잃게 되는 것은 순리다. 알프 스미스는 25만 명 중의 한 사람이고 통계적인 단위에 불과하다. 그러나 어느 인간도 자신을 통계 단위로 간주하기란 쉽지 않다. 거리의 건너편에 사는 버트 존스가 여전히 일하고 있는 한 알프 스미스는 자신이 수치스러운 실패자라고 느끼지 않을 수 없다. 거기에서 실업이 가져오는 최악의 결과인 극단적인 무능함과 절망감이 생긴다. 이것은 어떤 고난보다도 훨씬 더 나쁘며, 빈둥거리도록 강요당한 데서 야기되는 사기 저하보다도 더 나쁘며, 그리고 실업수당을 받는 상황에서 태어난 알프 스미스의 아이들이 신체적으로 쇠약해지는 것보다 조금 덜 나쁠 뿐이다. 그린우드의 연극《실업수당 위에 핀 사랑》을 관람한 사람들은 누구나 가난하고 선량하며 우둔한 노동자가 식탁을 두드리며 "하나님, 제게 제발 일자리를 주십시오,"라고 외치는 끔찍한 순간을 틀림없이 기억할 것이다. 이것은 극적인 과장이 아니었다. 그것은 생활에서 따온 한 조각이었다. 아마도 틀림없이 수만, 아마도 수십만의 영국 가정에서 지난 15년간 그런 울부짖음이 들렸을 것이다.

그러나 그들이 다시는—혹은 적어도 그렇게 자주—울부짖지 않는다고 생각한다. 사람들은 쓸데없는 저항을 중단했다. 이것이 진짜 핵심이다. 결국은 중류 계층 사람들까지도 실업이라는 그런 것이 존재한다는 것을 실감하기 시작했다. 그렇다. 전원도시에 있는 브리지 클럽에서조차 그렇다. "여보, 실업에 관한 이 모든 당치도 않은 말들을 나는 믿지 않아요. 아 글쎄 지난주만 하더라도 우리가 정원 잡초를 뽑을 사람을 찾았는데 한 사람도 구할 수 없지 않았소. 그 사람들은 일하기를 원치 않아요. 그게 다라니까요!"라는 말을 5년 전에는 모든 점잖은 차 탁자에서 들었었다. 이제는 그런 말을 점점 더 뜸하게 듣는다. 노동자 계층은 엄청난 경제적 지식을 얻었다. 나는 여기에 《데일리 워커》가 큰 역할을 했다고 믿는다. 그 신문이 끼치는 영향은 그 발행 부수와는 맞먹지 않는다. 그러나 어쨌든 그 신문의 교훈은 노동자들의 마음에 새겨졌다. 실업이 만연되어서가 아니라 그것이 매우 오랫동안 지속되었기 때문이다. 사람들이 수년 동안 계속 실업수당을 받고 살게 되면 그들은 거기에 길든다. 그리고 실업수당을 받는 것이 여전히 불쾌하지만 수치스러워하지는 않는다. 이렇게 해서 예전에는 겁내던 빚을 할부 구매하면서 점점 더 덜 겁내게 되는 것같이, 독립적이고 구빈원을 두려워하던 오랜 전통이 서서히 약화하였다. 위건과 반즐리의 뒷거리에서 나는 온갖 종류의 궁핍한 생활을 목격했다. 하지만 비참하다는 **의식**의 정도는 아마 십 년 전에 내가 그곳에서 목격했을 것보다 훨씬 줄었다. 어쨌든 사람들은 실업이란 자신들이 어떻게 할 수 없는 것이라는 걸 이해했다. 이제 실업 중인 사람은 알프 스미스뿐이 아니다. 버트 존스 역시 실업 중이고 그 두 사람 다 여러 해 동안 "실직"하고 있다. 상황이 누구에게나 다 같다는 것이 대단한 차이를 만든다.

그래서 말하자면 인구 전체가 일생을 생활보호위원회의 급여를 받으며 살고 있다. 그리고 그들이 그렇게 살면서도 정신적인 자제력을 잃지 않는다는 것은 찬양할 만하다고, 아마 희망적이기까지 하다고 생각한다. 노동자는 가난의 중압감 하에서도 중류 계층 사람이 와해되는 것처럼 와해되지 않는다. 예를 들어 노동 계층이 실업수당을 받는 상황에서도 결혼하는 것을 아무렇지 않게 여기는 것을 보라. 브라이튼에 사는 노부인들에게는 그것은 고민스러운 일이다. 그러나 실업수당을 받으며 결혼하는 것은 노동자 계층의 건전한 판단력을 증명하는 것이다. 그들은 직업을 잃었다고 해서 더는 인간으로 존재하지 않는 것이 아님을 깨닫고 있다. 그래서 어떤 면으로는 빈곤한 지역의 상황은 그렇게까지 나쁘지 않다. 상당히 나쁠 수도 있었겠지만 말이다. 그들의 생활은 여전히 상당히 정상적이다. 우리가 실제로 기대하는 이상으로 정상적이다. 실상 사람들은 전보다 더 허리띠를 졸라매고 생활하고 있다. 자신들의 운명에 분노를 터트리는 대신에 그들은 생활 수준을 낮추어서 상황을 참을 만하게 만들고 있다.

그러나 그들이 반드시 사치품을 끊고 생필품에 집중함으로써 생활 수준을 낮추는 것은 아니다. 더 빈번하게 그와는 반대 방법으로 한다—생각해 보면 좀 더 자연스러운 방법으로 생활 수준 을낮춘다. 그렇기 때문에 그 전례를 찾아볼 수 없는 10년 동안의 경제 공황기에 모든 싸구려 사치품의 소비가 증가한 것이다. 아마도 모든 것 중에서 큰 변화를 가져온 두 가지는 전쟁 후에 싸구려로 멋있는 옷을 대량 생산한 것과 영화이다. 14살에 학교를 떠난 젊은이가 전도가 암담한 직장을 얻었다가 20세에 실직한다. 아마도 평생 실직할지도 모른다. 그러나 할부로 2파운드 10실링을 내고 양복을 한 벌 살 수 있다. 그 양복은 잠시, 그리고 조금 멀리서 보면 런던의 새빌 가[39](街)에서 만든 양복처럼 보인다. 소녀들은 더 낮은 가격으로 최신 패션을 입은 것처럼 보일 수 있다. 당신은 주머니에 반 페니짜리 동전 세 닢밖에 가진 게 없고, 세상에서 성공 가능성이 전혀 보이지 않으며, 집으로 가면 물이 줄줄 새는 침실 한 귀퉁이밖에 차지할 수 없을지 모른다. 그러나 새 양복을 입고 거리 한구석에 서서 마치 클라크 게이블이나 그레타 갈보가 된 듯한 백일몽에 잠길 수 있다. 그것은 대단한 보상이다. 그리고 집에 가더라도 대개 차 한 잔은 마실 수 있다. "맛있는 한 잔의 차" 말이다. 그리고 1929년 이래로 실직 상태인 그의 아버지는 씨자 위치라는 이름을 가진 경마에 대해 확실한 비밀 정보를 하나 입수해서 당분간 행복하다.

제일차대전 후 시장은 제대로 급료를 받지 못하고 영양실조에 걸린 사람들의 요구에 부응하도록 그 자체를 계속 조정해 왔

39　런던의 고급 양복점 거리.

다. 그 결과로 요즘 사치품들은 거의 언제나 생필품보다 더 저렴하다. 튼튼하고 평범한 구두 한 켤레의 값은 극단적으로 유행을 따르는 두 켤레의 구두와 맞먹는다. 한 끼의 푸짐한 식삿값으로 2파운드의 싸구려 사탕을 살 수 있다. 3펜스로 그다지 많은 고기를 살 수는 없지만 많은 양의 생선튀김과 감자 칩을 살 수 있다. 우유는 570ml에 3페니이고 "순한" 맥주조차 4페니에 살 수 있다. 그러나 아스피린은 1페니에 7알이고 1/4파운드짜리 차 한 묶음으로 40잔의 차를 우려낼 수 있다. 그리고 무엇보다도 도박이 있다. 도박이야말로 모든 사치품 중에서 가장 싼 사치품이다. 기아선상에 있는 사람들조차 내기 경마에 1페니를 걸고서 며칠 간의 희망(그들이 "무언가 살아갈 구실을 주는 것"이라 부르는 것)을 살 수 있다. 조직적인 도박이 이제는 거의 주요 산업의 위치로 부상했다. 예를 들어서 축구 도박 같은 현상을 살펴보자. 그것은 연간 총매출액이 600만 파운드에 이르는데 그 매출액의 거의 전부가 노동 계층의 주머니에서 나온다. 히틀러가 라인 지방[40]을 다시 점거했을 때 나는 우연히 요크셔에 있었다. 히틀러나 로카르노조약[41], 파시즘, 전쟁 위협은 그 지역에서 거의 손톱 끝만큼의 관심도 불러일으키지 못했지만 축구 연맹에서 미리 정기 시합 예정일을 공고하지 않는다는 결정(이런 결정은 축구 도박을 진

---

40 독일의 라인강 서쪽 지방.

41 Locarno Pact: 1925년 로카르노에서 독일과 프랑스 · 이탈리아 · 벨기에 사이에 체결된 국경선의 현상 유지를 중심으로 하는 일련의 안전 보장 조약; 1936년에 히틀러에 의해 파기되었다.

정시키려는 시도였다)은 요크셔시 전체를 분노의 도가니 속으로 빠트렸다. 그리고 또 배고픈 사람들에게 기적을 쏟아붓는 현대 전기 과학이 가져오는 이상한 광경들이 있다. 침구가 없어서 밤새도록 떨고 지낼 수도 있지만 아침이면 공공 도서관으로 가서 샌프란시스코와 싱가포르에서 전송된 뉴스를 읽을 수 있다. 2천만 명은 영양실조 상태에 있지만 모든 영국 사람들은 문자 그대로 라디오를 들을 수 있다. 음식에서 잃은 것을 우리는 전기로 얻는다. 필요한 것을 노략질을 당한 노동 계층 전체는, 상실감을 완화해주는 싸구려 사치품들로 부분적으로 보상받고 있다.

당신은 이 모든 것이 바람직하다고 생각하는가? 아니다. 나는 그렇게 생각하지 않는다. 하지만 노동 계층이 현저하게 심리적 적응을 하는 것은 그 상황에서 그들이 할 수 있는 최선일 수도 있다. 그들은 혁명 투사로 바뀌지도 않았고 자존감을 잃지도 않았다. 단지 노여움을 참고 생선튀김과 감자 칩 수준으로 자신들이 처한 상황에서 최선을 다해 안주하려 할 뿐이다. 다른 길이 있다면 그것은 아무도 무엇인지 알 수 없는 절망의 고통 속에서 계속 지내는 것일 터이다. 아니면 폭동을 시도할 수도 있겠지만 영국처럼 강력하게 통치되는 나라에서는 폭동은 오로지 무익한 대량 학살과 난폭하게 진압하는 정권을 이끌어내게 될 뿐이다.

물론 전쟁 후에 싸구려 사치품들이 개발된 것은 우리 통치자들에게는 매우 운이 좋은 것이었다. 생선튀김과 감자 칩, 인조견 양말, 연어 통조림, 할인된 초콜릿(6페니에 2온스짜리 5개), 영화, 라디오, 진한 차 그리고 축구 도박들이 모두 협력하여 혁명을 막아 주었다. 그러므로 우리는 가끔 이 모든 것은 실업자들을 진정시키기 위해서 지배계급이 영리하게 조작한 것—일종의 "대중을 사로잡는 미봉책"—이라는 말을 듣는다. 내가 보아온 것으로는 우리 지배계급은 그만한 정도의 지적 능력을 갖추지 못했다. 이런 일이 일어났지만, 이것은 비의식적인 과정에 의해 일어난 것이다. 시장을 필요로 하는 제조업자들과 싸구려 완화제를 필요로 하는 반은 굶주린 사람들 사이의 상당히 자연적인 상호관계로 일어난 것이다.

6장

내가 어린 학생이었을 때 강사 한 분이 한 학기에 한 번 우리 학교에 오셔서 블렌하임[42]과 아우스테를리츠[43] 전투 등 과거의 유명한 전투에 대해 매우 훌륭한 강의를 하시곤 했다. 그분은 "군대는 배부를 때 행군한다"라는 나폴레옹의 유명한 격언을 즐겨 인용했다. 그런데 강의를 마칠 무렵 갑자기 우리에게 "세상에서 제일 중요한 것이 무엇일까?"라는 질문을 던졌다. 그는 우리가 "음식이요!"라고 대답하기를 기대했고, 그렇게 대답하지 않으면 실망했다.

어느 의미에서는 그는 확실히 옳았다. 인간은 원래 음식을 집어넣는 자루이다. 다른 기능이나 능력들이 더 신성할 수도 있겠지만, 시간적인 순서로 보면 그런 것들은 금강산도 식후경인 것처럼 음식 다음에 온다. 사람이 사망하여 매장되면 그가 했

---

42 독일 남부의 다뉴브강에 면한 마을로 1704년 영국의 말보로 공작이 프랑스군을 격파한 곳으로 유명.

43 체코슬로바키아 중부, 모라비아 지방 남부의 소도시로 1805년 나폴레옹 I 세가 러시아와 오스트리아의 연합군을 격파한 곳.

던 모든 말들이나 행동은 잊히지만 그가 먹은 음식들은 그의 자녀의 튼튼한, 혹은 썩어 가는 뼛속에 남아서 그가 세상을 뜬 후에도 살게 된다. 나는 왕조의 변화나, 심지어 종교의 변화보다도 음식물의 변화가 더욱 중요하다는 것을 그럴듯하게 논의할 수 있다고 생각한다. 만일 통조림 음식이 발명되지 않았더라면 제1차세계대전은 결코 일어날 수 없었을 것이다. 만일 중세 말에 무, 고구마 사탕류 등의 근채류와 다양한 다른 채소가 도입되지 않았더라면, 그리고 조금 더 후에 비알코올성 음료(차, 커피, 코코아)와 맥주를 마시는 영국인들에게 익숙하지 않았던 증류주가 소개되지 않았더라면, 과거 400년간의 영국 역사는 엄청나게 달랐을 것이다. 그런데도 음식이 대단히 중요하다는 것이 도무지 인정받지 못한 것이 신기하다. 우리는 모든 곳에서 정치가, 시인, 주교들의 동상을 보지만 요리사나 훈제 베이컨 가공업자나 시판용 채소 재배자의 동상은 어디에서도 볼 수 없다. 샤를 5세[44]가 훈제 청어를 발명한 사람의 동상을 세웠다고 전해지는데 이것이 지금 내가 생각해 낼 수 있는 유일한 경우이다.

그래서 우리가 장래를 내다볼 때, 실업자들에게 참으로 제일 중요한 것, 참으로 제일 기본적인 것은, 그들이 먹고 사는 음식일 거다. 내가 이미 앞에서 지적했듯이 평범한 실직자의 가정은 일주일에 약 30실링의 수입으로 살아가는데 그중 적어도 1/4은 집세로 나간다. 집세를 제외한 나머지 금액이 어떻게 쓰이는지

---

44 현명왕(賢明王)(1337-80)이라고 불린 프랑스 왕(1364~80).

상세히 살펴보는 것이 중요하다. 여기에 실업 중인 광부와 그 아내가 나를 위해 만들어 준 생활비 예산이 있다. 나는 그들에게 일주일간 평상적으로 소비하는 것을 가능한 한 정확하게 나타내도록 목록을 만들어 달라고 부탁했다. 이 사람의 급여는 한 주에 32실링이었고 그는 아내 이외에 두 자녀를 부양하고 있었다. 한 자녀의 나이는 두 살 오 개월이었고 다른 자녀는 십 개월이었다. 그 목록은 다음과 같다.

집세	………	9실링 $\frac{1}{2}$페니
의복 클럽	………	3실링
석탄	………	2실링
가스	………	1실링 3페니
우유	………	10$\frac{1}{2}$페니
조합비	………	3페니
보험(아이들)	………	2페니
육류	………	2실링 6페니
밀가루(16파운드)	………	3실링 4페니
이스트	………	4페니
감자	………	1실링
고기 기름	………	10페니
마가린	………	10페니
베이컨	………	1실링 2페니
설탕	………	1실링 9페니
차	………	1실링

잼	········	7½페니
완두콩과 양배추	········	6페니
당근과 양파	········	4페니
퀘이커 귀리	········	4½페니
비누, 가루치약, 세탁용 청분 등 ········		10페니
합계		1파운드 12실링

매주 유아 복지 클리닉에서 아기에게 공급하는 분유 3통이 여기에 추가된다.

여기에서 한두 가지 언급할 것이 있다. 우선 이 목록에서는 상당히 많은 것들이 누락되었다. 우선 생각나는 것을 말하자면, 구두약, 후추, 소금, 식초, 성냥, 불쏘시개 나무, 면도날, 요리 도구 보충, 가구와 침구가 낡고 찢어지는 것 등이다. 이런 항목에 쓰이는 금액은 어느 것이든 어떤 다른 항목을 줄여야 하는 것을 의미한다. 좀 더 심각한 비용은 담배이다. 이 사람은 우연히도 담배를 조금 피우는 사람이다. 그렇더라도 그의 담뱃값은 한 주에 1실링 이하는 아닐 테고 이것은 음식을 살 수 있는 금액이 그만큼 더 줄어든다는 것을 뜻한다. 실업자들이 한 주에 얼마씩을 지급하는 "의복 클럽"은 모든 산업도시에서 커다란 포목상들이 운영한다. 그런 클럽이 없다면 실업자들이 도무지 새 옷을 살 수 없을 것이다. 나는 그들이 이런 클럽을 통해서 침구를 사는지는 모른다. 이 가족은 거의 침구를 지니지 못했다는 것을 나는 우연히 알게 되었다.

위의 목록에서 우리가 담배 비용 1실링과 다른 비 음식 항목들을 빼면 16실링 5와 ½페니가 남는다. 그것을 16실링이라 치고 아기는 복지 클리닉에서 매주 우유를 공급받으니까 아기를 계산에서 제외하자. 이 16실링으로 **연료를 포함해서** 어른이 2인인 3인 가족의 음식물을 준비해야 한다. 첫 번째 질문은 세 사람이 일주일에 16실링을 가지고 영양을 적절히 섭취하는 것이 이론적으로라도 가능한가, 가능하지 않은가이다. 자산 조사에 대한 논의가 진행되고 있었을 때, 인간이 생명을 유지하기 위해서 일주일 동안 필요한 최소한의 금액에 대해서 어처구니없는 공개 논쟁이 있었다. 내가 기억하는 바로는 어떤 영양학파는 그것을 5실링 9페니라고 계산했는가 하면 다른 학파는 좀 더 관대하게 5실링 9와 ½페니라고 했다. 그 후에 자신들이 한 주에 4실링으로 먹고산다고 주장하는 여러 사람들이 신문사에 편지를 보냈다. 여기에 내가 여러 가지 중에서 선택한 주당 예산 하나가 있다(이것은《뉴 스테이츠맨》과《세계 뉴스》지에 실렸던 것이다).

정백하지 않은 빵 3줄	········	1실링
½파운드 마가린	········	2½페니
½파운드 고기 기름	········	3페니
1파운드 치즈	········	7페니
1파운드 양파	········	1½페니
1파운드 당근	········	1½페니
1파운드 부스러진 과자	········	4페니
2 파운드 대추	········	6페니

무가당 연유 한 캔	········	5페니
오렌지 10개	········	5페니
합계		3실링 11½페니

이 예산에는 **연료비용이 전혀** 포함되지 않았다는 점에 주목하기를 바란다. 실상 이 예산 작성자는 자신은 연료를 살 형편이 되지 않아서 모든 음식을 날것으로 먹는다고 명확히 언급했다. 지금 이 편지가 진짜인지 날조된 것인지는 문제가 되지 않는다. 이 목록에 나타난 지출은 궁리해 낼 수 있는 가장 현명한 지출이라는 것을 인정해야 한다. 만일 우리가 일주일을 3실링 11½페니로 살아야만 한다면 우리는 이 예산에서 얻는 것보다 더 영양가를 얻을 수 없을 것이다. 그렇기 때문에 집중적으로 중요한 식료품에 소비한다면 생활보호위원회의 급여를 받아 살아가면서도 적절하게 먹는 것이 아마 가능할 것이다. 그러나 집중적으로 중요한 식료품에 소비하지 않는다면 그것은 가능하지 않다.

이제 이 목록을 내가 더 앞서 인용했던 실업 광부의 예산과 비교하자. 광부의 가족은 한 주에 녹색 채소를 사는 데 단지 10페니를, 그리고 우유에 10페니(가족 중 한 사람은 세 살 이하의 어린이임을 기억하시라)를 썼으며, 과일에는 한 푼도 쓰지 않았으나, 약 3.6kg의 설탕에 1실링 9페니를, 차에는 1실링을 썼다. 반 크라운[45]으로 구매한 고기란 작은 관절 한 덩이와 스튜를 만들 재

---

45 크라운 화폐: 영국의 옛 5실링 은화.

료를 의미할 수도 있고, 아마 네다섯 통의 소고기 통조림일 수도 있다. 그래서 그들의 기본적인 음식은 흰 빵과 마가린, 콘드비프[46], 설탕 친 차, 그리고 감자이다──끔찍한 음식이다. 그들이 오렌지와 정백하지 않은 밀로 된 빵 같은 건전한 식품을 구매하는 데 좀 더 소비하는 것이, 아니면 그들이 《스테이츠맨》에 편지 쓴 사람처럼 연료비를 절약하고 당근을 날로 먹는 것이 더 낫지 않을까? 그렇다. 더 나을 것이다. 그러나 요점은 어떤 평범한 사람도 그렇게 하려 하지 않는다는 것이다. 보통 사람은 갈색 빵과 날당근을 먹고 사느니 차라리 굶주릴 것이다. 그래서 특별히 해로운 점은 돈이 없으면 없을수록 건전한 식품을 사려는 생각이 들지 않기 쉽다는 것이다. 백만장자는 오렌지 주스와 리비타 비스킷으로 아침을 즐길 수도 있다. 실업자는 그런 아침을 즐기지 못한다. 여기에 내가 앞장의 말미에서 이야기한 경향이 작용하고 있다. 실업 상태에 있을 때, 말하자면 영양실조이고, 근심에 시달리고, 지루하고, 비참할 때, 당신은 무미건조하며 건전한 식품을 **원하지** 않는다. 무언가 조금 "맛있는" 것을 원한다. 언제나 어떤 싸구려 유쾌한 것이 당신을 유혹한다. 3페니어치 튀긴 감자를 먹자! 뛰어가서 2페니어치 아이스크림을 사자! 주전자에 물을 끓여서 맛있는 차를 한잔하자! 당신이 생활보호위원회의 급여를 받아 사는 수준일 때 당신의 생각은 **이런 식**으로 움직인다. 마가린 바른 하얀 빵, 설탕 친 차는 조금도 당신에게 영양분

---

46 쇠고기 통조림.

을 주지 못하지만, 기름 바른 갈색 빵과 냉수보다는 더 낫다(적어도 대부분의 사람들이 낫다고 여긴다). 실업은 끝없이 불행한 일이고 항상 완화되어야만 하는 것이며, 특히 영국 사람에게는 아편인 차로 완화되어야만 한다. 차 한 잔이나 심지어 아스피린 한 알이 갈색 빵 나부랭이보다 훨씬 더 좋은 일시적 자극제이다.

이 모든 것은 신체적인 쇠퇴라는 결과로 나타나게 되고, 이 사실을 당신의 눈으로 직접 살펴볼 수도 있고 아니면 인구동태 통계를 훑어봄으로써 추론해낼 수도 있다. 산업지역의 신체적인 평균은 대단히 낮은데 런던의 평균보다도 낮다. 셰필드에서 당신은 선사시대의 혈거인 사이를 걷는다는 느낌을 받는다. 광부들은 멋있는 남성들이지만 대개 왜소하며, 그의 근육이 끊임없는 노동으로 강인해진다는 단순한 사실이 그의 아이들이 더 나은 신체를 가지고 생을 출발한다는 것을 의미하지는 않는다. 어쨌든 광부들은 인구 가운데서 신체적으로 선택된 사람들이다. 영양실조가 가장 확실하게 나타나는 것은 모든 사람의 열악한 치아에서다. 태어날 때 지녔던 튼튼한 치아를 그대로 지닌 노동자를 랭커셔에서 만나려면 오랫동안 찾아다녀야 할 것이다. 실제로, 아이들 이외에는 타고난 치아를 지닌 사람을 거의 볼 수 없다. 그런데 아이들조차 연약한 푸른 기가 도는 치아를 지녔는데, 그것은 칼슘 부족을 뜻한다고 나는 생각한다. 산업지역에서 30세 이상이면서 여전히 타고 난 치아를 그대로 지닌 남녀는 비정상인 것처럼 되어 간다고 몇몇 치과 의사들이 알려 주었다. 위건에서 여러 부류의 사람들이 생애에서 가능한 한 일찍 치아와

"인연을 끊는 것"이 최선이라는 의견을 내게 말해 주었다. 한 여성은 "치아는 단지 고통일 뿐"이라고 했다. 내가 묵었던 곳에는 나 이외에 다섯 사람이 있었다. 가장 연장자는 43세였고 최연소자는 15세의 소년이었다. 이 사람들 중에서 소년만이 유일하게 자신의 치아를 한 개 가졌었는데 그 치아는 분명히 오래가지 못할 것이었다. 인구동태 통계에 따르면 모든 커다란 산업도시에서 가장 가난한 지역에서 유아 사망률과 사망률은 언제나 부유한 주택가의 사망률의 약 두 배에 이른다는, 어떤 경우에는 두 배를 훨씬 능가한다는 사실은 거의 언급할 필요조차 없다.

물론 오로지 실업 때문에 좋지 못한 체격이 압도적으로 되었다고 생각하는 것은 마땅하지 않다. 왜냐하면 평균 체격의 쇠퇴는 산업지역의 실업자들 가운데서만 나타나는 것이 아니라 과거 오랜 세월에 걸쳐서 영국 전역에서 일어난 현상일 수도 있기 때문이다. 통계적으로 증명할 수는 없지만 전원 지역과 런던같이 번창하는 도시에서조차 우리의 눈으로 볼 때, 이런 결론을 내리지 않을 수 없기 때문이다. 조지 5세의 운구가 런던을 통과해서 웨스트민스터 사원으로 가던 날 나는 한두 시간 런던의 트래펄가 광장에서 군중들 가운데 갇히게 되었다. 그때 주위를 돌아보고서 현대 영국인의 체격이 쇠퇴했다는 인상을 받지 않을 수 없었다. 나를 에워싸고 있던 사람들은 대부분 노동 계층이 아니었다. 그들은 상점 주인들과 사업차 여행하는 좀 부티 나는 사람들 부류였다. 그러나 그들 집단의 외모라니! 눈물을 머금은 런던의 하늘 아래 연약한 팔다리와 병색이 든 얼굴들! 체격이 건장한 남자나 품위 있어 보이는 여성은 거의 찾아볼 수 없었고, 어디에서도 신선한 안색은 볼 수 없었다. 왕의 운구가 지나갈 때 남자들은 모자를 벗었는데 스트랜드 가(街)의 다른 쪽에서 군중 가운데 있었던 한 친구가 후에 "유일하게 색채가 보이는 곳이라곤 대머리뿐이었다"라고 내게 말했다. 내게는 심지어 근위병들―왕의 관 옆에는 근위병의 분대가 있었다―조차 예전의 근위병과 같지 않아 보였다. 2, 3십 년 전 내가 어린아이였을 때 내 눈앞을 성큼성큼 걷던, 독수리 날개 같은 수염에 불룩한 통과 같은 가슴을 지닌 괴기스러운 남자들은 어디에 있단 말인가? 아마도 플랑드르의 진흙 속에 묻혀 있을 것이다. 키가 커서 뽑혔기 때문에 외투를 입은 호프 장대처럼 보이는 이 창백한 얼굴의 청년들이 그들의 자리를 차지하고 있는 것이다―사실은 현대 영국에서 6피트 이상의 남자는 대개 피골이 상접한 상태일 뿐 그 이외에는 아무것도 아니다. 만일 영국인의 체격이 쇠퇴했다면, 의심할 바 없이 그 부분적인 원인으로 제일차대전 때 영국은 가장 훌륭한 100만 명을 신중하게 뽑아서 그들을 살육했다는 사실을 들 수 있다. 대체로 그들이 자손을 남길 기회를 얻기도 전에 말이다. 그러나 이러한 쇠퇴 과정은 틀림없이 그보다 더 오래 전에 시작되었을 것이다. 그리고 말하자면, 그것은 궁극적으로 산업주의라는 건강하지 않은 삶의 방식에서 기인하였을 것이다. 내가 의미하는 건강하지 않은 삶의 방식이란 도시에 사는 습관이 아니라―아마도 여러 면에서 도시의 삶이 시골보다 더 건강할 수도 있다―모든 것을 대체하는 싸구려 대체품을 제공하는 현대 산업 기술이다. 긴 안목으로 보면 우리는 기관총보다 더 치명적인 무기는 통조림 음식이라는 것을 알게 될지도 모른다.

영국의 노동 계층, 아니 영국 전체가, 음식에 대해서 정말로 무지하고 낭비적이라는 것은 불행한 일이다. 나는 영국인의 생각과 비교하면 프랑스 인부의 식사에 관한 생각이 얼마나 더 세련되었는가를 다른 곳에서 지적했다. 영국 가정에서 으레 볼 수 있는 음식 낭비를 프랑스 가정에서는 전혀 볼 수 없으리라고 믿는다. 물론 식구가 모두 실업 상태에 있는 가장 빈곤한 가정에서는 실제로 음식 낭비를 별로 볼 수 없지만 음식을 낭비할 수 있는 가정에서는 종종 그렇게 한다. 나는 여기에 대해 깜짝 놀랄 만한 예를 들 수 있다. 집에서 빵을 직접 굽는다는 북부 사람들의 습관조차 그 자체가 약간 낭비적이다. 왜냐하면 과도한 노동을 하는 여성은 한 주에 한 번, 고작해야 두 번 이상 빵을 구울 수 없고, 그리고 빵이 얼마나 낭비될 것인지를 미리 알기는 불가능하기 때문에, 대개 어느 정도는 반드시 내버리게 되어 있다. 대체로 한 번에 6줄의 커다란 빵과 12개의 작은 빵을 굽게 된다. 이 모두가 오랫동안 영국인이 지녔던 삶에 대한 관대한 태도의 일환이다. 그리고 그것은 호감이 가는 장점이지만 현재에는 매우 불행한 일이다.

내가 아는 한 영국의 모든 곳에서 노동자들은 갈색 빵을 거부한다. 노동 계층이 사는 지역에서 갈색 빵을 구매하기는 대개 불가능하다. 그들은 때때로 갈색의 정백하지 않은 밀가루 빵은 "더럽다"라는 이유를 댄다. 나는 과거에 갈색 빵이 검은 빵과 혼동되어 온 것이 실제 이유가 아닐까 생각한다. 검은 빵은 전통적으로 로마 가톨릭교와 나막신과 연관이 있다(랭커셔에는 가톨릭교와 나막신이 무척 많다. 그런데 그들이 검은 빵 역시 가지지 못한 것이 아쉽다!). 그러나 영국 사람들의 입맛은, 특히 현재 노동 계층의 입맛은 건강한 음식을 거의 자동으로 거부한다. 진짜 완두콩이나 진짜 생선보다 통조림 완두콩이나 통조림 생선을 선호하는 사람들의 숫자는 해마다 증가하고 있음이 틀림없다. 그리고 차에 진짜 우유를 넣을 수 있는 여유가 있는 많은 사람들이 곧 캔에 든 우유를 넣을 것이다. 그 사람들은 심지어 설탕과 옥수숫가루로 만들었고, 캔 통에 아주 커다란 글씨로 **아기에게 먹이기에 부적절하다**고 쓰여 있는 끔찍한 캔 우유를 차에 넣어 마실 것이다. 어떤 지역에서는 지금 실업자들에게 영양가와 돈을 총명하게 지출하는 것에 대해 좀 더 많이 가르치려고 노력하고 있다. 이런 이야기를 들을 때 우리는 자신이 두 방향으로 찢어지는 것을 느낀다. 나는 공산주의자 연사가 연단 위에서 그것에 대해 매우 화내는 것을 들었다. 그는 런던에서 상류사회 부인들이 감히 이스트 엔드[47]에 있는 집으로 걸어 들어가 실업자의 아내에게 장보기를 가르친다고, 이것이 영국 지배 계층의 정신 상태를 보여주는 예라고 말했다. 우선 한 가족이 일주일에 30실링으로 살아가도록 선고를 내리고 그러고는 정말 뻔뻔스럽게 그들에게 돈 쓰는 법을 가르친다는 것이다. 전적으로 옳은 말이다——온 마

─────────

47 런던 동부의 옛 빈민가.

음을 다해 그의 의견에 찬성한다. 그렇긴 하지만 단지 적절한 관례가 없기 때문에 사람들이 캔 우유 같은 쓰레기를 목에 쏟아부으면서 그것이 소가 생산하는 우유보다 나쁘다는 것조차 모르는 것은 똑같이 가련한 일이다.

그러나 실업자가 돈을 좀 더 경제적으로 지출하는 것을 배운다는 것이 궁극적으로 그에게 이익이 될 수 있을지 의문이다. 왜냐하면 오로지 그들이 경제적이 **아니라는** 그 사실 때문에 그들의 수당이 그렇게 높게 유지되기 때문이다. 한 영국인이 받는 생활보호위원회의 수당은 일주일에 15실링이다. 이것이 그가 생계를 유지할 수 있는 최소 금액이라고 사람들이 생각하기 때문이다. 만일 그가 쌀과 양파로 살아갈 수 있는 인도인이거나 일본 쿨리라면 그는 한 주에 15실링을 받지 못할 것이다—인도인이나 일본 노동자가 한 달에 15실링을 받는다면 운이 좋은 것이다. 비참할 정도로 적은 금액이긴 하지만, 우리의 실업수당은 별로 경제 개념은 없지만 매우 높은 기준을 가진 사람들에게 적합하도록 짜였다. 만일 실업자들이 좀 더 나은 금전 관리인이 되기를 배운다면 그들은 눈에 띄게 더 잘 살 것이다. 그리고 오래지 않아서 거기에 상응하도록 실업수당이 삭감될 것으로 생각한다.

북부의 실업자들에게 한 가지 크게 경감되는 것이 있는데 그것은 저렴한 연료이다. 석탄 지역의 어느 곳에서나 석탄의 소매 가격은 50kg에 1실링 6펜스이다. 영국 남부에서는 그것은 2와 ½실링이다. 더욱이 취업 중인 광부는 대개 석탄을 1톤에 8실링이나 9실링을 주고 탄갱에서 직접 구매할 수 있다. 그리고 집에 지하실이 있는 광부들은 때때로 1톤을 저장해 놓고 실업 중인 광부들에게 판매한다(내 생각에는 불법이다). 그러나 이 밖에도 실업자들은 광범위하게 그리고 조직적으로 석탄을 훔친다. 내가 훔친다고 말하는 것은 비록 그것이 아무에게도 해를 끼치지는 않지만 법률상으로 말해서 도적질하는 것이기 때문이다. 탄갱에서 올라오는 "쓰레기"에는 어느 정도 깨진 석탄이 포함되어 있다. 그래서 실업자들은 폐석 더미에서 부서진 석탄을 찾아내느라 많은 시간을 보낸다. 자루와 바스켓을 가진 사람들이 황을 함유한 연기(많은 폐석 더미들의 표면 밑에서는 불이 타고 있다)를 가로지르며 온종일 그 이상한 회색 산 위로 이리저리 다니면서 여기저기에 묻혀 있는 작은 석탄 조각들을 주워 담는 것을 볼 수 있다. 집에서 만든 이상하지만 멋진 자전거에 반나절 일해서 얻은 약 25kg의 석탄 자루를 걸쳐놓고 자전거를 굴리며 집으로 돌아가는 남자들을 우리는 만나게 된다. 그들의 자전거는 쓰레기 더미에서 찾은 녹슨 부품으로 만들어, 안장도, 체인도, 그리고 거의 언제나 고무바퀴도 없는 물건이다. 파업 중이어서 모든 사람이 연료가 부족할 때 광부들은 도끼와 삽을 가지고 나와서 폐석 더미를 뒤진다. 그래서 대부분의 폐석 더미는 언덕 같은 모습을 지니게 된다. 파업이 오래 지속될 때는 석탄이 노출된 곳에서는 노천 탄광의 표면을 침하시켜서 땅속으로 수십 미터를 파 내려간다.

위건 시에서는 버려진 석탄을 채취하기 위한 실업자들 간의 경쟁이 대단히 치열해서, "다투어 석탄 빼앗기"라 불리는 이상한 관습이 되었는데 그 광경은 볼만하다. 정말로 나는 왜 그것이 영화로 만들어지지 않는지 모르겠다. 한 실업 광부가 어느 날 오후에 그걸 볼 수 있게 나를 데려갔다. 우리는 그 장소에 도착했다. 오래된 폐석 더미가 산맥을 이루는 곳이었는데 밑에 있는 골짜기 사이로 철로가 지나고 있었다. 남루한 옷을 입은 2, 3백 명의 남자들이 제각기 자루를 하나씩 지니고 석탄 망치를 외투 뒷자락 끝에 달아매고서 "빗자루" 타기를 기다리고 있었다. 탄갱에서 찌꺼기가 올라오면 그것이 무개 짐차에 실리고 기관차가 이것을 400m 떨어져 있는 또 다른 폐석 더미 위로 가져가서 그 위에 부려 놓는다. "다투어 석탄 빼앗기"의 과정은 기관차가 움직일 때 무개 짐차 위에 올라타는 것이다. 기관차가 움직일 때 성공적으로 올라타게 되는 것이 어떤 무개 짐차이건 그것이 "당신의" 무개 짐차가 된다. 곧 기관차가 움직이는 것이 시야에 들어왔다. 기관차가 굽이진 길을 돌아갈 때 무개 짐차를 잡아타기 위해서 백 명의 사람들이 거친 소리를 지르며 언덕을 돌진해 내려간다. 굽이진 길을 돌 때도 기관차는 시속 32km의 속도로 달린다. 남자들은 무개 짐차 위로 몸을 던져 짐차 뒤에 있는 고리를 붙잡고 열차 연결 완충장치에 의지해서 무개 짐차로 올라간다. 한 짐차마다 다섯에서 열 명의 광부들이 타고 있다. 기관사는 눈치채지 못한다. 그는 폐석 더미 위로 운전해 가서 무개 짐차의 연결을 풀고 기관차를 몰아 다시 탄갱으로 돌아간다. 그리고는 곧 새로운 무개 짐차들을 싣고 돌아온다. 그전과 같이 남루한 옷을 입은 사람들이 맹렬하게 돌진한다. 결국 어느 무개 짐차에도 올라타지 못한 사람은 약 50명에 불과하다.

우리는 폐석 더미 꼭대기까지 걸었다. 남자들은 폐석을 무개 짐차에서 삽으로 퍼내었고 그러는 동안 그들의 아내와 아이들은 무릎을 꿇고서 손으로 재빨리 젖은 폐석을 뒤져 계란 크기만 하거나 더 작은 석탄 덩이들을 골라내었다. 여인이 작은 쓰레기 조각을 허겁지겁 집어 들고 앞치마로 닦아서, 그게 석탄인지 확인하기 위해 자세히 들여다보고는 자루 속으로 조심스럽게 던져 넣는다. 물론 무개 짐차에 탈 때는 그 무개 짐차 속에 무엇이 있는지 미리 알지 못한다. 그것이 길가에서 나온 실제 "쓰레기" 일 수도 있고 아니면 지붕을 이는 데 쓰였던 혈암에 불과할 수도 있다. 만약 그것이 혈암 무개 짐차라면 거기에는 석탄이 전혀 없을 것이다. 그러나 혈암 가운데는 촉탄(燭炭)[48]이라고 불리는 또 다른 가연성 돌이 있는데 그것은 매우 평범한 혈암처럼 보이지만 색이 약간 더 검고, 점판암처럼 평행으로 쪼개 보면 알 수 있다. 촉탄은 쓸 만한 연료가 될 수 있다. 상업적으로 가치가 있을 정도로 좋지는 않지만, 상당히 쓸 만해서 실업자들은 그것을 열심히 찾는다. 광부들이 혈암 무개 짐차에 타면 그들은 촉탄을 집어 들고 가져온 망치로 쪼갠다. "빗자루" 아래에서는 두 기관차에 타는 데 성공하지 못한 사람들이 위쪽에서 굴러 내려온 작은 석탄 조각들을 줍고 있다. 그 조각들은 개암나무 열매 정도의 크기이지만 이들은 그것만 주워도 기뻐한다.

---

48 기름 · 가스를 많이 함유한 석탄.

우리는 무개 짐차가 텅 빌 때까지 그곳에 머물렀다. 한두 시간 안에 사람들은 폐석의 마지막 조각까지 다 뒤졌다. 그들은 어깨에, 혹은 자전거에 자루를 걸치고 3.2km 떨어진 위건으로 돌아가기 위해 무거운 발걸음을 떼기 시작했다. 대부분의 가족들은 약 25kg의 석탄이나 촉탄을 수집했고 그래서 그들은 모두 협력해서 연료 5톤이나 10톤을 훔친 셈이다. 이처럼 열차에서 석탄을 훔치는 일이 위건에서 매일 일어나는데 어쨌든 겨울에는 그렇다. 그리고 이런 일은 한 광산에서만 일어나는 것이 아니다. 물론 그것은 매우 위험한 일이다. 내가 갔던 날은 아무도 다치지 않았다. 그러나 그보다 몇 주 전에는 어떤 남자가 양다리 모두를 절단당했고, 한 주 후에는 또 다른 사람이 손가락을 몇 개 잃었다. 법률적으로 말하자면 그것은 도적질하는 것이다. 그러나 모든 사람이 아는 것처럼 그 석탄은 도난당하지 않으면 단순히 낭비될 것이다. 광산 회사는 때때로 석탄을 훔친 사람을 형식상으로 처벌한다. 그리고 그날 아침에 발행된 지역 신문에 두 남자가 10실링의 벌금을 부과받았다는 문단이 하나 있었다. 하지만 사람들은 그 처벌을 무시한다. 사실 신문에서 벌금을 부과받았다고 지적당한 사람 중 한 명이 그날 오후에 거기 있었다. 그런데 석탄 줍는 사람들은 협력하여 그 벌금을 지급하도록 추념한다. 그렇게 하는 것을 당연하게 생각한다. 실업자들이 반드시 어떻게 해선가 연료를 구해야 한다는 것을 누구나 다 안다. 그래서 오후마다 2, 3백 명의 남자들이 위험을 무릅쓰고, 그리고 2, 3백 명의 여인들이 몇 시간 동안 진흙 속에서 마구 뒤지는 것이다. 그리고 그것은 모두 9페니 정도의 값어치에 불과한 질이 별로 좋지 않은 25kg의 연료를 얻기 위해 하는 일이다.

거친 삼베 앞치마를 입고 숄을 두른 땅딸막한 여인들이 무거운 검은색 나막신을 신고 매서운 바람이 휘몰아치는 가운데 작은 석탄 조각을 찾기 위해 뜬 숯이 흩어져 있는 진흙 속을 열심히 뒤지는 광경. 이 장면은 랭커셔의 풍경 중 하나로 내 마음에 남아 있다. 그들은 기꺼이 이 일을 한다. 연료는 겨울에 그들에게 꼭 필요한 필수품이다. 연료는 거의 음식보다 더 중요하다. 그러는 동안 내 시선이 미치는 곳마다 온통 폐석 더미들과 들어올리는 광산 기기들뿐이다. 그런데 생산해 낼 수 있는 석탄을 모두 판매할 수 있는 광산은 단 한 곳도 없다. 이것을 반드시 매저 더글러스[49]에게 호소해야 한다.

---

49 Major Douglas(1879~1952): 영국 태생의 엔지니어이며 사회 신용 경제 개혁 운동(Social Credit Economic Reform Movement)의 선구자.

7장

북부 쪽으로 여행할 때 남부와 동부 지역에 익숙한 당신의 눈은 버밍햄을 벗어나기 전까지는 별로 다른 것을 발견하지 못한다. 코번트리[50] 시에서는 핀즈베리 파크[51]에 있는 것이나 다름이 없고, 그리고 버밍햄의 불링[52]은 노리치[53]마켓과 다르지 않다. 그리고 미드랜드[54]에 있는 모든 마을마다 남부와 차이가 없는 빌라 문화가 쭉 이어져 있다. 좀 더 북쪽으로, 도자기 지역과 그 너머로 갈 때야 비로소 당신은 진정으로 추한 산업주의를 만나기 시작한다—얼마나 끔찍하고, 얼마나 눈에 띄는지 당신은 어쩔 수 없이 체념하며 그 추함을 받아들이게 된다.

폐석 더미는 계획 없이 되는 대로 쌓여 있고, 아무짝에도 쓸

---

50 영국 중부의 공업 도시.

51 런던 북부 중앙에 있는 공원.

52 버밍햄의 도심 지역.

53 영국 동부에 있는 노퍽주의 주도.

54 중세 초기 영국 중부에 있던 7 왕국의 하나인 머시아 왕국의 영토와 비슷한 영국의 중부. 가장 큰 도시는 버밍햄이고, 18, 19세기의 산업혁명에 중요한 지역이었다.

모가 없기 때문에 고작해야 추악한 물건에 불과하다. 그것은 마치 거인의 쓰레기통을 땅에 쏟아부은 것 같다. 광산 마을 외곽의 풍경은 끔찍하다. 당신의 시야가 미치는 곳마다 온통 울퉁불퉁한 회색 산 일색이고, 발밑에는 진흙과 재, 머리 위에는 강철 케이블이 있다. 쓰레기 운반차들이 이 케이블을 타고 서서히 시골을 가로지르며 수 km를 움직여 간다. 때때로 폐석 더미에서 불이 타오른다. 그래서 밤에는 이리저리 굽이치는 빨간 불의 강을 볼 수 있고, 또한 유유하게 움직이는 푸른 유황 불꽃을 볼 수 있다. 유황 불꽃은 언제나 꺼질 듯하지만 곧 다시 솟아오른다. 폐석 더미는 결국 내려앉기 마련인데 그것이 내려앉은 후일지라도 거기에는 흉측스러운 갈색 식물만 자랄 뿐이다. 그리고 폐석 더미 표면은 언덕 같은 모습을 유지한다. 위건 시의 빈민가에서 놀이터로 쓰이는 폐석 더미 하나는 물결이 일렁이는 바다가 갑자기 얼어붙은 것같이 보인다. 그 지역에서는 그것을 "양털 매트리스"라고 부른다. 지금부터 수 세기 후에 한때 석탄을 채취했던 곳을 쟁기로 갈아엎는다고 하더라도 폐석 더미가 있었던 곳은 여전히 비행기에서도 알아볼 수 있을 것이다.

나는 위건의 끔찍한 풍경 가운데 있었던 어느 겨울 오후를 기억한다. 내 주위에는 달나라인 양 온통 폐석 더미뿐이었고, 북쪽으로는, 말하자면, 폐석 더미 사이로 난 협곡을 통해서 불꽃 연기를 내보내는 공장 굴뚝을 볼 수 있었다. 운하를 따라 난 재와 얼어붙은 진흙이 뒤섞여있는 오솔길에는, 헤아릴 수 없는 나막신 자국들이 어지럽게 나 있었다. 그리고 멀리에 있는 폐석 더미에 이르기까지 주위에는 온통 "플래시(섬광들)"들이 뻗어 있었다. 플래시들은 오래된 탄갱이 침하되어 움푹해진 곳에 스며들어 온 물이 고인 물웅덩이들이다. 날씨는 어마어마하게 추웠다. "플래시"는 천연 그대로의 황갈색을 띤 얼음으로 뒤덮여있었고, 바지선을 끌고 가는 사람들은 마대로 눈까지 꽁꽁 싸매고 있었으며, 수문에는 얼음 수염이 달려 있었다. 마치 식물이 추방당한 세계 같았다. 연기, 쉐일, 얼음, 진흙, 더러운 물 이외에는 아무것도 없었다. 그러나 셰필드와 비교하면 위건은 아름답기까지 하다. 셰필드는 정확히 구세계에서 가장 추악한 도시로 불릴 만한 자격이 있다고 생각한다. 모든 것에서 셰필드가 최고이기를 소망하는 셰필드 주민이 그렇다고 주장할 것 같다. 인구 50만 명의 셰필드에는 이스트 앵글리아에 있는 인구 500명의 평범한 마을만큼도 품위 있는 건물이 없다. 그리고 얼마나 역한 냄새를 풍기는지! 어쩌다가 유황 냄새를 맡지 못하는 때가 있다면 가스 냄새를 맡기 시작했기 때문이다. 셰필드를 관통해 흐르는 얕은 강조차도 어떤 화학 물질이나 그런 것 때문에 대체로 밝은 노란색이다. 한번은 거리에 멈춰 서서 눈에 보이는 공장 굴뚝 숫자를 세어 보았다. 서른세 개를 세었지만 만약 대기가 연기로 혼탁하지 않았더라면 더 많은 굴뚝을 볼 수 있었을 것이다. 특히 한 장면이 내 기억에 남아 있다. 짓밟혀서 풀 한 포기 없고 신문과 낡은 냄비가 여기저기 흩어져 있는 끔찍한 황무지(어쩐지 북부의 황무지는 런던에서조차 도저히 그럴 수 없을 정도로 누추하다)였다. 오른쪽으로 는 매연으로 더러워진 방 네 개짜리 음산한 암홍색 집들이 한 줄 동떨어져 서 있었다. 왼쪽으로는 굴뚝 너머 또 굴뚝이 있었고, 이렇게 끝없이 이어지는 공장 굴뚝의 전망은 어두컴컴한 안개 속으로 사라져 갔다. 내 뒤에는 용광로에서 버려진 용재 더미로 이루어진 철둑이 있었고, 앞에는 황무지 건너편에 "도급업자, 토마스 그로콕"이라는 간판이 달린, 노란 벽돌로 지어진 정육면체 건물이 있었다.

추악한 집들과 매연으로 시커메진 것들이 보이지 않는 밤에는 셰필드 같은 도시는 불길하게 장엄한 분위기를 지닌다. 떠다니는 연기가 유황 때문에 때로는 장밋빛으로 보이고, 원통 톱의 톱니같이 삐죽삐죽한 불꽃이 주물공장 굴뚝에서 갓을 비집고 나온다. 주물공장의 열린 문 사이로 용광로의 빨간 불빛에 비쳐 붉게 보이는 소년들이 불 뱀 같은 선철을 이리저리 나르는 것이 보인다. 그리고 스팀 망치가 윙윙 쿵쿵 두드리는 소리와 망치에 맞은 선철이 내지르는 고함소리가 들린다. 도자기 제조 마을[55]들은 규모가 작을 뿐 셰필드와 거의 똑같이 추악하다. 말하자면, 줄줄이 늘어선 시커먼 작은 집들 가운데 거리의 일부를 이루는 "도자기 작업대"들이 있다. 작업대들은 땅속에 묻힌 거대한 부르고뉴산(產) 포도주병처럼 생긴 원뿔형 벽돌 굴뚝으로 연기를 곧장 당신의 얼굴에 내뿜는다. 당신은 가로 백 미터 이상이고 깊이가 거의 가로와 같은 괴기스러운 점토 협곡을 만나게 된다. 협곡의 한편에는 녹슨 작은 운반차들이 체인으로 된 철로 위

55 영국 중서부의 스태퍼드셔에 있는 도자기 제조 중심지.

를 기어가고, 다른 편에서는 일꾼들이 회향풀을 뜯는 사람들처럼 매달려서 도끼로 절벽의 표면을 자른다. 나는 눈 내리는 날씨에 그곳을 지나갔는데, 심지어 눈까지도 검은색이었다. 도자기 마을에 대해서 우리가 제일 좋게 말할 수 있는 것은 그 마을들이 상당히 작고 그래서 느닷없이 마을이 끝난다는 것이다. 16km도 가기 전에 당신은 더럽혀지지 않은 시골에, 거의 헐벗은 언덕에 서 있게 되고 그러면 도자기 마을들은 멀리에 있는 오점에 지나지 않는다.

이러한 추악함에 대해 곰곰이 생각할 때 우리에게 두 가지 질문이 떠오른다. 첫째로, 이것은 피할 수 없는 것인가? 둘째로, 이것은 중요한가? 이다.

산업주의에 본래부터 그리고 불가피하게 추악한 면이 있다고 믿지는 않는다. 왕궁이나 개집이나 성당이 그렇지 않은 것처럼, 공장이나 가스 공장조차도 본질상 추해야만 하는 것은 아니다. 모든 건물은 그 시대의 건축 전통이 좌우한다. 북부 산업도시가 추한 것은, 현대적인 철강 건축과 매연을 줄이는 방법이 아직 알려지지 않았을 때, 그리고 모든 사람들이 돈 벌기에 급급해서 그 이외의 것을 생각할 겨를이 없었을 때 그 도시들이 건설되었기 때문이다. 그 도시들이 계속 추한 채로 남아 있는 것은 북부 사람들의 눈이 그것들에 익숙해져서 그것이 추하다는 것을 알지 못하기 때문이다. 셰필드나 맨체스터의 많은 시민들이 콘월[56] 지

---

56 잉글랜드 남서부의 주; 관광지로서 유명함.

방의 절벽을 따라 걸으며 대기의 냄새를 호흡한다면, 아마 대기에 아무런 맛이 없다고 단언할 것이다. 하지만 전쟁 후에 산업이 남쪽으로 이동하는 경향이 있었고, 그렇게 됨으로써 산업은 상당히 말쑥해졌다. 전후의 전형적인 공장은 황량하게 크고 엉성한 건물이거나, 연기를 뿜어내는 굴뚝들이 무질서하게 난립해 있는 끔찍하게 더러운 검은색 건물이 아니다. 그들은 초록색 잔디와 튤립밭으로 에워싸인 콘크리트, 유리, 철강으로 지어진 반짝반짝 빛나는 하얀 구조물이다. 서부 간선 기차(G.W. R.)를 타고 런던을 벗어나면서 지나쳐 가는 공장들을 바라보라. 그 공장들이 심미적으로 장관은 아닐지 모르지만, 확실히 셰필드의 가스 공장같이 추하지는 않다. 하지만 어쨌든 산업주의의 추함이 거기에서 가장 명백히 드러난다고 하더라도, 그리고 새로 오는 사람마다 그것을 반대한다고 외치더라도, 나는 그것이 핵심적으로 중요한 것인지 모르겠다. 그리고 산업주의는 산업주의인지라 그 자체를 무언가 다른 것으로 위장하는 것은 아마 바람직하지 않을 것이다. 올더스 헉슬리[57]가 진정으로 언급했듯이 악마 같은 검은 공장은 마땅히 악마 같은 검은 공장같이 보여야지 신비스럽고 화려한 신들의 신전같이 보이면 안 된다. 게다가 가장 최악의 산업 도시에서도 좁은 심미적 감각으로 볼 때 추하지 않

---

57 Aldous Huxley(1894~1963): 영국의 소설가, 수필가, 극작가이며 저명한 헉슬리 가문의 한 사람. 《멋진 신세계Brave New World》를 비롯해서 여러 소설들과 다방면에 걸친 수필로 유명하며 1937년 이후는 사망 시까지 미국의 로스앤젤레스에서 지냈다.

은 것들이 상당히 많다. 연기를 뿜어내는 굴뚝이나 고약한 냄새를 풍기는 빈민가가 혐오스러운 것은 주로 그것이 비뚤어진 삶과 고통받는 아이들을 의미하기 때문이다. 순수하게 심미적인 관점에서 본다면 그것은 무언가 섬뜩한 호소력을 지녔을 수도 있다. 나는 터무니없이 이상한 것은 어느 것이든, 그것을 혐오할 때조차, 결국 그것에 매력을 느끼게 된다는 걸 안다. 버마의 풍경들은 내가 그곳에 있었을 때는 악몽과도 같이 느껴질 만큼 무척 섬뜩했었고, 후에는 얼마나 내 마음을 괴롭히는지 나는 그것을 떨쳐 버리기 위해서 거기에 관한 소설을 써야만 했다. (모든 동양에 관한 소설의 진정한 주제 는 풍경이다.) 아놀드 베넷[58]이 그렇게 했듯이, 산업 도시의 검은색에서 일종의 아름다움을 캐내는 것은 아마 아주 쉬울 수도 있다. 예를 들어, 폐석 더미에 관해서 시를 쓰는 보들레르[59]를 상상하는 것은 쉬운 일이다. 하지만 산업주의의 아름다움이나 추함은 그다지 문제가 되지 않는다. 그 진정한 폐해가 훨씬 더 깊이 그리고 도저히 지울 수 없을 정도로 존재한다는 것을 기억하는 것이 중요하다. 깨끗하고 질서 정연한 산업주의에는 아무런 해가 없다고 생각하려는 유혹이 항상 있기 때문이다.

---

58 Arnold Bennet(1867~1931): 영국 소설가.《노부인들의 이야기The Old Wives' Tale》를 1908년 출판해서 영어권 세계에서 즉각적인 성공을 거둠. 베넷은 도자기 지역을 무대로 하는 소설을 썼음.

59 Charles Baudelaire(1821~1867): 프랑스의 시인, 비평가. 대표작은《악의 꽃Les Fleurs du Mal》(1857)

하지만 당신이 북부 산업지역으로 갈 때는, 낯선 풍경은 제 쳐놓고라도, 낯선 지역에 들어간다는 것을 의식하게 된다. 그 부 분적인 이유는 실제로 다른 점들이 존재하기 때문이기도 하지 만, 과거 오랜 세월 동안 우리에게 주입된 북-남 대조법 때문에 더욱 그렇다. 영국에는 이상하게도 북부다움에 대한 동경, 일종 의 북부적 속물근성이 존재한다. 남부에 있는 요크셔 사람은 언 제나 자신이 남부 사람을 열등하다고 여긴다는 사실을 남부 사 람에게 알리려고 무척 안달이다. 무슨 이유에서 그러냐고 질문 하면, 그는 북부에서의 삶만이 "진정한" 삶이라고, 북부에서 이 룬 산업 활동만이 "진정한" 산업 활동이라고, 북부에 사는 사람 들만이 "진정한" 사람들이라고, 남부에는 연금, 지대, 배당 따위 의 정기 수입이 있는 사람들과 그에 빌붙어 사는 사람들만 산다 고 설명할 것이다. 북부인은 "담력"이 있고, 퉁명스럽고, "엄하 고," 용감하며, 마음이 따뜻하고, 민주적이며 남부인은 속물근성 이 있고, 여성적이며 게으르다는 것이다. 어쨌든 이것이 그의 이 론이다. 그래서 남부 사람이 북부로 갈 때, 어쨌든 처음으로 그 곳에 갈 때, 그는 문명인이 위험을 무릅쓰고 야만인 가운데로 갈 때 느끼는 막연한 열등감을 지니고 간다. 반면에 요크셔 사람은 스코틀랜드 사람처럼 전리품을 획득하려는 야만인의 정신을 지 니고 런던에 온다. 그런데 전통의 결과로 생긴 이런 감정은 눈 에 보이는 사실로 좌우되는 것이 아니다. 160cm의 키에 가슴이 70cm인 영국인이 자신이 신체적으로 카르네라(카르네라란 남유 럽인을 지칭한다.)보다 우월하다고 느끼는 것과 똑같이 북부인들도 남부인보다 우월하다고 느낀다. 만일 폭스테리어가 달려들면 거의 확실히 줄행랑칠 호리호리하고 체구가 작은 요크셔 남자가 영국 남부에서 자신이 마치 "난폭한 침입자 인양" 느꼈다고 말했던 것을 나는 기억한다. 북부 태생이 아닌 사람들도 종종 이러한 북부 예찬을 차용한다. 남부에서 성장했지만 지금은 북부에 사는 내 친구가 한두 해 전에 나를 차에 태워 서퍽을 구경시켰다. 우리는 상당히 아름다운 마을을 지나갔다. 그는 그 마을의 시골집들을 못마땅한 듯 바라보면서 다음과 같이 말했다.

"물론 요크셔에 있는 대부분의 마을들은 끔찍하지. 그러나 요크셔 사람들은 멋있는 친구들이야. 그렇지만 여기 남쪽에서는 그 반대야. 마을은 아름답지만 사람들은 불친절해. 저 시골집에 사는 사람들 모두 하찮은 사람들이야. 정말 시시한 사람들이지."

나는 그 마을에 아는 사람이 있느냐고 질문하지 않을 수 없었다. 아니, 그는 아무도 알지 못했다. 하지만 그곳이 이스트 앵글리아이니까 그 사람들은 분명히 무익하다는 것이었다. 역시 남부 태생인 또 다른 친구는 남부에 해를 끼칠 정도로 기회가 있을 때마다 놓치지 않고 북부를 찬양했다. 여기에 그가 내게 쓴 편지 일부를 옮긴다.

"나는 지금 랭커셔의 클리더로우에 있소. ……나는 늪지와 산이 있는 이곳의 강물이 비만하고 활기 없는 남부에서보다 훨씬 더 매력적이라고 생각하오. 셰익스피어는 '은빛으로 도도하게 흐르는 트렌트 강'이라 말했지. 그런데 남쪽으로 더 내려갈수록 강은 더욱 도도하다오."

여기에 북부 예찬에 관한 흥미 있는 예가 하나 있다. 당신과 나뿐 아니라 영국 남부의 모든 사람들이 "비만하고 활기 없다"라고 치부되지만, 물조차도 북쪽의 어느 위도 위쪽으로 가면 H_2O가 아니고 무언가 불가사의하게 우월한 것이 된다는 것이다. 그러나 이 문단이 흥미로운 것은 이 글을 쓴 사람은 "진보적"인 견해를 가진 대단한 지성인으로서 평범한 형태의 국가주의에 대해서는 경멸감만 느낄 사람이라는 것이다. 그에게 "한 사람의 영국인은 세 사람의 외국인만큼 가치가 있다"라는 제안을 해보라. 그러면 그는 끔찍해하며 그것을 부인할 것이다. 그러나 그것이 남대 북의 문제일 때 그는 일반화할 만반의 준비가 되어 있다. **모든** 국가적인 차별—모양이 다른 두개골을 가졌다거나 다른 방언을 쓰기 때문에 당신이 어떤 다른 사람보다 더 우월하다는 모든 주장들—은 전적으로 거짓이지만 사람들이 그런 주장을 믿는 한 그것들은 중요하다. 자신보다 남쪽에 사는 사람은 자신보다 열등하다고 생각하는 것이 영국인들의 선천적인 신념이라는 데는 의문의 여지가 없다. 우리의 외교 정책까지도 어느 정도 그런 신념의 지배를 받는다. 그러므로 언제 그리고 왜 그것이 존재하게 되었는지를 지적하는 것은 중요하다고 생각한다.
국가주의가 처음으로 일종의 종교가 되었을 때 영국인들은 지도를 바라보았다. 그리고 자신들의 섬이 북반구의 상당히 북쪽에 있다는 것을 알고서 북쪽에 살수록 더욱더 높은 덕성을 지닌 사람이 된다는 매력적인 이론을 발전시켰다. 내가 소년이었을 때 받은 역사 교육의 출발점은 대개 추운 기후가 사람들을 활력 있게 만드는 반면에 더운 기후는 사람들을 게으르게 만든다고, 그래서 영국이 스페인 무적함대를 물리쳤다는 것을 가장 순박하게 설명하는 것이었다. 영국인이 탁월한 활력(실상 유럽에서 가장 게으른 사람들인데)을 지녔다는 이러한 난센스는 적어도 100년간 통용되었다. 1827년의 한 계간 평론지(Quarterly Reviewer)는 "올리브와 포도나무와 악덕 가운데 사치스럽게 사느니 차라리 우리 나라를 위하여 노동하는 운명에 처하게 되는 것이 우리를 위해서 더 좋은 일이다"라고 쓰고 있다. "올리브와 포도나무와 악덕"이라는 표현은 보통 라틴족들을 향해 영국인들이 가지고 있는 태도를 총괄한다. 칼라일[60]과 크리시[61]의 신화에서는 북구인[62]은 금발의 턱수염과 오점이 없는 도덕성을 지닌 억세고 활발한 사람으로 그려지고, 반면에 남부인들은 교활하고, 비겁하고, 방탕한 것으로 그려진다. 이것이 논리적으로 진전되었다면, 당연히 세계에서 가장 훌륭한 사람은 에스키모라는 결론을 내렸을 것이다. 결론에는 이르지 못했지만 이 이론은 우리보다 더 북

---

60 Thomas Carlyle(1795~1881): 영국의 비평가 · 역사가 · 사상가.

61 John Creasey, MBE(1908~1973): 영국의 범죄소설 및 과학소설가.

62 튜턴 사람(기원전 4세기경부터 유럽 중부에 나타난 게르만 민족의 한 파. 현재는 영국인 · 독일인 · 네덜란드인 · 스칸디나비아인 등) 후에는 "북유럽인".

쪽에 사는 사람들은 우리보다 우월하다는 것을 인정하게 해주었다. 그렇기 때문에 부분적으로 지난 50년간 스코틀랜드와 스코틀랜드 사물들에 대한 예찬이 영국인의 삶에 그렇게도 깊이 각인되었던 것이다. 그러나 북-남 대립에 특유한 편향을 제공한 것은 북부의 산업화였다. 비교적 최근까지 영국의 북부는 뒤처져 있는 봉건적인 지역이었고, 그 당시의 산업은 런던과 남동부에 집중되어 있었다. 대충 자본 대 봉건주의의 전쟁이었다고 말할 수 있는 영국 내란[63]을 예로 들면 북부와 서부는 왕을 지지했고 남부와 동부는 의회를 지지했다. 그러나 점점 더 석탄을 사용하게 되면서 산업이 북쪽으로 옮겨가게 되었고 새로운 유형의 사람, 자수성가한 북부의 사업가, 즉 디킨스의 소설에 나오는 라운스웰 씨[64]와 바운더비 씨[65] 같은 사람들이 생겨났다. "출세하라, 아니면 꺼져라"라는 악의적인 철학을 지닌 북부의 사업가는 19세기의 지배적인 인물이었으며, 그는 여전히 일종의 폭군적인 시체로서 우리를 지배하고 있다. 이것이 아놀드 베넷이 이상화한 인물 유형이다. 이러한 유형은 반 크라운[66]을 가지고 시작하여 마침내 5만 파운드를 거머쥐게 되고, 그가 주로 자랑하는 것은 돈을 번 후에 전보다 더 대단히 교양 없는 인간이 되었다는

---

63 찰스 1세 시대의 국회파와 왕당파 간의 싸움; 1642-46, 1648-52.

64 《황폐한 집Bleak House》에 나오는 사업가.

65 《어려운 시절Hard Times》에 나오는 사업가.

66 2와 ½실링.

것이다. 결국은 그의 유일한 장점은 돈을 버는 재주뿐이라는 것이 판명된다. 그가 마음이 좁고, 탐욕스럽고, 무지하고, 집요하고, 거칠지라도, "배짱"이 있고 "성공"했기 때문에, 즉 어떻게 돈을 버는지 알았기 때문에 우리는 그를 찬양하라는 말을 듣는다.

이런 빈말은 이제 완전히 시대착오적인 것이다. 북부의 사업자들이 더 이상 번창하지 못하기 때문이다. 그러나 사실 때문에 전통이 사라지는 것은 아니므로 북부 사람의 "배짱"이라는 전통은 여전히 남아 있다. 사람들은 여전히 어렴풋이 북부인은 "성공"할 것이다, 즉 돈을 벌 것이고, 거기에 비해서 남부인 실패할 것이라고 느낀다. 런던에 가는 요크셔 사람들과 스코틀랜드 사람들은 누구나 다 마음 한구석에서 자신을 신문팔이 소년으로 시작해서 런던의 시장이 되는 일종의 딕 위팅튼[67] 같은 인물로 그려본다. 실상 그런 생각이 그의 오만불손함 밑에 깔려 있는 것이다. 그러나 이러한 의식이 순수한 노동 계급으로까지 이어진다고 생각하면 대단한 실수를 저지르는 것이다. 몇 년 전 내가 처음으로 요크셔에 갔을 때 나는 교양 없는 사람들이 사는 지역에 간다고 생각했다. 나는 끝없는 장광설을 늘어놓고 자신의 방언이 활기차다(우리가 서부 라이딩에서 말하는 것처럼 "제때의 한 땀이 후에 9땀을 절약한다.")는 자부심을 가진 런던의 요크셔 사람에게 익숙했었기 때문에 무례한 짓을 상당히 많이 당하리라고

---

67 《딕 위팅튼과 그의 고양이》라는 동화에 나오는 인물. 가난한 소년으로 런던에 가서 성공해 세 임기나 런던 시장을 지냄. 1605년 처음으로 기록되었음.

예상했다. 그러나 내게 무례하게 구는 사람이 전혀 없었고, 광부들은 전혀 무례하지 않았다. 실상 랭커셔와 요크셔의 광부들이 얼마나 친절하고 공손하게 나를 대접하는지 당황스러울 정도였다. 광부들이야말로 내가 열등감을 느낄 수 있는 사람들이기 때문이다. 내가 다른 지역에서 왔다고 경멸한다는 티를 내는 사람은 전혀 없었다. 영국의 지역적 속물근성이 국가주의의 축소판이라는 것을 생각할 때 이것은 중요한 것이다. 왜냐하면 이것은 지역적 속물근성은 노동자들의 특성이 아니라는 것을 암시하기 때문이다. 그렇지만 남부와 북부는 참으로 다르다. 남부를 건달꾼들이 사는 거대한 브라이튼으로 묘사하는 데는 적어도 일말의 진실이 있다. 왜냐하면 기후 때문에 은행 예금 이자로 살아가는 부류의 사람들이 남부에 정착하는 경향이 있기 때문이다. 랭커셔의 면직물 제조 마을에서는 여러 달을 계속해서 지낸다 해도 "교육받은 자의 억양"을 전혀 들을 수 없는 반면에 남부 영국의 어느 마을에서건 당신이 벽돌을 던진다면 으레 주교의 조카딸이 맞게 되어 있다. 결과적으로 모범을 보일 하급 신사 계급이 없기 때문에 북부에서의 노동 계층 중산층화는 속도가 좀 더 느리다. 그런 일이 일어나고 있지만 말이다. 예를 들어 모든 북부의 억양은 꿋꿋하게 계속되지만 남부의 억양은 영화와 영국 국영방송(BBC)의 면전에서 붕괴되고 있다. 그래서 당신이 "교육받은 자의 억양"으로 말하면 북부인들은 당신을 하급 신사 계급이라기보다는 외국인으로 낙인찍는다. 그런데 이것은 대단히 유리한 것이다. 그것이 노동 계층과 만나는 것을 더욱 쉽게 해주기 때문이다.

하지만 노동 계층과 진정으로 친밀해지는 것이 과연 가능할까? 나는 그것을 후에 논의할 것이다. 이 시점에서는 그것이 가능하지 않다고 말할 뿐이다. 그러나 의심할 바 없이 노동 계층과 거의 동등한 위치로 만나는 것은 남부보다 북부에서 더 쉬울 것이다. 광부의 집에 살면서 가족의 일원으로 받아들여지기는 상당히 쉽다. 남부의 농장 노동자와 그렇게 지내기는 불가능하다. 나는 충분히 많은 노동 계층 사람들을 보아왔기 때문에 그들을 이상화하는 것은 피한다. 그러나 나는 노동 계층의 집에 갈 수만 있다면 그들 가정에서 많은 것을 배울 수 있다는 걸 안다. 요점은 당신의 중류 계층 이상과 편견이 다른 사람들과의 접촉으로 시험대에 오른다는 것이다. 다른 사람들이 반드시 당신보다 더 나은 것은 아니지만 분명히 그들은 당신과 다르다.

가족에 대한 태도가 다른 것을 예로 들어보자. 노동자 가족은 중류 가정처럼 가족끼리 뭉치지만 훨씬 덜 권위적이다. 노동자는 가족 특권이라는 대단한 무게를 마치 연자돌처럼 목에 두르고 있는 것은 아니다. 내가 이미 지적했듯이 중류 계급은 가난의 영향하에서는 완전히 좌절된다. 그런데 이것은 대개 가족들의 행동 때문이다. 수십 명의 친척들이 밤이고 낮이고 그가 "성공"하지 못한 것에 대해 그를 들볶고 괴롭히기 때문이다. 노동 계층은 가족끼리 어떻게 협력해야 하는지를 알고 중류 계층은 그걸 모른다는 사실은 아마도 그들이 지닌 가족의 충성심이라는 개념이 다르기 때문일 것이다. 중류 계층 노동자들은 효과적인 직종별 조합을 가질 수 없다. 파업하는 시기에 거의 모든 중류 계급 아내는 남편을 부추겨서 파업 방해자가 되게 하고 그래서 다른 사람의 일을 얻게 하기 때문이다. 또 다른 노동 계층의 특징은 그들이 자신과 동등하다고 생각하는 사람 누구에게나 명백하게 자기 생각을 말한다는 것이다. 만약 그가 원하지 않는 것을 제공하면 노동자는 원하지 않는다고 말한다. 중류 계층 사람은 제공하는 사람을 거스리지 않기 위해서 싫어도 그것을 받아들인다. 그리고 또다시 "교육"에 대한 노동 계층의 태도를 예로 들어보자. 그들의 태도는 우리의 태도와 얼마나 다르고, 또얼마나 굉장히 더 건전한가! 노동자들은 종종 다른 사람이 지닌 학식을 막연히 존경하지만, "교육"이 자신들의 삶에 관여될 때는 그것을 꿰뚫어 보고 건전한 본능으로 그것을 거부한다. 그때나는 14세 소년이 항의하면서 교실에서 질질 끌려 나와 참담한일에 종사하게 되는, 상당히 상상적인 그림들을 볼 때 그런 사실에 슬퍼하곤 했다. "일"이라고 하는 비운이 14세의 소년에게 들이닥쳐야 하는 것이 내게는 끔찍해 보였다. 물론 지금 나는 1천명의 노동 계층 소년 가운데 학교를 떠날 날을 손꼽아 기다리지않는 사람은 단 한 명도 없다는 것을 안다. 그는 역사나 지리 같은 당치도 않게 허접한 것에 시간을 낭비하지 않고 진정한 일을하길 원한다. 노동 계층에게는 거의 성인이 될 때까지 학교에 다닌다는 생각은 비열하고 사내답지 않은 것이다. 일주에 1파운드를 벌어서 부모에게 드려야 할 18세의 커다란 소년이 우스꽝스러운 제복을 입고 학교에 가며, 공부하지 않았다고 매까지 맞는다고 생각해 보라! 18세의 노동 계층 소년이 자신을 때리도록 허용하는 것을 상상해 보라! 다른 사람들이 아직 어린아이일 때, 그는 어른이다. 사무엘 버틀러의 소설《모든 인간의 길》에 나오는 어니스트 폰티펙스는 현실적인 삶을 몇 번 목격한 후에 자신의 사립학교와 대학 교육을 회고하며 그것이 "병적이고 쇠약하게 만드는 방탕"임을 깨닫는다. 중류 계층 사람들의 삶에는 노동 계층의 시선으로 보면 병적이고 쇠약하게 만드는 것들이 많다.

노동 계층 가정―나는 지금, 이 순간 실업자의 가정이 아니라 비교적 풍족한 노동자 가정을 생각하고 있다―에서 우리는 다른 곳에서는 쉽게 발견하지 못하는 따뜻하고 품위 있고 매우 인간적인 분위기를 호흡한다. 나는 육체노동을 하는 사람이 만일 계속 일을 하고 좋은 급료를 받는다면. 그리고 "만일" 그 급료가 더욱더 인상된다면 그는 "교육받은" 사람보다 행복할 가능성이 더 크다고 말할 수 있다. 그의 가정생활은 좀 더 자연스럽게 건강하고 아름다운 형태를 갖추는 것 같다. 나는 때때로 가장 훌륭한 노동 계층의 실내에서 볼 수 있는 특유한 안락함, 즉 그 실내의 완전한 대칭 조화에 감명을 받아왔다. 특히 겨울 저녁 식사 후, 열려 있는 레인지에서 타오르는 빛나는 불, 철제 난로 망에 반사되는 춤 추는 불빛, 셔츠 차림으로 불 한편에 있는 흔들의자에 앉아서 경마 결승 기사를 읽는 아버지, 다른 편에 앉아서 바느질하는 어머니, 1페니짜리 박하사탕으로 행복해하는 아이들, 그리고 다 떨어진 매트 위에서 몸을 구우며 빈둥대는 견공—이런 가정은 살기에 좋은 곳이다. 당신이 그 가정에 거주할 수 있을 뿐 아니라, 당연히 그 가정의 일부라고 인정받을 수 있다면 말이다.

이런 장면은 대부분의 영국 가정에서도 되풀이해서 나타난다. 전쟁 전만큼 그렇게 숫자가 많지는 않지만 말이다. 영국 가정의 행복은 주로 한 가지 문제로 좌우된다. 아버지가 일하고 있는지 일하고 있지 않은지에 달렸다. 하지만 내가 회상한 장면, 소금에 절여 말린 청어를 먹고 진한 차를 마신 후에 석탄 난롯가에 둘러앉아 있는 노동자 가족의 장면은 이 순간 우리 시대의 소유물일 뿐이고 미래나 과거의 소유물은 될 수 없다는 것에 주목하라. 200년을 앞으로 건너뛰어서 미래의 유토피아로 가보면 장면은 완전히 다르다. 거기에는 내가 상상한 것 중 여전히 남아 있는 것은 거의 하나도 없을 것이다. 육체노동은 전혀 없고 모든 사람이 "교육받은 자"가 될 그 시대에는 노동으로 커다래진 손을 지닌 아버지가 여전히 강인한 남성이며, 셔츠 차림으로 앉아 있기를 좋아하고, 사투리로 "내가 거리를 걸어오고 있었지"라고 말하는 일은 거의 일어날 것 같지 않다. 석탄 난로의 쇠창살 안에서 석탄불이 타지도 않을 것이고, 눈에 보이지 않는 난방 기구가 있을 것이다. 가구는 고무, 유리 그리고 강철로 만들어질 것이다. 만약 석간이라는 것이 여전히 존재한다 해도 분명히 경마 뉴스는 신문에 없을 것이다. 가난이 존재하지 않는 세상에서는 도박이란 무의미할 것이고 그래서 말(馬)은 지구에서 사라질 것이기 때문이다. 위생적인 이유로 개들 역시 금지될 것이다. 만약 산아 조절자들이 그들 생각대로 한다면 아이들도 그다지 많지 않을 것이다. 그러나 중세로 되돌아가 보라. 당신은 똑같이 낯선 세계에 있게 될 것이다. 창도 없는 오두막집, 굴뚝이 전혀 없어서 나무를 태우는 불에서 나오는 연기가 당신의 얼굴로 뿜어나오고, 곰팡이 핀 빵, "작은 대구 새끼같이 생긴 맛없는 생선", 괴혈병, 연간 출산과 연간 유아 사망, 그리고 지옥에 관한 이야기로 당신에게 겁주는 사제가 있을 것이다.

아주 이상하게도 우리 시대가 전혀 살기 나쁜 곳이 아니라는 것을 내게 상기시켜 주었던 것은 현대 엔지니어링의 승리도 아니었고, 라디오도, 영화도 아니었으며, 매년 출판되는 5천 권의 소설도 아니었고, 애스콧 경마[68]에 모인 군중도, 명문 사립교인 이튼과 해로우의 시합도 아니었다. 그것은 노동 계층 가정의 실내 장면, 특히 전쟁이 일어나기 전, 영국이 아직도 번영을 누렸던 내 어린 시절에 때때로 보았던 노동 계층 가정의 실내 장면에 서린 추억이었다.

---

68 영국 잉글랜드 버크셔의 윈저메이든헤드 행정구에 있는 지방. 애스콧히스에 있는 경마장으로 유명하다. 1711년 앤 여왕이 로열 애스콧 대회를 창설. 로열 애스콧 대회는 매년 6월에 개최됨.

제2부

8장

맨달레이[69]에서 위건까지는 기나긴 여정이다. 그리고 그 여정을 택한 이유가 당장 명백한 것도 아니다.

이 책의 앞장에서 나는 랭커셔와 요크셔의 석탄 지역에서 보았던 다양한 것들을 단편적으로 설명했다. 내가 그곳에 갔던 것은 최악의 상태인 집단 실업이 어떤 것인가를 보기 원했기 때문이었으며, 그리고 영국 노동 계층이 사는 가장 전형적인 지역을 가까이에서 보기 위해서였다. 이것은 내가 사회주의에 접근하는 방편의 일환으로 내게 필요한 것이었다. 왜냐하면 자신이 진짜로 사회주의에 호의적인지 아닌지를 확신할 수 있으려면, 우리는 모두 현재 상황이 참을 만한 것인지 아닌지 확실한 결론을 내려야 하고, 그리고 대단히 어려운 계급 문제에 대한 자신의 태도를 확실히 해야 하기 때문이다. 여기에서 나는 본론에서 벗어나 계급 문제에 대한 나 자신의 태도가 어떻게 형성되었나를 설명하겠다. 이렇게 하기 위해서는 분명히 어느 정도 자전적인 글

---

69 버마('미얀마'의 전 이름) 중부, 이라와디강에 면한 도시, 맨달레이 관구의 주도.

을 쓸 수밖에 없다. 그리고 만일 내 계층의 전형적인 사람으로서, 아니 내 계층의 하부에 위치한 전형적인 사람으로서의 중요한 증상을 내가 충분히 나타낸다고 생각하지 않았다면 내 자전적인 이야기를 쓰지 않았을 것이다.

나는 중상류 계급의 하층이라고 말할 수 있는 가정에 태어났다. 1880년대와 90년대에 전성기를 구가했고 키플링[70]을 그 계관 시인으로 가졌던 중상류층은 빅토리아 시대의 부의 조류가 물러가면서 남겨 놓은 잔해로 이루어진 흙 둔덕 같은 것이었다. 아니면 비유를 바꾸어서 흙 둔덕이 아니라 하나의 켜라고 묘사하는 것이 더 나을지도 모른다. 연간 수입이 300파운드에서 2000파운드 사이에 있는 사람들로 되어 있는 사회의 한 켜 말이다. 내 가족은 이 켜의 바닥에서 그다지 멀지 않은 곳에 위치해 있었다. 내가 금전으로 계층을 정의하는 것을 알아차릴 텐데 그렇게 하는 것이 항상 사람들을 이해시키는 데 가장 빠른 길이기 때문이다. 그러나 영국 계급제도의 가장 본질적인 요점은 그것을 금전이라는 것으로 다 설명해 낼 수 **없다는** 것이다. 영국의 계급제도는 대충 금전적으로 이루어졌지만 거기에는 또한 실체가 없는 계급제도가 스며들어 가 있다. 마치 날림으로 지은 현대식 작은 주택에 중세의 유령들이 출몰하는 것과도 같다. 그래서 중상류 계급은 연간 수입이 300파운드 정도의 낮은 수준으로까

---

70 Rudyard Kipling(1865~1936): 영국의 소설가, 시인. 19세기 후반과 20세기 초에 영국에서 가장 인기 있는 작가 중 한 사람이었음. 대표작은《정글 북Jungle Book》. 오웰은 그를 "제국주의의 선지자"라 불렀음. 노벨 문학상 수상(1907).

지 넓혀졌다. 그 말은 아무런 사회적인 자부심이 없는 단순한 중류 계급 사람들의 연간 수입보다 훨씬 낮은 수입으로까지 연장되었다는 말이다. 어떤 사람의 수입으로 미루어 그 사람의 견해를 예측해도 괜찮은 나라도 아마 있을 테지만 영국에서는 그렇게 하는 것이 전혀 안전하지 않다. 언제나 그의 전통을 또한 고려해야만 한다. 해군 장교와 그가 이용하는 식료품상의 주인이 똑같은 수입을 가질 가능성도 있지만 그렇다 해도 그들은 동등한 사람들이 아니다. 그들은 전쟁이라든가 전면적인 파업과 같은 매우 큰 문제에서만 같은 편이 될 수 있을 것이다. 그런 문제에서조차 같은 편이 아닐 수도 있다.

물론 중상류층이 이제 끝장났다는 것은 명백하다. 켄싱턴[71]과 얼스 코트(Earl's Court)의 서글픈 황량함은 말할 것도 없고, 영국 남부의 모든 전원도시에서 그곳의 영화로웠던 시절을 아는 사람들은, 마땅하다고 생각하는 방식으로 세상이 움직이지 않는 것을 막연히 괴로워하며 죽어 가고 있다. 내가 키플링의 책 한 권을 열어볼 때마다, 아니면 한때 중상류층 사람들이 즐겨 드나들던 커다랗고 따분한 상점에 들어갈 때마다 "나는 주위의 모든 것에서 변화와 황폐함을 본다"라는 생각을 하지 않을 때가 없다. 그러나 전쟁 전에는, 그때도 이미 대단히 부유한 것은 아니었지만, 중상류층은 자신이 속한 계층에 대한 확신이 있었다.

---

71 영국 런던 서부의 옛 자치구로 켄싱턴 가든과 고급 상점, 주택, 외국 공관 등이 많다.

전쟁 전에는 당신은 신사이거나 아니거나 둘 중 하나였다. 그리고 만일 당신이 신사였다면 당신의 수입이 얼마든지 간에 신사답게 살려고 안간힘을 썼다. 일 년 수입이 400파운드인 사람과 2000파운드인 사람 사이에, 수입이 400파운드와 1000파운드인 사람 사이까지도 커다란 심연이 존재했지만, 400파운드의 수입을 가진 사람은 그것을 무시하려고 최선을 다했다. 아마도 중상류 계급의 독특한 특징은 전혀 상업적인 것이 아니라 주로 군사적, 관료적, 그리고 전문적인 전통을 가졌다는 것이다. 이 계급의 사람들은 땅을 전혀 소유하지 않았지만 자신들이 하나님의 눈에는 지주인 것같이 느꼈고 그래서 상업직으로 가기보다 전문직으로 가거나 군대에 입대함으로써 부분적으로 귀족적인 면모를 유지했다. 어린 소년들은 접시에 있는 자두 씨를 셈으로써 자신들의 운명을 점치곤 했다. 그들은 "육군, 해군, 교회, 의학, 법률"이라고 읊조렸다. 이 중에서도 "의학"은 다른 것보다 약간 열등한 것으로 생각했지만 균형을 맞추기 위해서 끼워 넣었었다. 연간 400파운드 수준의 수입으로 이 계층에 속하는 것은 묘한 일이었다. 그 정도 수입을 가지고는 당신이 상류 계급이라는 것이 순전히 이론적이기 때문이다. 말하자면 당신은 동시에 두 수준에서 산다는 것이다. 이론적으로 당신은 하인에 관해 모든 것을 알았고 그들에게 팁을 어떻게 주어야 하는지 알았지만, 실제로는 고작해야 기거하는 하인을 한두 명 거느렸을 뿐이다. 이론적으로 어떻게 옷을 입어야 하는지, 어떻게 정찬을 주문해야 하는지 알았지만, 실제로는 품위 있는 양복점에 가거나 고급 식당에 갈 여유가 전혀 없었다. 이론적으로 당신은 말 타고 사냥하는 법을 알았지만 실제로는 탈 말도, 사냥할 수 있는 한 치의 땅도 소유하지 못했다. 중상류 계층의 하부에 있는 사람들이 왜 인도(좀 더 최근에는 케냐나 나이지리아 등등)에 매력을 느끼는지를 이 사실이 말해 준다. 군인이나 관리로 그곳에 간 사람들은 돈을 벌기 위해서 간 것은 아니다. 왜냐하면 군인이나 관리는 돈벌이하지 않는다. 그들이 그곳으로 간 이유는 인도에서는 말이 싸고 사냥에 돈이 들지 않고 한 무리의 검은색 피부 하인들을 거느릴 수 있어서 신사 역할을 하기가 상당히 쉽기 때문이다.

내가 말하고 있는 초라한 상류 계급 가족은 실업수당에 의지해 사는 수준 이상의 노동자 가족보다 훨씬 더 가난에 대한 의식이 강하다. 집세와 의복비와 학교 고지서는 끝없는 악몽이며, 모든 사치는 그것이 한 잔의 맥주 정도일지라도 용납할 수 없는 방종이다. 실제로 그들의 수입 모두는 체면 차리는 데 쓰인다. 이런 부류의 사람들이 이례적인 입장에 있다는 것은 명백하다. 그래서 우리는 그 사람들은 예외이고 그러니 중요하지 않다고 제외하고 싶은 유혹을 느낄 수도 있다. 하지만 실제로 그들의 숫자는 상당히 많았다. 예를 들자면 대부분의 성직자와 학교 교사들, 그리고 거의 모든 인도 주재 영국인 관리들, 소수의 군인들과 선원들 그리고 상당히 많은 숫자의 전문직 남자들과 예술가들이 이 범주에 속한다. 그러나 이 계급이 정말로 중요한 것은 이들이 중산계급의 충격 흡수장치라는 것이다. 진정한 중산계급, 일 년에 2000파운드나 그 이상의 수입을 가진 사람들은 그들의 돈을 자신들과 자신들이 약탈하는 사람들 사이를 메우는 두툼한 완충 층으로 사용했다. 그들은 자신들보다 낮은 계층의 사람들을 고용인, 하인, 상인들로만 의식하고 있다. 그러나 거의 노동자 계층의 수입을 가지고 중류 계급으로 살려고 발버둥을 치는 중류 계층의 하부에 있는 가난한 사람들에게는 그것은 매우 다르다. 어느 의미에서는 이 사람들은 노동 계층과 가까운, 즉 친근한 관계를 맺지 않으면 안 된다. 그리고 "일반 백성"들을 대하는 전통적인 상류 계급의 태도는 이런 사람들의 태도에서 유래한 것이라고 나는 생각한다.

그러면 이것은 어떤 태도일까? 자신들이 우월하다고 히죽대다가 악랄한 증오심을 폭발하는 태도이다. 지난 30년간의《펀치 Punch》지[72] 중 어느 날짜의 것이든지 살펴보라. 모든 곳에서 노동 계급에 속하는 사람이 웃음거리가 되는 것을 당연한 것으로 여기는 걸 알게 될 것이다. 예외적인 순간을 빼고서 말이다. 노동자 계층 사람이 대단히 부유하다는 조짐을 보일 때는 그는 더 이상 웃음거리가 되지 않고 악마가 된다. 이런 태도를 비난하는 말을 쏟아내 보았자 아무 소용이 없다. 어떻게 그런 태도가 생겨났는지 곰곰이 생각하는 것이 더 낫다. 그리고 그렇게 하기 위해서 습관과 전통이 다르지만 노동 계층과 어울려 살아야 하는 사람들에게 노동 계층이 어떤 모습으로 비치는지를 우리는 반드시

---

72 《Punch》는 유머와 풍자를 담은 영국의 주간지로 1841년에 창간하여 1840-50 년대에 막강한 영향력을 행사했고 1940년을 정점으로 발행 부수가 적어지다가 2002년에 종간됨.

깨달아야 한다.

초라한 상류 계급 가족은 모든 주민이 흑인인 거리에 사는 "가난한 백인"과 거의 맞먹는 입장에 있다. 그런 상황하에서는 당신은 자신이 상류 계급이라는 사실에 매달려야만 한다. 그것이 유일하게 가진 것이기 때문이다. 그러는 가운데 당신은 거만하다고, 행동이나 언어의 억양이 상류 계층의 특색을 나타낸다고 미움 받는다. 내가 처음으로 계급 차이를 의식하게 된 것은 매우 어렸을 때, 여섯 살 정도였을 때였다. 그 나이가 되기 전까지는 내 영웅들은 대체로 주로 노동자 계층이었다. 그들은 어부라든지, 대장장이나 벽돌공처럼 항상 흥미 있는 일을 하는 사람들 같았기 때문이다. 순무를 심을 때 조파기 위에 나를 태워 주고, 또 가끔 어린 양을 붙잡아 우유를 짜서 내가 마시도록 해주곤 했던 콘월의 한 농장에서 일하던 농장 노동자가 생각난다. 그리고 우리 이웃에 살던 노동자가 새집을 지을 때 젖은 회반죽을 가지고 놀도록 해주었던 일, 나는 그에게서 처음으로 "암캐"라는 말을 배웠다. 또 거리의 위쪽에 살았던 연관공이 생각난다. 나는 그의 아이들과 함께 새둥우리를 찾으러 다녔다. 그러나 얼마 지나지 않아서 우리 부모는 내가 연관공의 아이들과 노는 것을 금지했다. 그 애들은 "천민"이니 그 애들과 함께 지내지 말라는 것이었다. 그렇게 말하고 싶다면, 그것은 허세였다. 하지만 중류 계급 사람들은 자신의 아이들이 천한 억양을 가진 아이들과 함께 자라는 것을 내버려 둘 수 없기 때문에 그것은 필요한 조치이기도 했다. 그래서 어릴 적부터 노동 계층은 내게 친절하고 멋있는 사람들이 아니라 적이 되었다. 그들이 우리를 증오하는 것을 깨달았지만 왜 그런지 그 이유를 알지 못했기 때문에 자연히 우리는 그것을 순전히 악랄한 증오라고 간주했다. 내 어린 시절에 우리 가족과 유사한 가족의 거의 모든 아이들에게 "천민"들은 인간 이하로 보였다. 그들의 얼굴은 거칠었고, 억양은 끔찍했으며, 태도는 무례했고, 자신들과 다른 모든 사람을 증오했다. 만약 기회가 조금이라도 생기면 잔인하게 당신을 모욕했다. 그것이 우리가 그들을 보는 관점이었다. 비록 그 관점이 틀린 것이었지만 그것은 이해할 만한 것이었다. 전쟁 전 영국에는 현재보다 훨씬 더 **공공연하게** 계급 간의 증오가 존재했다는 것을 우리는 반드시 기억해야 하기 때문이다. 그 시절에는 당신이 상류 계급의 일원처럼 보인다는 것만으로도 그들에게 모욕당하기 일쑤였다. 반면에 요즘은 그들이 당신에게 아양을 떨 가능성이 크다. 30세 이상의 사람이라면 누구든지 옷을 잘 차려입은 사람이 빈민가의 거리를 걸을 때 우우하고 야유를 당하지 않을 때가 없었던 시절을 기억할 수 있을 거다. 대도시의 전 지역이 "불량배"(지금은 거의 사라진 유형이다) 때문에 안전하지 않다고 여겨졌다. 목소리가 크고 지식이라곤 조금도 없는 런던 빈민가의 소년들이 도처에 깔려 있었고, 그 소년들은 그들의 말에 대꾸하는 것이 품위를 떨어뜨린다고 생각하는 사람을 비참하게 만들 수 있었다. 내가 작은 소년이었을 때 방학이 되면 나는 종종 "동네 청소년들" 무리에 공포를 느꼈다. 그들이 5대 1이나 10대 1로 내게 달려들 것 같았다. 반면에 학기 중에는 우리가 다수여서 "동네 청소년"들을 우리가 눌렀다. 나는 1916년과 17년의 추운 겨울에 있었던 야만적인 대규모 편싸움을 기억한다. 그런데 이처럼 상류층과 하류층이 공공연하게 서로에게 적의를 가졌던 전통은 분명히 지난 일 세기 동안 거의 한결같았던 것 같다. 1860년대에 《펀치》지에서 볼 수 있는 전형적인 농담 하나는 불안해 보이는 신사가 말을 타고 빈민가를 달릴 때 거리 소년들의 무리가 "여기 귀족이 한 명 온다. 그의 말한테 겁을 주자!"라고 소리 지르며 그에게 다가가는 작은 그림이다. 요즘 거리 소년들이 신사의 말을 겁주려고 하는 것을 실제로 상상해 보라! 그들이 팁을 받을까 하는 막연한 희망으로 그 신사의 주위를 서성거릴 가능성이 훨씬 더 클 것이다. 과거 12년간 영국의 노동 계층은 약간 끔찍할 정도로 재빠르게 비열해졌다. 그런 일은 일어날 수밖에 없었다. 실업이라는 끔찍한 무기가 그들을 위협했기 때문이다. 전쟁 전에는 그들의 경제적인 입지가 비교적 튼튼했었다. 비록 의지할 실업수당은 없었지만 실업자가 별로 많지 않았고, 고용자 계급의 권력이 지금처럼 그렇게 명백하지 않았었다. 얼굴을 빤히 쳐다보면서 "신사인 체하는군"이라는 말을 건방지게 밀어붙일 때마다 자신에게 파멸이 다가오리라고 생각한 사람이 없었기 때문에, 자연히 그렇게 해도 안전해 보일 때마다 그는 "신사인 체하는군."이라고 건방지게 말했었다. 오스카 와일드[73]에 관해 쓴 책에서 G.J. 르니에는 와일드의 재판 후에 있었던

73 Oscar Wilde(1854~1900): 아일랜드의 극작가, 시인, 단편 작가. 와일드는 퀸즈

생뚱맞고 저속한 대중의 분노는 본질적으로 사회적인 성격을 띠고 있다고 지적한다. 한 상류 계급 인사를 불시에 덮친 런던의 군중이 그가 계속 부지런히 도주하게 하려고 신경을 쓰는 것이었다. 이 모든 것은 자연스럽고 심지어 적절하기까지 하다. 만약 우리가 지난 2세기 동안 영국의 노동자 계층을 취급했듯이 사람들을 취급한다면, 그들이 거기에 대해 반감을 보일 거라는 걸 반드시 예상해야 한다. 반면에 초라한 상류 계급 가족의 아이들이 노동자 계층을 증오하며 성장한다 해도 그들을 비난할 수는 없다. 그들에게 노동 계층의 전형은 배회하는 "동네 청소년"들이기 때문이다.

그러나 더욱 심각한 또 다른 어려움이 있다. 여기에서 우리는 서방 세계에서 계층 간의 차별이 지닌 진정한 비밀을 만나게 된다. 유럽에서 중산계급으로 양육 받은 자칭 공산주의자가 노동자를 자신과 동등하다고 여기려면 대단한 노력을 기울여야 하는 이유가 바로 여기에 있는 것이다. 요즘은 사람들이 좀처럼 이 말을 하지 않지만, 내 어린 시절에는 상당히 자유롭게 주고받던 세 마디의 끔찍한 말로 이것을 요약할 수 있다. **하층민은 냄새를 풍긴다**는 말이다.

우리는 그렇게 배웠다. **하층민은 냄새를 풍긴다**고. 그래서 확실히 우리는 여기에서 넘을 수 없는 장벽에 부딪히게 된다. 좋

베리 사건이라는 유명한 재판으로 인해 극적인 몰락을 겪게 되고, "막중한 풍기문란"으로 감옥에 수감된다. 그는 이 사건 때문에 영국에서 영원히 추방되어 평생 돌아오지 못했다.

아한다든지 좋아하지 않는다든지 하는 감정은 **육체적** 느낌만큼 그렇게 뿌리 깊은 것은 아니기 때문이다. 종족적 증오, 종교적 증오, 교육의 차이, 성격의 차이, 지력의 차이, 도덕적 법도의 차이까지도 극복될 수 있다. 하지만 육체적 혐오감은 극복될 수 없다. 살인자나 동성애자를 사랑할 수는 있지만 입에서 악취를 풍기는 사람을 사랑할 수는 없다. 내 말은 상습적으로 악취를 풍기는 사람 말이다. 우리가 아무리 그가 잘되기를 기원하고 아무리 그의 지성과 성품을 칭찬한다고 할지라도 만약 그의 입에서 악취가 난다면 그는 끔찍한 사람이고 우리의 마음속 깊은 곳에서 그를 증오하게 될 것이다. 평범한 중류 계급 사람이 노동 계층은 무지하고 게으르고 술주정뱅이에 교양 없고 정직하지 않다는 이야기를 듣고 성장해도 그다지 큰 문제가 아닐 수도 있다. 해로운 것은 노동자들이 더럽다고 믿도록 양육되는 것이다. 그런데 내가 어렸을 때 우리는 그들이 더럽다고 믿도록 **교육받았다.** 아주 어려서부터 우리는 노동자 계층의 육체에는 무언가 미묘하게 역겨운 것이 있다는 생각을 가지게 된다. 그래서 할 수 있는 한 그들 가까이에 가지 않으려 한다. 당신은 온통 땀투성이가 되어 어깨 위에 곡괭이를 메고 길을 걸어 내려가는 몸집이 큰 인부를 본다. 그의 색 바랜 셔츠와 해묵은 때로 뻣뻣해진 십 년은 됨직한 코르덴 바지를 본다. 당신은 그가 바지 속에 입었을 여러 겹의 기름투성이의 넝마를, 그리고 그 모든 넝마 밑에 있을 베이컨 같은 강력한 악취를 풍기는 그의 씻지 않은 갈색 몸(나는 그의 몸이 온통 갈색일 것이라고 상상하곤 했다)을 생각한다. 당신은 거지가 하수구에서 장화를 벗는 것을 본다—악! 그 거지 자신도 검게 더러워진 자신의 발을 달가워하지 않을지도 모른다는 생각은 거의 떠오르지 않는다. 상당히 깨끗하다는 것을 당신이 알고 있는 "하층계급" 사람들—예를 들면 하인들—도 약간 매력이 없다. 그들의 땀 냄새, 그들 피부 결 그 자체가 이상하게도 당신과 다르다.

에이치를 발음하며 욕실이 달린 집에서 하인 한 명을 거느리고 자란 사람은 누구든지 이런 감정을 지니고 성장할 가능성이 있다. 그래서 서방 세계에서 골이 깊어 건널 수 없는 계급 차별이 생긴 것이다. 이 사실을 거의 인정하지 않는 것이 이상하다. 이 순간 아무런 속임수 없이 이것을 설명한 유일한 책 한 권이 내 머리에 떠오른다. 그것은 서머싯 몸[74]이 쓴《중국 병풍에 대하여》란 책이다. 길가의 여관에 도착했을 때 자신은 높은 지위의 고관이며 다른 사람들은 벌레 같은 인간이란 인상을 주기 위해서 호통을 치며 모든 사람에게 욕을 퍼붓는 중국의 고급 관리를 서머싯 몸은 묘사한다. 적절하다고 생각하는 방식으로 자신이 고관임을 주장한 후 5분이 지나자 그는 매우 상냥하게 짐짝 같은 쿨리들과 함께 저녁을 먹고 있다. 관리로서 자신의 존재를 사람들에게 반드시 알려야 한다고 생각했지만, 쿨리들이 자신과 다른 흙으로 빚어진 사람들이라는 생각은 꿈에도 하지 않았다. 나는 그와 유사한 장면을 버마에서 수도 없이 보아왔다. 몽고 사

---

74 Somerset Maugham(1874~1965): 영국의 극작가, 소설가, 단편 작가.

람들 간 ―내가 아는 한 모든 아시아인들―에는 인간과 인간 사이에 편안한 친근감, 일종의 자연스러운 동등감이 존재한다. 그런 것은 서양에서는 전혀 생각할 수도 없는 일이다. 서머싯 몸은 다음과 같이 덧붙인다.

> "서양에서 우리는 냄새 감각으로 동료 인간들을 갈라놓는다. 노동자는 강철 같은 손으로 우리를 다스리는 경향이 있는 우리의 주인이다. 그러나 그가 악취를 풍긴다는 것을 부정할 수 없다. 아무도 그것에 대해 이상해 하지도 않는다. 공장의 종이 울리기 전에 서둘러서 일하러 가야만 하는 새벽 시간에 목욕을 한다는 것은 그리 유쾌한 일도 아니고, 과중한 노동이 달콤한 것도 아니기 때문이다. 그리고 독설가 아내가 한 주일치의 빨래를 하기 때문에 그는 할 수 있는 한 침대 시트도 갈지 않는다. 나는 노동자가 악취를 풍긴다고 그를 비난하지 않지만 그는 악취를 풍긴다. 예민한 코를 가진 사람들이 악취 때문에 그들과 교제하기 어렵다. 이른 아침에 하는 목욕이 출생이나, 부나, 교육보다도 더 효과적으로 계급을 갈라놓는다."

한편 하층민들은 정말 악취를 **풍길까**? 물론 그들은 상류층보다 대체로 더럽다. 그들이 사는 환경을 고려해 보면 그럴 수밖에 없다. 왜냐하면 요즘 같은 시대에도 영국에서 욕실이 있는 집은 절반도 되지 않기 때문이다. 그 밖에도 매일 온몸을 씻는 것은 유럽에서 아주 최근에야 생긴 습관이다. 게다가 노동 계층은 대체로 중산계급보다도 더 보수적이다. 그러나 영국인들은 눈에 띄게 깨끗해지고 있다. 그래서 우리는 백 년 안에 영국인들이 거의 일본 사람만큼 깨끗해지리라는 희망을 품을 수도 있다. 노동 계층을 이상화하는 사람들이 종종 노동 계층의 모든 특성을 칭찬할 필요가 있다고, 그래서 더러움 그 자체를 칭찬할 만한 것으로 생각하는 것은 애석한 일이다. 정말 이상하게도 이런 면에서 사회주의자와 체스터턴 유형의 감상적인 민주 가톨릭 신자는 때때로 손을 잡는다. 그들은 더러움은 건강한 것이고 그래서 "자연스러운" 것이며 청결은 단지 일시적으로 유행하는 것이라고, 혹은 고작해야 사치에 지나지 않는다고 말할 것이다.[75] 그들은 노동 계급이 더러운 것은 불가피해서가 아니라 선택한 것이라는 개념을 단순히 왜곡하고 있음을 알지 못하는 것 같다. 실상 목욕탕을 이용할 수 있는 사람은 일반적으로 그것을 사용한다. 그러나 본질적인 문제는 중류 계급이 노동 계층은 더럽다고 **믿는다**는 것이다. 위에 인용한 몸의 문단에서 볼 수 있는 것처럼 몸 자신도 그걸 믿고 있다. 그리고 더욱 고약한 것은 노동 계층은 어찌 된 일인지 더럽게 **타고난다고** 믿는 것이다. 아이였을 때 내가 가장 끔찍한 일이라고 생각했던 것은 인부가 마신 물병으로 마시는 것이었다. 내가 열세 살이었을 때 한번은 기차를 타고 시장에서 돌아오는 길이었다. 3등 열차에는 자신들이 기르던 가축을 팔고 돌아오는 목동들과 돼지지기가 가득 타고 있었

---

75 체스터턴에 의하면 더러움은 단순히 일종의 "불편함"일 뿐이고 그러므로 자진해서 하는 고행에 해당한다. 불행하게도 그런 더러움을 참아 내야 하는 것은 다른 사람들이다. 더러운 상태로 있는 것이 정말로 아주 편안한 것은 아니다─겨울날 아침에 찬물로 씻는 것만큼 그렇게 불편한 것은 아니지만.─원주

다. 누군가가 1.14리터짜리 맥주병을 꺼내 그걸 돌렸다. 맥주병은 한 사람의 입에서 다른 사람의 입으로 옮겨갔다. 모든 사람이 꿀꺽꿀꺽 들이마셨다. 그 병이 나를 향해 오고 있을 때 내가 느꼈던 공포를 나는 이루 다 묘사할 수 없다. 만약 거기 있는 모든 하층계급 남성들의 입에 닿았던 병에서 맥주를 마신다면 나는 확실히 토할 것으로 생각했다. 반면에 그들이 내게 맥주를 권했다면 나는 그들을 거스를까 봐 감히 거절하지 못했을 것이다. 여기에서 당신은 중류 계급의 신중함이 어떻게 양방향으로 작용하는지를 알 수 있다. 하나님께 감사하게도 요즘 나는 그런 느낌을 전혀 가지고 있지 않다. 백만장자의 육체가 역겹지 않은 것처럼 노동자의 육체도 내게 더 이상 역겹지 않다. 나는 다른 사람, 내 말은 다른 남자가 마신 병이나 컵으로 마시는 것을 여전히 싫어한다. 여자가 마신 컵이나 병은 괜찮다. 그러나 거기에 적어도 계급 문제는 개입되지 않는다. 부랑자들과 어깨를 비비고 지낸 것이 계급 문제를 극복하게 해주었다. 영국인 부랑자는 실상 그렇게 더럽지 않다, 그러나 그들은 더럽다는 평판을 가지고 있다. 그래서 당신이 부랑자와 한 침대에서 자고, 같은 코담배 통으로 차를 마시면 당신은 최악의 것을 경험했다고 생각한다. 그래서 최악의 것을 경험했기 때문에 공포에 질리지 않는다.

나는 이 주제가 정말 매우 중요하기 때문에 그것을 자세히 설명했다. 계급 차별을 없애기 위한 우리의 출발점은 한 계급이 다른 계급의 눈에 어떻게 비치는지를 이해하는 것이다. 중류 계급 사람들은 "속물근성"이 있다고 말하고 그런 상태로 내버려

두는 것은 아무 소용이 없다. 속물근성이 이상주의와 밀접한 관계가 있다는 것을 알아차리지 못한다면 당신은 한 발도 나가지 못할 것이다. '속물근성"은 일찍부터 시작되는 중류 계급 아이의 훈련에서 비롯된다: 그 훈련에서는 목을 씻어야 한다고 가르치는 것과 거의 동시에 조국을 위해서 죽을 준비가 되어야 한다는 것과 "하층계급"을 경멸하라는 것을 가르친다.

여기에서 나는 시대에 뒤떨어졌다는 비난을 받을 것이다. 왜냐하면 나는 전쟁 전과 전쟁 중에 어린 시절을 보냈기 때문이다. 그리고 요즘 아이들은 좀 더 계몽된 개념으로 양육된다는 주장을 할 수도 있다. 계급에 대한 현재의 감정이 과거보다 아주 약간 덜 씁쓸하다는 것이 사실일 수도 있다. 공공연하게 적대적이던 노동 계급이 지금은 순종적이다. 그리고 전쟁 후에 싸구려 옷이 제조된 것과 일반적으로 사람들의 태도가 부드러워진 것이 표면에 나타나는 계급과 계급 사이의 차이를 완화해주었다. 하지만 의심할 바 없이 본질적인 감정은 여전히 거기에 남아 있다. 중류층 사람 누구에게나 잠재적으로 계급 편견이 있어서 단지 작은 것만으로도 그 감정이 살아날 수 있다. 그리고 그가 만일 40세 이상이라면 그는 자신의 계급이 하층계급에 희생되었다는 확고한 신념을 가졌을지도 모른다. 일 년에 400이나 500파운드의 수입으로 체면 차리고 살기 위해 안간힘 쓰는 지각없는 평범한 상류 계급 출신의 사람에게 그가 착취하는 기생계급의 일원이라고 제시해 보라. 그는 당신이 미쳤다고 생각할 것이다. 그는 대단히 성실하게 자신이 노동자보다 더 어렵게 지내는 점을 열

두 가지나 지적할 것이다. 그의 눈에 비친 노동자는 빈곤에 허덕이는 노예 족속이 아니라, 위쪽으로 살금살금 기어 올라와서 그와 그의 친구들과 그의 가족을 집어삼키고, 모든 문화와 모든 품위를 존재에서 사라지게 하는 사악한 홍수 같은 존재이다. 그래서 그들은 노동 계급이 너무 번창할까 봐 이상한 경계심을 가지고 걱정하는 것이다. 전쟁이 끝난 직후, 아직 석탄 가격이 상당히 비쌌을 때《펀치》지에 험상궂고 사악한 얼굴을 한 네다섯 명의 광부들이 싸구려 차를 몰고 가는 사진이 여러 번 실렸다. 그들이 지나쳐 갈 때 한 친구가 그들을 부르며 어디에서 그 차를 빌렸느냐고 묻는다. 그들은 "우리가 이 차를 샀어!"라고 대답한다. 아시다시피 이 정도면 《펀치》지로서는 충분한 것"이다. 왜냐하면 비록 네 사람이나 다섯 사람이 어울려서 한 대를 산다 해도 광부들이 자동차를 산다는 것은 자연을 거스르는 범죄요, 괴기스러운 일이기 때문이다. 십수 년 전의 태도는 그랬었다. 그리고 지금도 그런 태도가 근본적으로 바뀌었다는 증거는 하나도 없다. 노동자 계급을 당치도 않게 애지중지했고, 실업수당, 노령연금, 무상교육을 베풀어서 그들을 희망이 없을 정도로 부패시켰다는 생각이 여전히 널리 퍼져 있다. 최근 실업이 실제로 존재한다는 것을 인식하고서 그런 생각이 아마 약간 흔들렸을지도 모른다. 많은 중류 계급 사람들, 아마도 대다수의 50세 이상의 중류 계급 사람들에게는 전형적인 노동자는 여전히 오토바이를 타고 직업소개소에 가며 욕조에 석탄을 쟁여두는 사람들이다. 중류층은 "그런데, 글쎄 믿으실 수 있겠어요? 그 사람들은 실업수당을 타면서도 결혼한대요!"라고 한다.

　계급 간의 증오가 줄어드는 것처럼 보이는 이유는 요즘은 그 것이 활자화되지 않는 경향이 있기 때문이다. 어느 정도는 우리 시대의 완곡한 표현법 때문이기도 하고, 어느 정도는 요즘 신문 이나 책들이 노동자 계층 대중에게 호소력을 가져야만 하기 때 문이다. 일반적으로 사적인 대화에서 그것을 잘 살펴볼 수 있다. 하지만 만약 인쇄된 예들을 보기 원한다면 고[故] 세인츠베리 교수의 《판사의 언급》을 한번 읽어보는 것도 가치 있는 일이다. 세인츠베리 교수는 매우 박식하고 어떤 분야에서는 현명한 평 론가이다. 하지만 그가 정치적인 혹은 경제적인 문제에 대해 말 할 때만은 그의 계급 사람들과 달랐다. 낯가죽이 대단히 두꺼웠 고, 상식적인 품위를 지닌 척할 이유를 전혀 깨닫지 못할 정도로 옛날에 태어났기 때문이었다. 세인츠베리 교수에 따르면 고용 보험은 단지 "게으르고 아무것도 잘하지 못하는 자를 부양하는 데 기여할" 뿐이고 노동조합 운동은 일종의 조직적인 구걸에 지 나지 않는다"라는 것이다.

> "'극빈자'란 하나의 낱말을 사용할 때 이제 거의 소송을 당할 수 있다.
> 그렇지 않은가? 그렇긴 하지만 극빈자가 **되면** 전적으로 혹은 부분적
> 으로 다른 사람의 돈으로 원조 받아야 한다는 것이 우리 인구의 많은
> 부분, 그리고 한 정당 전체의 열렬한 열망이었고 그리고 그 열망은 상
> 당한 정도까지 성취되었다."─《두 번째 스크랩북》

하지만 세인츠베리 교수가 실업이 존재할 수밖에 없다는 것을 인식하고, 그리고 실상 실업자가 대단한 고통을 받는 한 실업은 마땅히 존재해야 한다고 생각한다는 것을 눈여겨보아야 한다.

> "'임시'직 노동이 곧 대체로 안전하고 건전한 노동 제도의 비밀이며 안전밸브가 아니던가?"
> "산업적으로, 상업적으로 복잡하게 뒤얽힌 국가에서는 정규적인 임금으로 상시 고용하는 것은 불가능하다. 반면에 실업자가 거의 정규직의 임금만큼 실업수당을 지원받는 실업은 우선 도덕적으로 그를 부패시키는 것이고 다소간 그런 지원이 곧 한계에 이르게 될 것이란 점에서 파괴적인 것이다." —《마지막 스크랩북》

더 이상 임시직 노동이 없을 때 "임시직 노동자들"에게 정확하게 어떤 일이 벌어질 것인가는 명백히 언급하지 않았다. 아마도 (세인츠베리 교수는 "훌륭한 빈민 법"을 찬성한다는 말을 한다) 그들은 구빈원으로 가지 않을 수 없거나 노숙해야만 할 것이다. 모든 사람이 적어도 견딜 만한 정도의 생계를 꾸려 갈 수 있을 정도의 수입을 가져야 마땅하다는 개념을 세인츠베리 교수는 경멸적으로 무시한다.

> "'심지어 생존할 권리'도 살해당하지 않도록 보호받을 권리보다 더 확대되는 것은 아니다. 자선기금은 확실히 이러한 보호에 추가해서 계속 생존할 수 있도록 대책을 세울 것이고, 도덕 체계가 그렇게 할 가능성

도 있으며, 아마 공익사업에서도 마땅히 그렇게 할 것이다. 그러나 절대적인 공익을 위해서 그렇게 하는 것이 필요한지는 의문이다." "어느 나라에 태어났다고 해서 그 나라의 땅을 소유할 권리가 있다는 비상식적인 원칙에 대해 관심을 기울일 필요가 없다." ─《마지막 스크랩북》

이 마지막 문단이 지닌 훌륭한 의미에 대해서 잠시 곰곰이 생각해 보는 것은 중요하다. 이러한 문단(세인츠베리 교수의 책 도처에 이러한 문단들이 있다)이 흥미로운 것은 도대체 그런 것이 인쇄된다는 데 있다. 대부분 사람들은 그런 말을 글로 쓴다는 것을 약간 부끄러워한다. 하지만 여기에서 세인츠베리 교수가 말하고 있는 것은 일 년에 500파운드의 상당히 안전한 수입을 가진 벌레 같은 한심스러운 인간 누구나가 머릿속에서 하는 **생각**이다. 그래서 어느 면으로는 우리는 그런 말을 하는 그를 칭찬해야 한다. 대단한 용기를 가진 사람만이 그처럼 **공공연하게** 상종 못할 사람 역할을 해내기 때문이다.

이것은 명백한 반동주의자의 견해이다. 그러나 견해가 반동적이지는 않지만 "진보적"인 중류 계급 사람은 어떤가? 그는 혁명적인 마스크를 쓰고 있지만 마스크 밑에 있는 그는 정말로 나머지 사람들과 그렇게도 다른 것일까?

어떤 중류 계급 사람은 사회주의를 받아들이고 그리고 공산당에 가입까지 한다. 그것이 그에게 얼마나 진정한 변화를 가져올까? 자본주의 사회의 틀에서 살기 때문에 그는 분명히 생계를 벌어야 한다. 그가 경제적으로 중산계급의 신분에 매달린다

해도 우리는 그를 나무랄 수 없다. 그러나 그의 취미, 습관, 태도, 상상력이 만들어 낸 배경, 공산당의 언어로 말하자면, 그의 "이념"에 조금이라도 변화가 있을까? 이제 그가 선거 때 노동당에, 아니면 가능할 때면 공산당에 투표한다는 것을 빼면 그에게 어떤 변화가 있을까? 그가 여전히 습관적으로 자신의 계급 사람들과 어울리는 것을 볼 수 있다. 짐작건대 그는 그와 의견이 같은 노동 계급 사람들과 함께 있을 때보다 자신을 급진파라고 생각하는 자신의 계급 사람들과 함께할 때 훨씬 더 편안하다. 그의 음식, 와인, 옷, 책, 영화, 음악에 대한 취향은 여전히 중산계급의 취향이라는 것을 알아볼 수 있다. 무엇보다 중요한 것은 그는 자신의 계급 여성과 결혼한다는 것이다. 중산계급 사회주의자 중 아무나 보라. 영국 공산당원(CPGB)이고 《유아를 위한 마르크시즘》이란 책을 쓴 X 동지를 보시라. X 동지는 우연히도 이튼교 출신이다. 어쨌든 이론적으로는 그는 전쟁터에서 죽을 각오가 되어 있을 것이지만 그가 여전히 그의 조끼의 맨 밑 단추를 끼지 않는 것을 볼 수 있다. 그는 노동자를 이상화하지만 그의 습관이 그들의 습관과 얼마나 다른지가 눈에 확 뜨인다. 필경 순전히 허세로 한 번쯤은 상표가 붙은 채로 여송연을 피웠겠지만 그가 치즈를 칼끝으로 집어서 입속에 넣거나 실내에서 캡을 쓴 채 앉아 있거나 찻잔 접시로 차를 마시는 것은 물리적으로 거의 불가능할 것이다. 아마도 식탁 매너는 그의 진정성을 시험하는 시험대 역할을 할 수 있을 것이다. 나는 여러 명의 중산계급 사회주의자들을 알고 있다. 나는 그들이 여러 시간 동안 계속해서 자신의 계급을 공격하는 이야기를 들었다. 그럼에도 불구하고 결코 한 번도 노동자의 식탁 매너를 배운 사람을 만나 본 적이 없다. 그렇지만 도대체 왜 노동자 식탁 매너를 배우면 안 되는 것일까? 모든 덕성이 노동자에게 존재한다고 생각하는 사람이 왜 여전히 소리 내지 않고 수프를 마시려고 안간힘을 써야만 할까? 유일한 이유는 마음속에서 노동자의 매너가 역겹다고 느끼기 때문일 것이다. 그래서 노동자 계급을 증오하고, 두려워하고 경멸하도록 배웠던 어린 시절의 훈련에 그가 여전히 반응하고 있음을 우리는 알 수 있다.

9장

열넷인가 열다섯 살이었을 때 나는 밉살스러운 작은 속물이었다. 그렇지만 내 계층의 내 또래 소년들보다 더 나쁜 것은 아니었다. 영국 사립학교에서처럼 속물근성이 항상 존재하고 또 그것이 매우 세련되게 그리고 교묘한 형태로 양성되는 곳은 세상 어디에도 없다고 나는 생각한다. 이런 점에서는 적어도 사립학교에서 영국 "교육"이 제구실을 못 한다고 말할 수 없다. 학교를 떠난 후 두세 달이면 우리는 라틴어와 그리스어를 잊어버린다. 나는 8년이나 10년간 그리스어를 공부했지만 지금 33세인데 그리스어 철자조차 쓰지 못한다. 그렇지만 속물근성은 덩굴식물처럼 집요해서 뿌리 뽑지 않으면 죽을 때까지 우리에게 달라붙어 있다.

학교에서 나는 어려운 처지에 있었다. 대부분 나보다 훨씬 부유한 소년들에 둘러싸여 지냈기 때문이다. 그리고 나는 우연히 장학금을 받았기 때문에 비싼 사립학교에 갔을 뿐이었다. 이것은 중상류층의 하부에 속한 소년들, 성직자나 인도 주재 영국 관리의 아들들에게는 흔한 경험이었다. 그래서 그런 경험이 내게 미친 영향은 아마 나 같은 입장의 친구들과 대동소이했을 것이다. 그것은 한편으로는 나로 하여금 내 계급에 좀 더 집착하게 했고 다른 한편으로는 나보다 부유한 부모를 지녔고, 그렇다는 것을 내게 굳이 알리려고 안달하는 소년들에게 분노하게 했다. 나는 "젠틀맨"이라고 말할 수 없는 사람은 누구나 경멸했다. 하지만 나는 또한 탐욕스럽게 부유한, 특히 최근에 부유해진 졸부들을 증오했다. 상류 계급 출신이지만 돈은 없는 것이 올바르고 멋지다고 생각했다. 이것이 중상류층 하부에 있는 사람들의 신조의 일부이다. 거기에는 망명 중인 제임스 2세의 추종자 같은 낭만적인 느낌이 있는데 그것은 매우 위로가 되는 것이었다.

하지만 전쟁 중에 그리고 전쟁 직후는 학교 다니기에 흉흉한 시기였다. 영국은 과거 1세기 전과 그 이래 어느 때보다 더 혁명에 가까운 분위기에 휩싸여 있었기 때문이었다. 거의 영국 전역에 걸쳐서 혁명적인 감정의 파도가 밀려오고 있었다. 그 후 역전되고 잊혔지만 그 감정은 다양한 침전물을 남겨 놓았다. 물론 그때 우리는 그것을 장기적인 안목으로 바라볼 수 없었지만 그것은 본질적으로 젊은이들이 나이 든 사람들에게 항거하는 것이었고 그런 항거는 전쟁에서 빚어진 직접적인 결과였다. 젊은이들은 전쟁에서 희생당했고, 나이 든 세대는 시간이 많이 흐른 지금 이 시점에서 보아도 생각하기도 끔찍한 방식으로 행동했다. 그들의 아들들이 독일군의 기관총 앞에서 건초 다발처럼 쓰러져 가는 동안 그들은 안전한 곳에서 엄격한 애국자 노릇을 했다. 더욱이 주로 나이 든 사람들이 전쟁을 지휘했는데 그들은 매우 무능한 지휘자였다. 1918년경에는 40세 이하의 사람들은 자신들보다 나이 든 사람들에게 몹시 화가 나 있었다. 전투에 뒤이어 자연스럽게 형성된 반군사적인 분위기는 일반적인 권위와 정통성에 대한 항거로 확대되었다. 그때는 젊은이들 사이에 "노인"을 증오하는 이상한 열기가 있었다. 인간에게 알려진 모든 악은 "노인"의 통치에 그 책임이 있다고 생각했다. 그리고 월터 스콧[76]의 소설에서 상원에 이르기까지 모든 기존 관습은 단지 노인들이 그것을 선호한다는 이유로 비웃음을 당했다. 몇 년 동안은 사람들이 "볼쉬"라고 불렀던, 관습에 매이지 않는 급진파가 되는 것이 대유행이었고 설익은 도덕률 초월론자의 견해가 영국을 가득 채우고 있었다. 평화주의, 국제주의, 온갖 종류의 인도주의와 페미니즘, 자유연애, 이혼 개혁, 무신론, 산아제한, 이런 것들에 사람들이 보통 때보다 더 많은 관심을 기울였다. 그리고 물론 너무 어려서 참전할 수 없었던 사립학교 학생들에게까지 혁명적 분위기가 확산하였다. 그때 우리는 모두 우리 자신을 혐오스러운 "노인"들이 강요했던 정통성을 벗어던진 새 시대의 계몽된 인간들이라고 생각했다. 우리는 기본적으로 우리 계층이 지녔던 속물적 견해를 고스란히 지니고 있었고, 계속해서 이익배당을 받거나 아늑한 직장을 가지리라는 것을 당연하게 여겼다. 하지만 "정부에 반대"하는 것 또한 우리에게 자연스러운 것

---

76 Walter Scott(1771~1832): 영국의 시인, 소설가. 영국 낭만 시대의 대표적 소설가.

으로 보였다. 우리는 예비 장교 훈련대와 기독교, 그리고 심지어 필수로 참가해야 하는 경기 대회와 왕족까지도 비웃었다. 그런데 우리가 단순히 전쟁 혐오를 나타내는 범세계적인 제스처의 일익을 담당하고 있었다는 사실을 깨닫지 못했던 것이다. 그 당시에 있었던 괴상한 혁명적 감정의 예로 내 마음에 여전히 떠오르는 두 가지 사건이 있다. 영어 선생님이 하루는 우리에게 일종의 상식에 대한 시험문제를 주셨다. 그 질문 중 하나가 "살아 있는 사람 가운데 가장 위대한 사람 10명이 누구라고 생각하는가"였다. 우리 학급의 열여섯 명 소년들 가운데 (우리의 평균 연령은 17세였다) 15명은 레닌을 위인 목록에 포함했다. 학비가 비싼 속물적인 사립학교에서 있었던 일이고, 때는 모든 사람들의 마음속에 러시아 혁명의 공포가 아직도 선명히 남아 있었던 1920년이었다. 또한 1919년에 소위 평화 축제란 것이 있었다. 우리 선생님들은 우리가 함성을 지르며 쓰러진 적군을 넘어가는 전통적 방식으로 평화를 축하해야 한다는 결정을 내렸다. 우리는 횃불을 들고 "영국이여 다스리라" 같은 호전적 애국자의 노래를 부르며 학교 운동장으로 행진해 가야 했다. 소년들은 축제 진행 전체를 웃음거리로 만들었고—아마도 자신들의 명예를 위해서였다고 나는 생각한다—주어진 곡조에 신을 모독하는 선동적인 가사를 붙여서 노래했다. 나는 요즘도 그런 일이 일어날 수 있는지 모르겠다. 내가 요즘 만나는 사립학교 학생들은 상당히 지적인 소년들까지도 15년 전에 나와 나의 동료들보다 훨씬 더 우익적인 견해를 가진 것이 확실하다.

그래서 내 나이가 십칠팔 세였을 때 나는 속물이며 혁명가였다. 나는 모든 권위에 도전했다. 쇼, 웰스, 골즈워디(그 시절 그들은 여전히 위험스러울 정도로 "진보적"인 작가로 간주되었다)의 작품 전체를 읽고 또 읽었다. 그리고 나 자신을 대충 사회주의자라고 말했다. 그렇지만 사회주의가 무엇을 의미하는지 별로 알지 못했고, 그리고 노동 계급 사람들이 인간이라는 개념은 전혀 없었다. 멀리서 그리고 책─예를 들면 잭 런던[77]의 《나락의 밑바닥에 있는 사람들》─을 통해서 노동 계급이 고통당하는 것에 괴로워했지만 나는 여전히 그들을 증오했고, 그들 가까이에 가게 되면 그들을 경멸했다. 나는 여전히 그들의 억양에 혐오감을 느꼈고, 그들의 습관적인 무례함에 분노했다. 우리는 바로 그 당시 전쟁 직후에 영국의 노동 계급은 전시 분위기에 휩싸여 있었다는 것을 반드시 기억해야 한다. 그때는 대규모 석탄 파업이 일어났던 시기였다. 사람들은 광부들을 악마의 화신이라 생각했고 그래서 노부인들은 매일 밤 행여나 로버트 스밀리[78]가 숨어 있지 않을까 하고 침대 밑을 살폈다. 전쟁하는 동안 내내 그리고 전쟁 직후 잠시 노동자들의 임금이 높았고 일자리가 대단히 풍부했다. 그런데 이제 상황이 보통 때보다 더 나쁘게 되어 가고 있었

---

77 Jack London(1876~1916): 미국의 소설가. 대표작으로 《야성의 절규Call of the Wild》, 《불타는 태양Burning Daylight》등이 있다.

78 Robert Smillie(1857~1940): 아일랜드 출신의 영국의 노동조합 운동가, 노동당 정치가. 1910년에는 그의 광부 그룹이 가장 큰 조직을 가진 노동 그룹이었으며, 1912년에 영국 광부 연합회 회장으로 석탄 광부의 파업을 주도함.

고 그래서 자연히 노동 계층은 저항했다. 전쟁에서 싸웠던 사람들은 화려한 약속에 유인되어 군대에 갔었다. 그런데 이제 그들은 일거리도, 심지어 집도 없는 그런 세상으로 돌아오고 있었다. 게다가 그들은 삶에 대해 군인 같은 태도를 지니고 집으로 돌아오고 있었는데 군인 같은 태도란 훈련에도 불구하고 근본적으로 무법적인 태도였다. 폭풍이 몰려오는 듯한 분위기였다. 그 시절의 어떤 노래의 후렴이 지금도 기억난다.

확실한 건 하나도 없지만
부자는 더 부자가 되고 가난뱅이는 아이만 늘지;
그러는 동안,
때때로,
우린 재미 볼 수 있지 않을까?

그때는 아직 사람들이 평생 실업자로 지내며 끝없이 차를 마심으로써 실업의 어려움을 달래는 형편은 아니었다. 그들은 여전히 자신들이 옹호하기 위해 싸웠던 이상향을 막연히 기대했으며, 그리고 그전보다 더 공공연히 에이치('h')를 발음하는 중산계층에게 적대적이었다. 그래서 중산계급의 완충 역할을 하는 나 같은 사람에게는 "천민"은 여전히 거칠고 혐오스러웠다. 그 시절을 회고해 볼 때 나는 세월의 반을 자본주의 제도를 비난하는 데 보냈고, 그리고 나머지 반은 버스 차장의 무례함에 분노하는 데 보냈다.

아직 20세가 되기 전에 나는 인도 제국의 경찰로 버마에 갔다. 버마 같은 "제국의 전초지"에서는 첫눈에는 계급 문제가 보류된 것처럼 보인다. 거기에서는 뚜렷한 계급 간의 마찰이 전혀 없다. 가장 중요한 것은 좋은 학교에 다녔느냐 아니냐가 아니라 피부색이 흰가 아닌가이기 때문이다. 실상 버마에 있는 대부분 백인들은 영국에서 우리가 "젠틀맨"이라고 부를 유형의 사람들이 아니다. 그러나 일반 군인들과 몇몇 정체를 알 수 없는 사람들을 빼고는 백인들은 "젠틀맨"이라고 불릴 만한 생활을 했다. 말하자면 그들은 하인을 거느렸고, 자신들의 저녁을 "정찬"이라고 불렀다. 그리고 사무적으로 그들은 모두 같은 계급으로 간주되었다. 그들은 나머지 다른 열등한 계급인 "원주민"과 대비되는 "백인"이었다. 그러나 "원주민"에 대한 우리의 감정은 영국에서 우리가 "하층계급"에 대해 느꼈던 감정과 같지는 않았다. 근본적인 요점은 "원주민", 어쨌든 버마 사람들은, 육체적으로 혐오스럽게 느껴지지 않는다는 것이다. 우리는 그들을 "원주민"이라고 깔보았지만 그들과 육체적으로 스스럼없이 지낼 자세가 되어 있었다. 피부색에 대해 가장 악랄한 편견을 가진 백인의 경우에도 그렇다는 것을 나는 깨달았다. 많은 하인을 거느리고 있으면 곧 게으른 습관이 생기게 된다. 그래서 예를 들자면 나는 습관적으로 버마 소년이 옷을 입혀 주고 벗기게 내버려두었다. 그 소년이 버마인이고 혐오스럽지 않기 때문이었다. 영국의 남자 하인이 그렇게 친근한 태도로 나를 다루는 것을 나는 참아 내지 못했을 것이다. 버마인에 대한 나의 감정은 거의 여성에 대한 감정과 같았다. 대부분의 다른 종족들처럼 버마인들도 뚜렷한 냄새를 지녔지만 나는 그 냄새를 묘사할 수 없다. 그 것은 치아를 얼얼하게 하는 냄새이지만 그 냄새는 역겹지 않았다. (말이 난 김에 말인데, 동양인들은 우리에게서 냄새가 난다고 말한다. 중국인들은 백인에게서 시체 냄새가 난다고 말한다. 버마인들도 똑같이 말한다. 그렇긴 해도 내게 그렇게 말할 정도로 무례한 버마인은 없었다.) 그리고 어느 면으로는 나의 이런 태도는 정당하다고 인정받을 수 있다. 왜냐하면 사실을 직시하자면 대부분의 몽골 사람들은 대부분 백인보다 훨씬 더 훌륭한 몸을 지녔다는 것을 인정해야만 하기 때문이다. 40세가 넘을 때까지 주름 하나 없이 탄탄한 비단 같다가 마른 가죽처럼 시들어 갈 뿐인 버마인의 피부와, 결이 거칠고 늘어지고 쳐지는 백인의 피부를 비교해 보라. 백인의 다리와 팔 뒤쪽에는 보기 싫은 긴 털이 나 있고 그리고 가슴에도 보기 싫은 털이 한 줌 나 있다. 버마 사람은 단지 적절한 곳에 적은 양의 뻣뻣한 검은색 털을 지녔을 뿐이다. 나머지 부분에는 전혀 털이 없고 대개 턱수염도 기르지 않는다. 백인은 거의 대머리가 되지만 버마 사람들이 대머리가 되는 것은 드물고 아니면 결코 대머리가 되지 않는다. 일반적으로 구장[79] 주스 때문에 변색하기는 하지만 버마인의 치아는 완벽하다. 백인의 치아는 언제나 부식된다. 백인은 일반적으로 체형이 좋지 않다. 게다가 뚱뚱해지면 백인의 몸은 도무지 그럴 수 없을 것 같은 부위가 불룩해진다. 몽골 사람들은 뼈대가 아름답고 나이가 들어도 몸매가 거

---

79 동인도산 부추과의 식물.

의 젊은이 같다. 의심할 여지 없이 백인 종족은 몇 년 동안은 지극히 아름다운 두세 명의 인물을 배출한다. 그러나 당신이 무엇이라고 말하든, 대체로 백인은 동양인보다 용모가 훨씬 덜 아름답다. 그러나 버마의 "원주민들"이 영국의 "하층계급 사람들"보다 훨씬 덜 불쾌하다는 것을 깨달았을 때 내가 했던 생각은 이것이 아니었다. 나는 여전히 내가 일찌감치 습득했던 계급 편견의 관점에서 생각하고 있었다. 내가 스물이 갓 지났을 때 나는 잠시 영국 연대에 귀속되었었다. 물론 나는 사병들을 찬양하고 좋아했다. 누구든지 20세의 청년이라면 가슴에 세계 대전의 메달을 달고 있는 크고 억세고 명랑한 5년 위의 청년들을 찬양하고 좋아하는 것처럼 말이다. 그런데도 그들은 결국 내게 약간 불쾌했다. 그들은 "천민"이었고 그래서 나는 그들을 너무 가까이할 마음이 없었다. 무더운 아침에 중대가 길 아래쪽으로 행군할 때 나는 한 젊은 소위와 함께 뒤에서 걸었다. 내 앞에서 행군하는 백명의 땀 흘리는 몸에서 나오는 증기는 내 비위를 뒤집어 놓았다. 그런데 이것은 순전히 편견 때문이었다는 것을 깨닫는다. 왜냐하면 군인은 아마도 백인 남성으로서 육체적으로 가장 역겹지 않을 존재이기 때문이다. 일반적으로 군인은 젊고, 신선한 공기와 운동을 통해서 거의 항상 건강하며 엄격한 훈련 탓으로 늘 청결을 유지하기 때문이다. 하지만 나는 그런 식으로 볼 수 없었다. 내가 아는 것이라곤 내가 맡는 냄새는 하층계급의 땀내이며, 그래서 그것은 나를 역겹게 했다.

후에 나는 내 계급 편견, 아니면 그 일부분을 버렸다. 우회적인 방법을 통해서였고 몇 년이나 걸리는 과정이었다. 계급 문제에 대한 내 태도를 바꾸게 해준 것은 계급 문제와는 단지 간접적으로 연결된 것이었다. 무언가 거의 아무 관련이 없다고 할 그런 것이었다.

나는 인도 경찰에 5년간 있었다. 그리고 그 끝 무렵에 나는 내가 섬기고 있었던 제국주의를 냉소적으로 증오했다. 나의 냉소적인 증오를 명확하게 이해시킬 수는 없을 것이다. 자유로운 영국의 분위기에서는 그런 것을 충분히 이해할 수 없다. 제국주의를 증오하려면 당신은 그 일원이 되어야만 한다. 외부에서 보면 영국의 인도 통치는 자애로운 것이고 필요한 것이기까지 하다—사실 그렇다. 의심할 바 없이 프랑스의 모로코 통치나, 네덜란드의 보르네오 통치도 그렇다. 사람들은 대개 자기 자신보다 외국인을 더 잘 통치하기 때문이다. 그러나 그러한 제도의 일부가 되고 보면 그것이 정당화할 수 없는 폭정이란 것을 깨닫지 않을 수 없다. 가장 낯가죽이 두꺼운 인도 주재 영국인까지도 이 점을 의식하고 있다. 거리에서 그가 보는 모든 "원주민"의 얼굴이 그에게 자신이 괴기스러운 침입자라는 것을 명백하게 깨닫게 해주기 때문이다. 그래서 적어도 때때로 인도 주재 영국인 대다수는 영국에 있는 사람들이 믿는 것처럼 그렇게 자기 자신의 위치에 만족해하는 것은 아니다. 가장 뜻밖의 사람들에게서, 진술에 절어 지내는 정부 고위직에 있는 늙은 악당들에게서 나는 이런 말을 들었다. "물론 우리는 이 저주받은 땅에 있을 권리가 전혀 없어요. 단지 지금 우리가 여기에 와 있으니 제발 그대로 여기 머무릅시다." 사실은 남의 나라에 침입해서 그 백성들을 무력으로 지배하는 것이 옳다고 마음속으로 믿는 현대인은 하나도 없다. 외국의 탄압은 경제적 탄압보다 훨씬 더 명백하고 이해할 수 있는 악이다. 그러므로 영국에서는 50만 명의 하찮은 게으름뱅이들이 사치스럽게 살도록 하기 위해서 우리가 강탈당하는 것을 온순하게 인정하지만, 우리는 중국 사람에게 지배당하기보다는 마지막 한 사람까지 싸울 것이다. 이와 비슷하게, 티끌만 한 양심의 가책도 없이 수고하지도 않고 받은 이익배당으로 살아가는 사람들조차 외국에 가서 그곳 사람들이 원하지도 않는데 그들을 지배하는 것이 옳지 않다는 것을 분명하게 이해한다. 그 결과 모든 인도 주재 영국인들은 끊임없이 죄책감에 시달린다. 대개 가능한 한 그것을 숨기고 있지만 말이다. 왜냐하면 언론의 자유가 전혀 없고, 그리고 선동적인 말을 하는 것을 누가 엿들으면 출세를 망칠 수 있기 때문이다. 자신들이 일부를 이루고 있는 제도를 은밀히 혐오하는 영국인들이 인도 전역에 있다. 그리고 어쩌다가 안전한 동료라고 확신할 수 있는 사람과 함께 있게 되면 그들이 숨겨 두었던 씁쓸한 감정이 넘쳐 나온다. 교육 부문에서 근무하는 어떤 사람과 기차에서 하룻밤을 함께 지냈던 것을 기억한다. 내게는 낯선 사람이었고 그의 이름도 결코 알아내지 못했었다. 너무 더워서 잠을 이루지 못하고 우리는 이야기로 밤을 지새웠다. 반 시간을 조심스럽게 질문한 끝에 우리는 각자 상대방이 "안전"하다고 판단했고, 기차가 칠흑같이 어두운 밤을 뚫고 덜컹거리며 느릿느릿 달리는 동안 여러 시간을 우리는 맥주병을 가까이에 놓고 침대에 앉아서 영국 제국을 비난했다. 내부자로서 총명하게 그리고 상세하게 영국 제국을 비난했다. 그렇게 하니 우리 두 사람 다 후련했다. 그러나 우리는 금지된 것들을 말했었다. 그래서 초췌한 아침 빛을 받으며 기차가 맨달레이로 기어들어갔을 때 우리는 마치 간통을 저지른 두 사람처럼 죄의식을 느끼며 헤어졌다.

내가 관찰해 온 바에 의하면 거의 모든 인도 거주 영국 관리들은 양심의 가책을 받는 순간들이 있다. 명백하게 유용한 일이고, 영국인들이 인도에 있거나 없거나 여전히 행해져야 할 일을 하는 사람들은 예외이다. 예를 들자면 삼림 관리들, 의사들, 엔지니어 같은 사람들 말이다. 하지만 나는 경찰에 있었다. 그것은 내가 전제정치를 움직이는 실제적인 기구의 일부였다는 것을 의미한다. 더욱이 경찰에 있으면 제국이 저지르는 더러운 일을 가까이에서 보게 된다. 그런데 더러운 일을 하는 것과 더러운 일을 함으로써 단순히 이익을 보는 것 사이에는 상당한 차이가 있다. 대부분 사람들은 사형을 인정하지만, 사형 집행인의 일을 하려 하지 않을 것이다. 버마에 있는 다른 유럽인들조차 경찰이 해야만 하는 잔혹한 일 때문에 경찰을 약간 깔본다. 한 번은 내가 어떤 경찰서를 조사하고 있었을 때 잘 아는 미국인 선교사가 이런저런 목적으로 경찰서에 들어왔던 것을 기억한다. 대부분의 비성공회 선교사처럼 그는 더할 나위 없이 바보였지만 상당히 좋은 사람이었다. 나의 버마인 경찰 보조원이 혐의자를 협박하고 있었다(나는 이 장면을《버마의 나날들》에서 묘사했다). 그 미국인은 그걸 바라보더니 나를 향해서 생각에 잠겨 말했다. "당신이 하는 일을 하고 싶은 생각이 전혀 없어요." 그의 말에 나는 대단히 부끄러웠다. 내가 가졌던 직업은 바로 그런 것이었다! 숫총각으로 술 한 잔 못 마시는 중서부 출신의 미국인 바보 선교사조차도 나를 멸시하고 가여워할 권리를 가지고 있었다! 하지만 아무도 내게 그것을 명백히 알려 주지 않았더라도 나는 똑같이 수치를 느꼈을 것이다. 나는 소위 사법이라 불리는 조직 전체에 대해서 형언할 수 없는 혐오감을 가지기 시작했다. 당신이 무어라고 이야기하든지 우리 형법은 (그런데 영국에서보다 인도에서는 훨씬 인간적이다) 끔찍한 것이다. 그것을 운영하는 데는 매우 둔감한 사람들이 필요하다. 악취 풍기는 유치장 안에서 쭈그리고 앉아 있는 비참한 죄수들, 장기수들의 위축된 회색빛 얼굴, 대나무로 태형을 당한 남자들의 흉터 있는 엉덩이들, 남편이 체포되어 끌려갈 때 울부짖는 여인들과 아이들—당신이 직접 책임을 맡고 있을 때 이런 일들은 어쨌든 견딜 수 없는 것들이다. 나는 교수형을 당하는 남자를 한번 보았다. 내게 그것은 1000번의 살인보다도 더 나쁜 것 같았다. 나는 감옥에 들어 갈 때마다 내가 철창 밖에 있다는 것을 느끼지 않을 때가 없었다(감옥을 방문하는 대부분의 사람들도 똑같이 느낀다). 그때 나는 사형대로 걸어간 최악의 범법자가 교수형을 내리는 판사보다 도덕적으로 우월하다고 생각했다—그 문제라면 지금도 그렇게 생각한다. 그러나 물론 이런 생각들을 혼자 마음속에 지니고 있어야만 했다. 동양에서 모든 영국인들은 거의 완벽하게 침묵을 지키도록 강요당했기 때문이다. 종국에는 모든 정부는 사악하다는 것, 처벌은 항상 범죄보다도 더 해롭다는 것, 그리고 그대로 내버려 두기만 하면 사람들은 더 품위 있게 행동할 수 있다는 것 등의 무정부적인 이론까지도 생각해 냈다. 이것은 물론 감상적인 허튼소리이다. 그때는 알지 못했지만 지금은 평화로운 사람들을 폭력으로부터 보호하는 것이 항상 불가피하다는 것을 이해한다. 사회의 어느 계층에서든지 범죄를 저질러서 이익을 얻을 수 있는 곳에서는 반드시 엄격한 형법이 있어야 하고 그리고 그것을 가차 없이 집행해야만 한다. 이것에 대한 대안은 알 카포네 같은 갱들이 판치는 사회가 되는 것이다. 그렇지만 형법을 집행해야 하는 사람들은 피할 수 없이 형벌은 악하다고 생각한다. 영국에서조차 경찰, 판사, 감옥의 교도관, 그리고 그런 일에 종사하는 사람들은 자신들이 하는 일에 대해 은밀한 공포에 시달린다고 생각한다. 그런데 버마에서 우리는 이중 탄압을 자행하고 있었다. 우리는 사람들을 교수형에 처했을 뿐 아니라 그들을 투옥하는 일 등을 했고, 그들이 원치 않는 외국 침입자의 자격으로 그런 일들을 했다. 버마인 자신들은 참으로 우리의 사법권을 전혀 인정하지 않았다. 우리가 투옥하는 절도범은 자신이 공정하게 처벌받는 범죄자라고 생각하지 않았다. 그는 자신이 외국 정복자에게 희생당했다고 생각했다. 그에게 행해진 벌은 무자비하고 아무런 의미가 없는 잔인함일 뿐이었다. 유치장의 튼튼한 티크 나무 창살 안에 갇혀 있는, 그리고 감옥의 철창 안에 있는 범죄자의 얼굴이 그렇다는 것을 확실하게 말했다. 그리고 불행히도 나는 인간의 얼굴 표정에 무관심하도록 자신을 훈련하지 못했다.

1927년 휴가로 집에 돌아왔을 때 난 이미 내 직장을 그만두려고 반 정도는 결심했었다. 그리고 영국 대기를 한번 호흡하자 그 결심을 굳혔다. 난 돌아가서 악독한 전제주의의 일부가 되지 않을 것이지만 단순히 내 직장에서 도피하는 것 이상의 것을 원했다. 5년간 탄압 조직의 일부였다는 것이 내 마음을 꺼림칙하게 했다. 내가 기억하는 수많은 얼굴들이 견딜 수 없을 정도로 나를 엄습했다. 형사 법정의 피고석에 앉아 있는 죄수 얼굴들, 사형수 감방에서 기다리는 얼굴들, 내가 협박했던 내 부관들의 얼굴, 그리고 내가 냉대했던 나이 든 농부들의 얼굴, 분노했을 때 주먹으로 때려주었던 (동양에서는 거의 모든 사람들이 이런 일을 한다. 어쨌든 때때로 그렇게 한다—동양인들은 매우 사람을 화나게 만들 수 있다) 하인들과 쿨리들의 얼굴, 나는 내가 속죄해야만 할 엄청난 죄의식의 무게를 의식했다. 이것이 과장된 말로 들릴 것으로 생각한다. 하지만 당신 자신이 전혀 인정하지 않는 일을 5년 동안 한다면 아마 나처럼 느낄 것이다. 나는 탄압받는 자는 항상 옳고, 탄압하는 자는 항상 그르다는 단순한 이론으로 모든 것을 분류했다. 그것은 잘못된 이론이지만 나 자신이 탄압자 중 하나라는 사실에서 자연스럽게 나온 결과였다. 나는 제국주의뿐 아니라 사람이 사람을 지배하는 모든 형태의 것으로부터 도망쳐야 한다고 느꼈다. 숨어 버리고 싶었다. 탄압받는 자들 가운데로 가서 그들 중 하나가 되어 그들 편에 서서 폭군에 대항하고 싶었다. 그런데 주로 고독한 가운데서 홀로 이 모든 것을 생각해야

했기 때문에 나는 탄압에 대한 증오심을 극한까지 몰고 갔었다. 그때 내게는 실패만이 유일한 미덕인 것 같았다. 모든 자기 향상에 대한 낌새, 심지어 일 년에 이삼백 파운드를 버는 삶의 "성공"조차도, 내겐 영적 추악함, 일종의 약자 괴롭히기로 보였다.

이런 식으로 내 생각은 영국의 노동자 계급 쪽으로 흘러갔다. 그때 나는 처음으로 노동자 계급을 진정으로 의식하게 되었다. 그런데 처음에는 단순히 그들이 비유거리를 제공했기 때문이었다. 그들은 불공정하게 대우받는 상징적인 희생자였고, 버마인들이 버마에서 하는 역할을 그들이 영국에서 똑같이 하고 있었다. 버마에서는 문제가 매우 간단했다. 백인들은 위에 있었고 유색인들은 밑에 있었다. 그렇기 때문에 사람들은 당연히 유색인들을 동정했다. 나는 그때 폭정과 착취를 발견하기 위해서 멀리 버마까지 갈 필요가 없다는 것을 깨달았다. 여기 영국에서 우리의 발밑에 묻혀 버린 노동자 계급이 있었다. 그들은 동양 사람의 궁핍과는 다르지만, 어느 동양 사람이 경험한 것 못지않게 악질적인 궁핍을 감내하고 있었다. 모든 사람들의 입에 "실직"이라는 말이 오르내렸다. 버마의 경험 이후 그것은 내게 좀 새로운 것이었다. 하지만 중류 계급 사람들이 여전히 지껄이고 있던 허튼소리는 나를 속이지 못했다("이 실직자들은 모두 실직할 수 있는 사람들이다" 등등의 말들 말이다). 나는 종종 그런 종류의 말이 그 말을 내뱉는 바보조차 속이는 건지 의아스러웠다. 반면에 그 당시 나는 사회주의나 다른 경제 이론에는 전혀 관심이 없었다. 그때 내게 우리가 중지하고 싶어 하는 순간 경제적인 불의가 곧 중지될 것으로 보였다. 그 문제는 지금도 내게 그렇게 보인다. 그리고 만약 우리가 진정으로 경제적인 불의가 중지되길 원한다면 우리가 어떤 방법을 사용하든 거의 문제가 되지 않는 것 같았다.

그러나 나는 노동 계급의 상황에 대해서 아는 것이 하나도 없었다. 실업통계를 읽었지만 그것이 무엇을 뜻하는지에 대한 개념이 전혀 없었다. 무엇보다도 "존경받을 만한 가난"이 항상 최악이라는 근본적인 사실을 알지 못했다. 평생 꾸준히 일하다가 갑자기 길거리에 내던져진 점잖은 노동자의 끔찍한 운명, 그가 알지도 못하는 경제법에 대항해서 고통스럽게 발버둥을 치는 것, 가족의 와해, 그의 마음을 좀먹는 수치심, 이런 모든 것들은 내가 경험하지 못한 것이었다. 내가 생각하는 가난이라는 것은 동물적인 굶주림이었다. 그래서 내 마음은 즉각적으로 극단의 경우들, 즉 떠돌이, 거지, 범법자, 매춘부처럼 사회에서 따돌림을 당하는 자들을 향했다. 이 사람들은 "하층 중에서도 하층" 민이었고, 그래서 나는 이런 사람들을 만나고 싶었다. 그 당시 내가 몹시 원했던 것은 상류사회로부터 완전히 벗어날 길을 찾는 것이었다. 나는 그것에 대해서 상당히 많이 생각했고 그 계획의 일부를 상세히 세우기까지 했다. 어떻게 모든 것을 팔아 치우고, 모든 것을 주어 버리고, 이름을 바꾸고, 돈 한 푼 없이 입고 있는 옷 한 벌만 지닐 것인가를 말이다. 그러나 실생활에서는 도무지 아무도 그런 일을 하지 않는다. 체면을 고려해 주어야 할 친척과 친구들은 별도로 친다 해도, 교육받은 사람이 갈 수 있는 다른 길이 열려 있다면 정말 그렇게 할 수 있을지 의심스러웠다.

그러나 나는 적어도 이런 사람들 가운데로 가서 그들의 삶이 어떤 것인지 살펴보고, 나 자신이 잠시 그들 세계의 일부라고 느낄 수 있을 것 같았다. 일단 그들과 함께 지내게 되고 그들이 나를 받아들이면, 나는 밑바닥까지 내려갈 수 있을 것이다. 그러면 나의 죄의식의 일부가 사라질 것으로 생각했다—그때에도 그 생각이 불합리하다는 걸 의식했지만 말이다.

나는 곰곰이 생각한 후 어떻게 할 것인가를 결정했다. 적절히 변장하고 라임 하우스[80]나 화이트 채플이나 그런 지역으로 가서 싸구려 하숙집에 묵으면서 부두 노동자, 거리 행상인, 집 없는 낙오자, 거지, 그리고 할 수 있다면 범죄자들을 친구로 사귀기로 했다. 나는 부랑자들에 대해서, 그리고 어떻게 그들과 연락하는지, 그리고 임시 구호를 받는 사람들의 병동에 들어가기 위해서 어떤 절차를 거쳐야 하는지를 알아내기로 했다. 그러고 나서 내가 요령을 잘 안다는 생각이 들면 나 자신이 거리로 나갈 참이었다. 초기에 그것은 쉽지 않았다. 그것은 위장해야 한다는 의미였는데 나는 연기하는 데 아무런 재주가 없었다. 예를 들어서 나는 억양을 숨길 수 없었다. 적어도 이삼 분 이상을 속일 수 없었다. 나는 입을 여는 순간 내가 "젠틀맨"이라는 것을 사람들이 알아챌 거로 생각했다—영국인의 대단한 계급의식에 주목하라. 그래서 나는 질문 받게 되는 경우에 대비해서 운이 나빴

---

80   런던 동부, 이스트 엔드의 항만 지구, 창고나 하역 시설이 많으며, 지저분한 것으로 유명.

었다는 이야기를 준비해 놓았다. 나는 적절한 옷을 구해서 적당한 장소에서 그 옷들을 더럽혔다. 나는 위장하기가 어려운 사람이다. 비정상적으로 키가 컸기 때문이다. 하지만 나는 적어도 부랑아의 외모가 어떤지를 알고 있었다(그런데 이것을 아는 사람은 거의 없다!《펀치》지에 나오는 부랑아의 그림을 보라. 그 그림들은 언제나 20년은 시대에 뒤떨어졌다). 한 친구의 집에서 만반의 준비를 한 나는 어느 저녁 출발해서 동쪽을 향해 어슬렁거리다가 라임 하우스 커즈웨이에 있는 어떤 싸구려 하숙집에 이르렀다. 어두컴컴하고 더러워 보이는 곳이었다. 유리창에 있는 "독신자를 위한 편안한 잠자리"라는 표시를 보고서 그것이 평범한 하숙집임을 알았다. 맙소사, 그곳으로 들어가기 전에 얼마나 용기를 불러일으켜야 했던가! 지금은 내가 그랬던 것이 우스꽝스러워 보인다. 하지만 나는 그때 여전히 노동 계급을 좀 두려워하고 있었다. 그들과 접촉하고 싶었고 그들 중 한 사람이 되고 싶기까지 했지만, 여전히 그들이 외계인이며 위험하다고 생각했다. 그 싸구려 하숙집의 어두운 출입구로 들어가는 것은 마치 어떤 끔찍한 지하 장소로 들어가는 것 같았다. 예를 들면 쥐들이 우글거리는 하수구로 들어가는 것 같았다. 나는 잔뜩 싸움이 일어날 것이라 예상하며 들어갔다. 사람들은 곧장 내가 그들과 같은 사람이 아닌 것을 알아차릴 것이고, 그들을 엿보러 왔다고 추측할 것이었다. 그래서 그들이 내게 달려들어서 나를 내쫓을 것이었다—그렇게 될 것으로 생각했다. 나는 그 일을 당해 내야만 한다고 느꼈지만 그 전망이 즐겁지는 않았다.

문안 어디선가 와이셔츠 차림의 남자가 한 사람 나타났다. 이 사람은 "대리인"이었는데 나는 그날 밤을 지낼 방을 원한다고 말했다. 그 사람이 내 억양 때문에 놀라지 않는 것을 나는 깨달았다. 그는 단순히 9펜스를 내라고 했고 그런 후에 지하에 있는 난롯불이 타고 있는 지저분한 부엌으로 나를 안내했다. 그곳에는 부두 인부, 운하 도로 공사 인부, 그리고 두세 명의 선원들이 앉아서 체커 놀이를 하며 차를 마시고 있었다. 내가 들어섰을 때 그들은 거들떠보지도 않았다. 하지만 토요일 저녁이어서 어떤 크고 억센 젊은 부두 인부가 술에 취해 방을 이리저리 휘청거리며 헤집고 다녔다. 돌아서서 나를 본 그 사람은 넓적한 붉은 얼굴을 앞으로 내밀고 눈에는 위험스러워 보이는 흐리멍덩한 빛을 담은 채 나를 향해 갈지자로 걸어왔다. 나는 몸이 굳어졌다. 그래 벌써 싸움이 시작되는 거구나! 다음 순간 그 인부는 내 가슴에 쓰러졌고 내 목을 얼싸안았다. 그는 눈물겹게 외쳤다. "이봐, 친구, 차 한잔하슈." "차 한잔해!"

나는 차를 한잔 마셨다. 그것은 일종의 세례였다. 그 후 두려움이 사라졌다. 아무도 내게 질문하거나, 불쾌한 호기심을 보이지 않았다. 모든 사람이 겸손하고 온순했으며 나를 완전히 당연하게 여겼다. 나는 그 싸구려 하숙집에서 2, 3일을 묵었다. 그리고 곤궁한 사람들의 습관에 관한 정보를 어느 정도 얻었기에, 2, 3주 후에 처음으로 방랑의 길에 나섰다.

나는 이 모든 것을 《파리와 런던에서의 밑바닥 생활》에 묘사했다(거기에 묘사된 거의 모든 일들이 실제로 일어났다. 그것들을 재배치하긴 했지만). 그래서 나는 그것을 여기에서 되풀이하고 싶지 않다. 후에 나는 훨씬 더 오랫동안 방랑했다. 나의 방랑은 때로는 내 선택에 의해서였고 때로는 불가피해서였다. 여러 달 동안 계속 싸구려 하숙에 머물기도 했다. 그러나 내 마음속에 가장 선명하게 남아 있는 것은 그 첫 번째 모험이다. 생소했기 때문이었다. 드디어 "하층계급의 가장 하층에 속한 사람들" 가운데로 내려가 있다는, 그리고 노동 계층 사람들과 철저히 동등한 위치에 있다는 생소함 때문이었다. 부랑자가 전형적인 노동 계급 사람이 아니라는 것은 사실이다. 그렇다고 해도 당신이 부랑자들과 함께 있을 때는 어쨌든 당신은 노동 계급의 한 부분, 노동 계급 산하의 한 사회에 합세한 것이다. 내가 아는 한 그것은 다른 어떤 방법으로도 일어날 수 없는 일이다. 며칠 동안 나는 아일랜드인 부랑자와 런던의 북쪽 변두리를 헤매고 다녔다. 나는 잠시 그의 동료였다. 밤에 우리는 작은 방을 같이 썼고, 그는 내게 자신이 살아온 과정을 이야기해 주었고 나는 그에게 내가 꾸며낸 내 이력을 이야기해 주었다. 우리는 번갈아서 유망해 보이는 집에 가서 구걸했고 수입을 나누었다. 나는 매우 행복했다. 나는 여기서 양 세계의 가장 밑바닥에 있는 "하층민 중에서도 하층민들" 가운데 있었다! 계급의 빗장이 내려졌다. 아니면 내려진 것처럼 보였다. 그리고 누추하고, 실상 끔찍하게 지루한 부랑아의 밑바닥 세계에서 나는 해방감, 모험한다는 느낌이 들었는데, 지금 되돌아보면 그런 감정은 어처구니없는 것으로 보이지만, 그 당시에는 대단히 생생한 것이었다.

10장

그러나 불행하게도 부랑자와 친구가 된다고 해서 계급 문제가 해결되는 것은 아니다. 그렇게 해서 고작해야 당신은 자신의 계급 편견을 어느 정도 없앨 수 있을 뿐이다.

부랑자, 거지, 범죄자, 그리고 사회에서 버려진 사람들은 매우 예외적인 존재들이다. 문학계의 지성인이 중산계급의 전형이 아니듯이 그들은 노동자 계급의 전형적 인물들이 아니다. 외국 "지성"들과 가깝게 사귀기는 매우 쉽지만 기품 있는 평범한 중류 계급의 외국인과 가깝게 지내기는 전혀 쉽지 않다. 예를 들어 프랑스의 평범한 중산계급 가족의 내부를 본 영국인은 몇 명이나 될까? 아마 그런 가정과 결혼 관계를 맺지 않고서는 그렇게 한다는 것은 거의 불가능할 것이다. 그런데 영국 노동자 계급의 경우도 상당히 그와 비슷하다. 소매치기와 흉금을 털어놓는 친구가 되는 일보다 더 쉬운 일은 없을 것이다. 소매치기를 어디에서 찾아야 할지를 안다면 말이다. 그러나 벽돌공과 흉금을 터놓는 친구가 되기란 매우 어렵다.

그런데 사회적으로 버려진 사람들과 동등하게 지내기가 왜 그렇게 쉬운 것일까? 사람들은 내게 종종 "당신이 실제로 부랑자와 함께 있을 때, 그들이 당신을 정말로 자신들과 같은 사람으로 받아들이지는 않았겠지요? 그들은 분명히 당신이 다르다는 것, 당신의 억양이 다르다는 것을 알아보지 않았을까요?" 등등의 말을 했다. 사실은 많은 부랑자들, 1/4 이상의 부랑자들이 내가 다르다는 것을 전혀 알아차리지 못했다. 우선 많은 사람들은 억양을 구별하지 못하고 당신을 오로지 입은 옷으로 판단한다. 나는 뒷문에서 구걸할 때 이런 사실에 깜짝 놀랐다. 어떤 사람들은 분명히 내가 "교육받은 자의 억양"으로 말하는 것에 놀라지만 다른 사람들은 전혀 그걸 알아채지 못했다. 내가 더럽고 누더기를 입은 것, 그것이 그들이 보는 전부였다. 또한 부랑자들은 영국이라는 섬나라 방방곡곡에서 왔기 때문에 그들이 쓰는 영어의 억양은 대단히 다양하다. 그래서 부랑자는 자신의 친구들 가운데서 온갖 종류의 억양을 듣는 데 익숙해 있다. 그의 친구들 중 어떤 사람들은 어찌나 낯선 억양으로 말하는지 부랑자가 그걸 거의 알아들을 수 없을 때도 있다. 게다가 카디프[81]나 더럼[82]이나 더블린에서 온 사람은 어떤 영국 남부 억양이 "교육받은 자"의 억양인지 딱히 알지도 못한다. 매우 드물긴 하지만, 부랑자 가운데는 어쨌든 "교육받은 자"의 억양을 쓰는 사람이 없는 것은 아니다. 하지만 당신이 자신들과 다른 출신이라는 것을 부랑

---

81 웨일스의 수도이며 사우스 글러모건 주의 주도.

82 영국 잉글랜드 북동부의 주.

자들이 알아차린다 해도 그 때문에 그들의 태도가 반드시 변하는 것은 아니다. 그들에게 중요한 것은 그들처럼 당신이 "떠돌이 생활을 한다"는 것이다. 그리고 그 세계에서는 질문을 많이 하는 일은 없다. 원하면 당신의 이력을 사람들에게 이야기할 수 있고, 대부분 부랑자들은 조금만 자극해도 그렇게 한다. 그러나 아무도 이력을 이야기하라고 강요하지 않고, 당신이 무슨 이야기를 하든지 아무 질문 없이 받아들인다. 주교조차 적절한 옷을 입기만 하면 부랑자들 가운데서 편안히 지낼 수 있다. 그들이 그가 정말로 궁핍해졌다는 것을 알거나 믿는다면, 그가 주교라는 것을 안다 해도 아무런 차이가 없을 것이다. 당신이 일단 그 세계에 있으면, 그 세계의 일부처럼 보인다면, 과거에 당신이 무엇이었던가는 거의 문제가 되지 않는다. 그것은 일종의 세계 속의 세계이다. 그곳에서는 모든 사람이 평등하다. 규모가 작은 누추한 민주주의 세계이지만 아마도 영국에 존재하는, 민주주의에 가장 근접한 세계일 것이다.

그러나 당신이 정상적인 노동자 계급에 가면 입장이 전혀 다르다. 우선 그들 한가운데로 가는 첩경은 없다. 적당한 옷을 입고 제일 가까이에 있는 임시 구호를 받을 수 있는 건물로 가면 당신은 부랑자가 될 수 있다. 그렇지만 당신은 운하 도로 공사 인부나 광부가 될 수 없다. 그 일을 할 능력이 충분히 있다 해도 운하 도로 공사 인부나 광부로서 일을 구할 수 없다. 사회주의 정치활동을 통해서 당신은 노동자 계급의 지식인과 연락할 수 있지만, 그들은 거의 부랑자나 절도범이 그런 것처럼 전형적인 노동자 계급이 아니다. 나머지 노동 계급 사람들과는 그들의 집에 하숙인으로 묵으면서 그들과 함께 교제할 수 있을 뿐이다. 그렇게 하는 것은 언제나 "빈민가를 방문하는 것"과 유사하게 될 위험이 있다. 몇 달 동안 나는 줄곧 광부의 집에 살았다. 그 가족과 함께 식사했고 부엌 싱크대에서 씻었으며, 광부들과 침실을 같이 썼고, 맥주를 마셨고, 다트 놀이를 했고, 여러 시간 동안 그들과 이야기했다. 그들과 함께 있긴 했지만 그들이 나를 성가시다고 여기지 않기를 바랐다. 나는 그들 중 하나가 아니었고 그들은 그것을 나보다 더 잘 알았다. 당신이 아무리 그들을 좋아하고, 아무리 그들의 대화가 흥미롭다고 생각한다 해도 거기에는 언제나 마치 공주의 매트리스 밑에 있는 완두콩처럼[83] 계급 차이라는 불쾌한 근질거림이 여전히 존재했다. 혐오나 반감의 문제가 아니라 단지 **"차이"**의 문제였다. 그러나 그 차이 때문에 진정으로 친밀해지는 것이 상당히 어려웠다. 자칭 공산주의자라고 말하는 광부들과 함께 있을 때조차 그들이 나를 "나리"라고 부르는 것을 막기 위해서는 재치 있는 작전이 필요했다. 대단히 활기 띨 때를 제외하고 그들 모두는 나를 위해서 자신들의 북부 억양을 부드럽게 했다. 나는 그들을 좋아했고 그들이 나를 좋아하기를 바랐지만 나는 외부인으로서 그들에게 갔고, 우리 모두 그것을 의식하고 있었다. 어느 방향으로 향하든 이 계급 차이의 저

---

83 한스 크리스티안 안데르센의《공주와 완두콩》에 나오는 공주로서 매트리스를 17 장이나 포개 깔아도 그 밑에 있는 완두 콩알 때문에 온몸에 멍이 들었다는 사실로 그녀가 진짜 공주라는 것이 입증되었음.

주는 마치 돌담처럼 우리를 가로막는다. 그것은 돌담이 아니라 차라리 수족관의 판유리 같다. 유리가 거기에 없는 척하기는 매우 쉽다. 그런데 그것을 뚫고 들어가기는 불가능하다.

불행하게도 요즘 그 수족관의 유리를 관통할 수 있는 척하는 것이 유행이다. 물론 누구나 계급에 대한 편견이 존재한다는 것을 알고 있지만 동시에 누구나 **자신**만은 알 수 없는 방식으로 계급 편견에서 자유롭다고 주장한다. 우리는 다른 사람의 속물근성은 알아볼 수 있지만 제 자신의 속물근성은 결코 알아보지 못한다. 속물근성은 그런 악덕 중 하나이다. **믿음을 가지고 의무를 행하는** 사회주의자뿐 아니라 모든 "지성인"은 적어도 **자기 자신**은 당연히 계급 편견에서 벗어나 있다고 생각한다. 이웃과는 달리 자신은 부, 지위, 칭호 등등이 불합리하다는 것을 꿰뚫어 볼 수 있다고 한다. "나는 속물이 아닙니다"가 요즘 일종의 보편적인 **신념**이다. 상원, 군대 계급, 왕가, 사립학교, "사냥하는 사람들," 첼트넘[84] 하숙집의 노부인들, "지방 명문가" 사교계의 혐오스러움, 그리고 일반적인 사회적 계급제도에 대해서 야유하지 않았던 사람이 어디 있을까? 그렇게 하는 것은 자동적인 제스처가 되었다. 특히 소설에서 이런 것이 눈에 띈다. 대단히 야심만만한 소설가는 모두 자신의 소설에서 상류 계급 인물에 대해 냉소적인 태도를 취한다. 어떤 소설가가 매우 명백한 상류 계급 인물—공작, 남작, 어중이떠중이—을 자신의 이야기에 설

---

84 잉글랜드 서부의 도시; 명문 Cheltenham College, 경마장, 광천(鑛泉)으로 유명.

정해야만 할 때 그는 본능적으로 그 인물을 조롱거리로 삼는다. 소설가가 이렇게 하게 되는 중요한 부수적인 이유는 현대 상류 계급의 통용어가 빈약하다는 데 있다. "교육받은" 사람들의 언어는 요즘 너무나 생명력이 없고 특징이 없어서 소설가는 그걸 가지고 아무것도 할 수 없다. 지금까지 상류 계급 언어를 재미있게 하는 가장 쉬운 방법은 그것을 희화화하는 것인데 그것은 모든 상류 계급 사람을 무능한 바보처럼 다루는 것을 의미한다. 그런 수법이 소설가들 사이에 모방되었고, 그리고 급기야 거의 반사적인 행동이 되었다.

그럼에도 불구하고 모든 사람은 내내 마음속 깊은 곳에서 이것이 협잡이라는 것을 알고 있다. 우리는 모두 계급 차별을 심하게 비난한다. 하지만 심각하게 그것을 폐지하고자 하는 사람은 거의 없다. 우리는 여기에서 모든 혁명적 견해는 그 힘의 일부를 아무것도 변화시킬 수 없다는 비밀스러운 신념에서 얻고 있다는 중요한 사실에 이르게 된다.

이런 것에 대한 좋은 실례로, 존 골즈워디의 소설과 희곡을 살펴보는 것은 가치 있는 일이다. 그 작품들의 연대를 주의해 보면서 말이다. 골즈워디는 신경이 예민하고 눈물을 글썽이는 전쟁 전 박애주의자의 매우 훌륭한 표본이다. 골즈워디는 모든 기혼녀는 호색가에게 묶여 있는 천사라고 생각하기까지 하는 병적인 연민 콤플렉스를 지니고 글쓰기를 시작했다. 그는 혹사당하는 사무원, 저임금에 시달리는 농장 노동자, 타락한 여성들, 범죄자들, 매춘부들, 동물들의 고통에 대해서 끊임없이 분노하여 치를 떨었다. 그의 초기 소설(《재산가The Man of Property》, 《정의 Justice》)에서 그가 보는 세계는 압제자와 압제 받는 자들로 나뉘어 있고 그리고 그 세상에서 압제자들은 마치 이 세상의 모든 다이너마이트로도 쓰러트릴 수 없는 괴기스러운 돌 우상처럼 꼭대기에 앉아 있다. 하지만 그가 정말로 그 돌 우상이 쓰러지기를 원하는 것이 확실할까? 그렇기는커녕 움직일 수 없는 압제에 대항해 싸울 때 그것이 움직일 수 **없다는** 의식이 그를 지탱해 주는 힘이다. 예상외의 일이 일어나며, 그가 알고 있는 세상의 질서가 무너지기 시작할 때 그는 거기에 대해 좀 색다르게 느낀다. 그래서 압제와 불의에 대항해서 패배자의 기수가 되기 위해 출발했지만 그는 끝내 경제적인 재난을 면하기 위해서 영국의 노동 계급은 마치 한 무리의 가축처럼 식민지로 추방될 것이라는 걸 주창(《은수저The Silver Spóon》을 참고하라)하게 된다. 만일 그가 십 년을 더 살았더라면 고상한 체하는 파시스트가 되었을 가능성이 크다. 이것이 감상주의자들의 피할 수 없는 운명이다. 감상주의자의 모든 견해는 현실과 첫 번째 가벼운 접촉을 하게 되면 자신의 의견 반대쪽으로 가버린다.

이와 똑같은 설구어진 멍청한 불성실성이 모든 "진보적" 견해에 흐르고 있다. 예를 들어 제국주의의 문제를 살펴보자. 당연히 모든 좌익 "지식인"들은 반제국주의자들이다. 좌익 지식인은 자신이 계급 편견 밖에 있다고 주장하는 것처럼 자동적으로 그리고 독선적으로 자신이 제국주의 소동 밖에 있다고 주장한다. 우익 "지식인"까지도 영국 제국주의에 확실하게 반기를 드

는 것은 아니지만, 좀 즐기며 의연하게 제국주의를 바라보는 척
한다. 영국 제국주의에 대해서 재치 있게 굴기는 아주 쉽다. 백
인의 책임, 〈영국이여 다스리라〉, 키플링의 소설들과 지겨운 인
도 주재 영국인들—어느 누가 이런 것들을 말할 때 히죽히죽 웃
지 않을 수 있을까? 만약 영국인이 떠난다면 페샤와르[85]와 델리
(도대체 어느 곳이 되던지) 사이에 루피[86] 한 푼도 또는 처녀 한 명
도 남아나지 않을 것이라고 말했던 늙은 인도 하사관에 대해서
일생에 적어도 한 번쯤 농담하지 않은 교양인이 있을까? 이것이
바로 제국주의에 대한 전형적인 좌익의 태도이다. 그런데 그것
은 철두철미 알맹이가 빠진 맥없는 태도이다. 왜냐하면 결국 유
일하게 중요한 질문은, 당신은 영국 제국이 유지되기를 원하는
가 아니면 그것이 와해되기를 원하는가? 이기 때문이다. 그런데
어느 영국인도 마음속 깊은 곳에서 영국 제국이 와해되기를 원
하는 사람은 없다. 인도 주재 영국인 대령에 대해 재담을 잘하는
사람들은 더 말할 나위도 없다. 왜냐하면 고려해야 할 다른 사항
은 차치하고라도, 우리가 영국에서 누리는 높은 생활 수준은 우
리가 제국을, 특히 인도나 아프리카 같은 열대 지역을 단단히 장
악하고 있는 것에 달려 있기 때문이다. 자본주의 체제하에서 영
국이 비교적 안락하게 살기 위해서는 일억 명의 인도인이 기아
수준에서 허덕여야 만한다—제반사가 악랄하다. 하지만 당신이

---

85 파키스탄의 카이버 고개 동쪽에 있는 도시, 옛 간다라 왕국의 수도.

86 인도의 화폐 단위.

택시에 올라타거나 크림 곁들인 딸기 한 접시를 먹을 때마다 당신은 그것을 묵인하는 것이다. 대안은 그 제국을 던져 버리고, 영국을 우리 모두가 열심히 일해야만 하고 주로 청어와 감자를 먹고 살아야 하는 춥고 중요하지 않은 작은 섬으로 전락시키는 것이다. 그런 상황이야말로 어느 좌익도 가장 원치 않는 것이다. 그런데도 좌익은 자신이 제국주의에 대해 아무런 도덕적 책임이 없다고 생각한다. 그는 제국을 유지하는 사람들을 비웃음으로써 제국의 생산품을 받아들이고 그리고 자신의 영혼을 구원할 만반의 준비가 되어 있다.

바로 이 시점에 우리는 대부분의 사람들이 가지고 있는 계급 문제에 대한 태도가 비현실적이라는 것을 파악하기 시작한다. 모든 품위 있는 사람들은 단순히 노동자의 운명을 개선하는 문제에 한해서는 동의한다. 광부를 예로 들어보자. 어리석은 자와 악당을 제외하고 모든 사람은 광부가 더 잘 사는 것을 보기 **원한다.** 가령 광부가 손과 무릎에 의지해 기어가는 대신 편안한 광차를 타고 석탄층까지 갈 수 있다면, 7시간 반 일하고 교대하는 대신 3시간 일하고 교대할 수 있다면, 침실이 다섯 개에 목욕탕이 딸린 집에 살고 한 주의 임금이 10파운드라면—멋진 일이다! 게다가 머리를 쓰는 사람 누구나 이것이 가능하다는 것을 매우 잘 알고 있다. 적어도 세계는 잠재적으로 대단히 부유하다. 개발할 수 있을 만큼 모두 개발한다면 우리는 모두 왕자처럼 살 수 있다. 우리가 그렇게 살기를 원한다면 말이다. 그리고 아주 피상적으로 보면 이 문제의 사회적인 면도 똑같이 단순해 보인다. 어떤 의미에서는 거의 모든 사람이 계급 차별이 폐지되는 것을 보고 싶어 한다는 것은 사실이다. 사람과 사람 사이에 일어나는 끊임없는 불안감. 현대 영국에서 그것 때문에 사람들이 받는 고통은 저주이며 폐단이다. 그러므로 보이 스카우트의 선생처럼 큰 소리로 몇 마디 선의의 말을 함으로써 그것을 사라지게 할 수 있다고 믿고 싶은 유혹을 받는다. 친구들 나를 "나리"라고 부르지 마시요! 우리 모두 같은 사람이 아니요? 우리 친구가 됩시다. 열심히 노력해서 우리는 모두 동등하다는 것을 기억합시다. 나는 어떤 종류의 타이를 매야 하는지 알지만 당신은 그렇지 못하다는 것이 어떻다는 말이요. 그리고 나는 수프를 조용히 먹고 당신은 물이 하수구로 내려가는 것 같은 시끄러운 소리를 내며 먹는다 한들 그게 무슨 상관이란 말이요—그런 식으로 계속 나가는 것. 그 모두는 가장 해로운 무의미한 말이지만 그것을 적절히 표현하면 상당히 황홀하게 들린다.

그러나 불행하게도 단순히 계급 차별을 없애고 싶다는 것으로는 아무런 진전을 볼 수 없다. 더 정확히 말하자면 계급 차별이 없어지기를 바라는 것은 필요하지만 그것이 없어진다는 것이 무엇을 수반하는지를 알지 못한다면 당신의 소원은 아무런 효력을 볼 수 없다는 것이다. 계급 차별을 폐지한다는 것은 당신 자신의 일부를 폐지하는 것이라는 사실을 직시해야만 한다. 여기에 전형적인 중류 계급인 내가 있다. 내가 계급 차별을 없애기를 원한다고 말하기는 쉽다. 하지만 내가 생각하고 행하는 거의 모든 것이 계급 차별의 결과에서 나온 것이다. 악하고 선하다, 유쾌하고 불쾌하다, 재미있고 심각하다, 추하고 아름답다, 이런 나의 개념 모두는 본질적으로 중류 계급의 개념들이다. 책, 음식, 옷에 대한 나의 취향, 나의 명예 감각, 나의 식탁 매너, 나의 말투, 나의 억양, 내 몸의 특징적인 움직임조차 특별한 종류의 양육과 사회 계급의 사다리를 반쯤 올라가는 곳에 있는 특별한 지위에서 나온 산물이다. 내가 이런 점을 이해할 때 노동자의 등을 두드리며 그가 나만큼 훌륭한 사람이라고 말하는 것이 아무런 소용이 없다는 것을 이해하게 된다. 내가 그와 진정으로 사귀기를 원한다면 나는 반드시 노력해야 하지만, 노력할 준비가 되어 있지 않을 가능성이 크다. 왜냐하면 계급 편견을 벗어버리기 위해서 나는 내 속물근성뿐 아니라 나의 다른 취향과 편견들 또한 억제해야만 하기 때문이다. 종국에는 내가 같은 사람이라는 것을 거의 알아볼 수 없을 정도로 나 자신이 철저하게 변화해야만 한다. 필요한 것은 단순히 노동 계급의 상황을 개선하거나, 바보스러운 형태의 속물근성을 비켜 가는 것이 아니라, 상류 계급과 중류 계급이 지닌 삶에 대한 태도를 완전히 버리는 것이다. 그래서 계급 차별 폐지에 대해 내가 '예' 혹은 '아니요'라고 말하는 것은 내가 그것을 위해 해야 하는 것이 무엇인지를 어느 정도까지 이해하느냐에 달렸다.

그러나 많은 사람들은 전혀 자신들의 습관이나 "이념"을 바꾸는 불편 없이 계급 차이를 폐지할 수 있다고 생각한다. 그래서 우리는 모든 방면에서 계급 무너트리기를 갈망하는 활동들이 진행되는 것을 볼 수 있다. 무척 솔직하게 자신들이 계급 차별을 무너트리는 일을 하고 있다고 믿는 선의의 사람들이 도처에 있다. 중류 계급 사회주의자는 노동 계급에 열광하며 "여름 캠프"를 운영한다, 그 캠프에서 노동 계급과 참회하는 중산계급은 서로 목을 얼싸안고 영원한 형제가 되었다고 생각한다. 그리고 중산계급 사람은 캠프 방문이 매우 멋있고 고무적이었다고 말하며 떠난다(노동자는 그것과 다르게 말하며 떠난다). 거기에다가 교외 외곽에 사는 알랑쇠들이 있다. 이들은 윌리엄 모리스[87] 시대의 잔재물이지만 여전히 놀라울 정도로 그 숫자가 많고, "왜 우리가 수준을 내려야 하나요? 왜 수준을 **올리면** 안 되나요?"라는 말을 하고 다닌다. 그래서 위생, 과일주스, 피임, 시 등을 통해서 노동 계급의 수준을 자신의 수준까지 올려놓을 것을 제안한다. 지금은 조지 6세인 요크 공작까지도 매년 캠프를 연다. 그 캠프에서는 사립학교 소년들과 빈민가에서 온 소년들이 정확히 동등하게 어울리게 되어 있다. 그리고 당분간은 그렇게 교제한다. 그들은 마치 "행복한 가족"이라는 가축우리에 있는 동물들 같다. "행복한 가족" 우리에서는 쇼맨이 그들을 감시하는 동안은 개, 고양이, 두 마리의 담비, 토끼 한 마리, 세 마리의 카나리아들이 무장한 채 정전을 유지한다.

　계급을 파괴하려는 그런 고의적이고 의식적인 모든 노력은 매우 심각한 잘못이라고 확신한다. 그런 노력은 때때로 무익하지만, 대개는 계급 편견의 **강화**라는 뚜렷한 결과를 가져온다. 거

87　William Morris(1834~1896): 영국의 작가이자 건축가.

기에 대해 생각해 볼 때 유일하게 예상할 수 있는 것은 계급 편견의 강화이다. 우리는 무리하게 서둘렀고 계급과 계급 사이에 동등함을 설정했는데 그것은 불안하고 부자연스러운 것이다. 그 결과로 생긴 갈등은 그렇지 않았다면 아마도 영원히 묻혀 있었을 온갖 감정을 표면에 떠오르게 했다. 내가 골드워디에 대해 이야기한 것처럼, 감상주의자의 견해는 현실과 처음으로 접촉하게 되면 그 견해가 반대로 바뀐다. 평범한 평화주의자를 긁어 보라. 그러면 그가 주전론자임을 발견하게 될 것이다. 중류 계급 독립노동당원과 턱수염을 기르고 과일주스 마시는 사람들 모두는 망원경의 다른 쪽에서 노동자들을 바라보는 한 계급 없는 사회에 찬성한다. 그들이 노동자와 **실제로** 접촉하도록 밀어붙여라—예를 들어 토요일 밤에 술 취한 생선 짐꾼과 싸우게 하라—그러면 그들은 획 돌아서서 가장 평범한 중류 계급 속물로 되돌아갈 것이다. 하지만 대부분의 중류 계급 사회주의자들은 술 취한 생선 짐꾼과 싸울 확률이 매우 적다. 그들이 노동자 계급과 진짜로 접촉하게 될 때는 대개 노동 계급의 지식인을 만나는 것이다. 그러나 노동 계급 지식인은 뚜렷하게 두 유형으로 나뉜다. 노동자 계급으로 남아 있는 유형이 있다—그는 기계공이나 부두 노동자나 무엇이건 계속 일하면서 무슨 일을 하든지 자신이 사용하는 노동 계급 언어나 습관을 바꾸려고 고민하지 않는다. 그러나 그는 여가에 "자신의 성품을 개선하며" 독립노동당이나 공산당을 위해 일한다. 다른 유형은 적어도 외관상으로는 자신의 생활 방식을 바꾸고 그리고 국가 장학금이라는 수단으로 중류 계급으로 상승하는 데 성공하는 사람이다. 첫 번째 유형은 우리가 지닌 가장 훌륭한 인간 유형 중 하나이다. 내가 만나 본 사람 중에서 가장 편협한 보수주의자라도 좋아하고 찬양하지 않을 수 없는 사람 몇 명을 생각해 낼 수 있다. 두 번째 유형의 사람들은 덜 찬양 받을 만하다. 예외는 있는데, 가령 D.H.로런스 같은 사람이다.

우선 노동 계급이 문학계의 지식인이라는 경로를 통해 중류 계급에 침투하는 경향은, 비록 그것이 장학제도의 자연스러운 결과라고 하더라도, 애석한 일이다. 왜냐하면 품위 있는 사람이라면 요란한 소리를 내며 문학계의 지식인 테두리로 밀고 들어가기가 쉽지 않기 때문이다. 현재의 영국 문학계는, 어쨌든 그 문학계의 지식인들이 있는 부분은, 일종의 악의에 찬 정글이라 그곳에서 유일하게 번창할 수 있는 것은 잡초뿐이다. 만일 당신이 분명히 인기 있는 작가라면, 예를 들어 탐정 소설가라면, 문학적 신사이면서 품위를 지키는 것이 정말로 가능할 수 있다. 그렇지만 교만한 잡지에 기반을 둔 지식인이 된다는 것은 뒤에서 조종하고, 음모 술수가 난무하는 일을 하는 끔찍한 경쟁에 뛰어드는 것을 의미한다. 당신이 적어도 지식인 세계에서 "성공한다"면, 문학적 능력에 의해서가 아니라 사교계의 중심인물로 행동하고 그리고 지독히 불유쾌한 시시한 명사에게 알랑거림으로써 "성공"하는 것이다. 그런데 자신의 계급을 벗어나서 상승하는 노동 계급에 가장 쉽사리 문을 여는 세계는 이런 세계다. 노동 계급 가족 중에서 장학금을 타는 "영리한" 소년, 분명히 육체노동을 하기에 전혀 적합하지 않은 부류의 소년은 다른 길을 찾아 위 계급으로 상승할 수도 있다—가령 약간의 다른 유형, 즉 노동당 정치활동을 통해서 말이다. 그러나 지금까지 가장 통상적인 길은 문학계를 통하는 길이었다. 런던의 문학계에는 노동계급 출신으로서 장학금으로 교육받은 젊은이들이 우글우글하다. 그들 중 많은 사람들은 매우 불쾌한 자들로서 자신들의 계급을 전혀 대표할 수 없는 사람들이다. 그런데 중류 계급 출신이 동등한 자격으로 노동자와 성공적인 대면을 하게 될 때, 가장 흔하게 만나게 되는 것이 바로 이런 유형이라는 것은 불행한 일이다. 왜냐하면 그런 만남은 노동자에 관해 아무것도 모르면서 노동자를 찬양하던 중류 계급 사람이 광적인 속물근성을 나타내는 사람으로 되돌아가게 만들기 때문이다. 만일 당신이 **외부에서** 그런 과정을 우연히 바라보게 된다면 그것은 때로는 매우 희극적이다. 노동자 형제를 포옹하고 싶어 하는 가련한 선의의 중류 계급 사람이 팔을 벌리고 앞으로 뛰어나간다. 아주 잠깐 뒤에 그는 빌린 5파운드를 손해 보고 슬프게 "맙소사, 그 친구는 젠틀맨이 아니야"를 외치면서 물러선다.

이러한 만남에서 중산계급 사람을 당황하게 만드는 것은 자신이 공언한 것 가운데 어떤 것은 심각하게 받아들여진다는 것을 알게 되는 것이다. 나는 이미 평범한 "지식인"이 지닌 좌익적 견해는 대체로 가짜라고 지적했다. 그는 단순히 흉내 내기 위해서 자신이 실상은 믿고 있는 것을 조롱한다. 많은 예 중 하나로 사립학교의 명예 규약을 들 수 있다. "팀 정신"이니, "패배한 사람을 때리지 말라"느니, 그런 종류의 온갖 인기를 노리는 낯익은 공치사들이 있다. 그걸 조롱하지 않았던 사람이 있을까? 자신을 "지식인"이라고 부르는 어느 누가 감히 그것을 비웃지 않을 수 있을까? 그러나 외부에서 그것을 비웃는 어떤 사람을 만나게 될 때 그건 약간 다른 문제다. 그것은 마치 우리가 평생 영국을 매도하고 지내지만 외국인이 그런 말을 하는 것을 들으면 매우 화가 나는 것과 똑같다. 사립학교에 대해《익스프레스Daily Express》지의 "비취 치코머"[88]보다 더 우리를 즐겁게 하는 사람은 없었다. 그는 카드 놀이 때 속임수 쓰는 것을 모든 죄악 중에서도 가장 악하게 보는 우스꽝스런 명예 규약을 비웃는다. 마땅하다. 하지만 자신의 친구 중 한 명이 카드놀이에서 속임수를 쓰는 것이 발각된다면, "비취코머"는 그걸 좋아할까? 좋아하지 않을 것으로 생각한다. 오로지 우리와 다른 문화를 지닌 사람을 만날 때야 우리는 자신이 지닌 신념이 진정으로 어떤 것인지를 깨닫기 시작한다. 당신이 중산계급 "지식인"이라면, 당신은 애국심, 성공회, 파벌 의식, 불림프 대령[89]과 그런 모든 것들을 쉽사리 비웃기 때문에 자신이 비중산계급이 되었다고 너무나 쉽게 생각한다. 그러나 적어도 출신상 진실로 중산계급 문화 밖에 있는 노동 계급 지식인의 견해에서 보면 당신이 블림프 대령과 다르기

---

88 비치코머는《익스프레스》지의 "그러나저러나(By the Way)"라는 칼럼의 저자 윈덤 루이스와 제이 비 모튼의 펜네임.

89 영국 만화가 데이빗 로우(David Low,1891~1963)의 작품에 등장하는 인물. 거만한 반동주의자.

보다 유사하다는 것이 더 중요하다. 십중팔구 그는 당신과 블림프 대령을 실제로 같은 인물로 간주할 가능성이 크다. 당신이나 블림프 대령은 그것을 인정하지 않겠지만 어떤 면에서는 그가 옳다. 그래서 노동 계급과 중산계급이 성공적으로 만나게 될 때 그들의 포옹은 언제나 오랫동안 잃었던 형제가 만날 때 하는 그런 포옹이 아니다. 너무나 자주 그것은 전쟁에서만 경험할 수 있는 문화 간의 충돌이다.

나는 이런 상황을 자신의 은밀한 신념이 도전받게 되었을 때 경직된 보수주의자로 되돌아가게 되는 중산계급의 입장에서 바라보고 있다. 그러나 우리는 노동 계급 "지식인"이 보이는 반감 또한 반드시 고려해야 한다. 자신의 노력으로, 때로는 끔찍하게 고민하면서 자신의 계급에서 다른 계급으로 입성한 사람은 그가 입성한 계급 그곳에서 더 많은 자유와 더 훌륭한 지적 연마를 누리기를 기대한다. 그런데 그가 발견하게 되는 것은 아주 종종 일종의 공허함, 무감각함, 따뜻한 인간적인 감정의 결핍—어떤 진정한 삶도 도무지 존재하지 않는다는 것뿐이다. 중산계급은 때로는 그에게 단순히 돈을 지닌 멍청이며 혈관에는 피 대신 물이 흐르는 사람처럼 보인다. 어쨌든 이것은 그가 하는 말이다. 그리고 노동 계급 출신의 젊은 지식인은 거의 모두 상세히 이런 부류의 말을 당신에게 해줄 것이다. 따라서 우리에게 지금 고통을 안겨 주는 "프롤레타리아"의 위선적인 말이 생겨났다. 지금쯤은 누구나 다 그 말이 어떻게 전개되는지 알고 있고 또 반드시 알아야만 한다. 중산계급은 "죽었다"(요즘 선호하는 모욕적인 말이고 무의미하기 때문에 매우 효과적이다), 중산계급 문화는 파산되었다, 중산계급의 "가치관"은 경멸할 만하다, 그런 식으로 그들의 말은 전 개된다. 그 예를 보기 원한다면《좌익평Left Review》의 아무 호나 아니면 알렉 브라운, 필립 핸더슨 등의 젊은 공산주의 작가들의 글을 읽어보라. 이들 중 대다수의 진정성은 의심스럽다. 그러나 다른 것은 몰라도 진지했던 D.H. 로런스도 똑같은 생각을 반복해서 말하곤 했다. 영국 중산 계급은 모두 죽었다. 아니면 적어도 거세되었다는 생각을 그가 되풀이해서 말하는 것은 신기하다.《채털리 부인의 연인》에서 사냥터 관리인 멜러즈(실상 그 는 로런스 자신이다)는 자신의 계급에서 벗어나는 기회를 가졌고 특별히 자신의 계급으로 돌아가기를 원하지 않았다. 영국 노동자들이 여러 가지 "불쾌한 습관"을 지녔기 때문이었다. 반면에 그가 어느 정도 교제를 트게 된 중산계급은 그에게는 반쯤 죽어 있는 내시들같이 보인다. 상징적으로 채털리 부인의 남편은 육체적 성 불구자이다. 게다가 로런스의 시에 "나무 꼭대기까지 올라갔지만" 다음과 같이 말하며 내려오는 청년(또다시 그는 로런스 자신인데)에 관한 것이 있다.

오, 너는 원숭이 같아야만 해
나무 위로 올라가려면! 탄탄한 대지도 필요 없고
예전의 너 같은 청년일 필요도 없어.
나뭇가지에 앉아서 끽끽거려
오만하게.

그들 모두는 끽끽 거리고 끽끽 거리고 지껄여대지
그들이 하는 말 한마디도 결코
그들 내부에서 나오지 않아, 청년아,
그들은 중간쯤에서 그걸 만들어 내……

네게 말하는데 무언가가 그들에게 행해졌어.
공중에 있는 어린 암탉들에게 말이야;
그들 중에 수탉은 하나도 없거든, 등등

그보다 더 명백한 말로 표현할 수는 없을 것이다. 로런스의
〈나무 꼭대기〉에 있는 사람들이란 표현은 연간 2000파운드와
그 이상의 수입을 가진 진정한 중산계급을 의미할 수도 있지만
나는 그렇지 않다고 생각한다. 십중팔구는 중산계급 문화권 안
에 있는 모든 사람, 한두 명의 하인을 거느리고 있는 집에서 으
스대는 억양을 사용하며 성장한 모든 사람들을 의미했을 것이
다. 그래서 당신은 이 시점에 "프롤레타리아"의 위선적인 말이
위험하다는 것을 깨닫는다. 내 말은 그것이 불러일으킬 수 있는
끔찍한 적개심을 깨닫는다는 것이다. 이런 비난을 받게 되면 당
신은 막다른 벽에 부딪치게 되기 때문이다. 로런스는 내가 사립
학교에 다녔기 때문에 내시라고 말한다. 글쎄, 그래서 어떻다는
것일까? 나는 그렇지 않다고 의학적 증거를 내놓을 수도 있지
만, 그렇게 하는 것이 무슨 유익이 있단 말인가? 로런스의 비난
은 고스란히 남아 있으니 말이다. 만일 당신이 내게 악당이라고

말한다면, 나는 내 방식을 바로잡을 수도 있을 것이다. 하지만 내가 내시라고 말한다면 나는 무슨 방법이든 실행 가능한 것으로 반격하고 싶을 것이다. 어떤 사람을 원수로 만들고 싶다면 그가 불치의 병을 앓는다고 말하라.

그렇다면 이것이 대부분의 노동 계급과 중산계급 사람의 만남이 가져오는 최종적인 결과이다. 대부분의 만남의 결과로써 "노동자 계급"의 위선적인 말 때문에 더욱 강력해진 엄청난 적대감이 고스란히 드러나게 되는데, "노동자 계급"의 위선적인 말 자체는 계급과 계급 간의 만남이 강제로 이루어진 결과 생긴 것이다. 유일하게 현명한 방법은 억지로 속도를 내지도 말고, 강요하지도 말고 만남을 서서히 진행하는 것이다. 만일 당신이 은밀히 자신을 신사라고 생각하고, 그래서 채소 장수의 심부름꾼 소년보다 우월하다고 생각한다면 거짓말하기보다 그렇다는 것을 이야기하는 편이 훨씬 낫다. 궁극적으로는 당신이 속물근성을 반드시 버려야 하지만 실제 그렇게 할 만반의 준비가 되기 전에 속물근성을 버린 척하는 것은 치명적이다.

그러는 동안 우리는 도처에서 그런 서글픈 현상들을 관찰할 수 있다. 25세에 열렬한 사회주의자였다가 35세에 교만한 보수주의자가 되는 중류 계급 사람들 말이다. 어떤 의미에서는 그의 후퇴는 상당히 자연스럽다. 어쨌든 우리는 그의 생각이 어떻게 돌아가는지를 알 수 있다. 필경 계급 없는 사회란 것이 계급 간의 증오나 속물근성이 전혀 없다는 것을 빼고는 우리가 그전과 똑같이 계속 행동할 수 있는 축복받은 상황을 의미하는 것은 아니다. 아마도 계급 없는 사회란 우리의 이상, 우리의 도덕, 우리 의 취향—우리의 "이념"이 사실상 아무런 의미를 지니지 않게 되는 삭막한 세상을 의미할지도 모른다. 계급을 타파하는 일은 아마도 보이는 것처럼 그렇게 단순하지는 않을 것이다! 그와 반대로 그것은 어둠 속으로 뛰어드는 거친 여행이다. 그래서 그 여행이 끝날 때 사나운 호랑이의 얼굴에 미소가 나타날 그런 여행일 수도 있다. 비록 약간 생색을 내는 것이긴 해도 우리는 사랑의 미소를 띠고 노동 계급 형제를 환영하기 위해 출발한다. 그런데 보라! 우리의 노동 계급 형제들—우리가 그들을 이해하는 한—은 우리가 그들을 환영하기를 요구하는 것이 아니라 우리가 자살하기를 요구하고 있다. 중산계급 사람이 그 만남을 이런 식으로 볼 때 그는 도망친다. 만일 매우 빠른 속도로 도망친다면 그는 파시즘 쪽으로 갈지도 모른다.

11장

한편 사회주의는 어떤가?

  이 시점에 우리가 너무나 심각한 궁지에 몰려 있다는 것을 지적할 필요조차 없을 지경이다. 얼마나 심각한지 가장 지혜가 없는 사람조차도 알아차릴 수밖에 없는 궁지에 몰려 있다. 우리는 아무도 자유롭지 않고, 아무도 안전하지 않고, 정직하게 살아남는다는 것이 거의 불가능한 세상에 살고 있다. 엄청나게 많은 노동 계급 사람들의 삶은 내가 이 책의 시작 부분에서 묘사했던 그런 상황에 처해 있다. 그런데 그런 상황이 근본적으로 개선될 가능성이 전혀 보이지 않는다. 영국의 노동 계급이 기대할 수 있는 최선의 것은, 가령 재무장(再武裝) 때문에 이런저런 산업이 촉진될 때 임시로 실업이 줄어들기를 바라는 것이다. 중류 계급조차도 역사상 처음으로 경제적 곤경에 빠져 있다. 그들이 아직 굶주리는 것은 아니지만 그들 중 점점 더 많은 사람들이 일종의 치명적인 좌절의 그물 속에서 자신들이 갈팡질팡한다는 것을 깨닫는다. 이러한 좌절감 속에서 행복하다거나, 활동적이라거나, 유용하다고 자신을 설득하기는 점점 더 어렵다. 중류 계급 꼭대기에 있는 운 좋은 사람들, 진정한 중산계급조차 주기적으로 자신들 아래 있는 사람들이 비참하다는 의식에, 그보다 더 위협적인 미래에 대한 두려움에 사로잡혀 있다. 그런데 이것은 백 년에 걸친 약탈의 결과로 여전히 부유한 나라에서 예비적인 단계에 불과하다. 곧 하나님만이 아시는 무서운 일이 닥칠지도 모른다. 이 보호받고 있는 섬에서 우리가 전혀 아는 바가 없는 그런 무서운 일 말이다.

그런데 지각 있는 사람들은 누구나 사회주의가 성실하게 적용된다면 세계 체제로서 하나의 출구가 될 수 있다는 것을 알고 있다. 사회주의는 우리에게서 모든 다른 것을 앗아간다고 할지라도 적어도 먹는 것은 충분히 얻도록 보장해 줄 것이다. 어떤 관점에서 본다면 사회주의는 참으로 기본적인 상식이기 때문에 그것이 이미 확립되어 있지 않다는 데 대해 나는 때론 경악한다. 세계는 잠정적으로 모든 사람들에게 충분하게 돌아가는 양식을 싣고 세계 공간을 항해하는 뗏목이다. 우리 모두 협동해야만 하고 누구나 다 공정하게 자기 몫의 일을 하고, 자기 몫의 양식을 공정하게 얻도록 보살펴야 한다는 생각은 지나칠 정도로 명백하다. 그렇기 때문에 현재의 제도를 고수하려는 부패한 동기를 가진 사람이 아니라면 어느 누구도 사회주의를 용납하지 않을 사람은 없다고 할 것이다. 그럼에도 불구하고 우리는 사회주의 그 자체가 확립되어 있지 **않다는** 사실을 직시해야만 한다. 사회주의 이념은 앞으로 나가는 대신 눈에 띄게 후퇴하고 있다. 이 순간 거의 모든 곳에서 사회주의자들은 파시즘의 맹공격 앞에서 물러서고 있다. 그런데 맹렬한 속도로 사건들이 진행되고 있다. 내가 이 글을 쓰고 있는 동안 스페인의 파시스트 군대가 마드리드를 강타하고 있다. 이 책이 인쇄되기 전에 또 다른 파시스트 국가가 기존 목록에 추가될 가능성이 있고 파시스트가 지중해를 지배하게 될 것임은 언급할 필요조차 없다. 그것은 영국 외교 정책을 무솔리니에게 넘겨주는 결과를 가져올 수도 있다. 그러나 나는 여기에서 정치적 문제를 더 폭넓게 논하고 싶지는 않다. 내가 관심을 두는 것은 사회주의가 마땅히 지반을 얻어야 할 바로 그곳에서 지반을 잃는다는 사실이다. 그다지도 많은 것들이 사회주의에 우호적인데—모든 굶주림이 사회주의를 지지하는 찬성론이 될 수 있기 때문에—사회주의라는 **이념은** 10년 전보다도 더 널리 인정받지 못한다. 요즘에는 생각 있는 평범한 사람은 사회주의자가 아닐 뿐 아니라 적극적으로 공산주의에 적대적이다. 틀림없이 이것은 주로 선전 방법이 잘못되었기 때문이다. 그것은 현재 우리에게 제시된 사회주의 형태에 무언가 본질적으로 혐오스러운 것이 있다는 것을 의미한다. 그것이 떼지어 사회주의를 옹호해야 마땅할 바로 그런 사람들을 쫓아 버리는 것이다.

몇 년 전만 해도 이것은 그다지 중요하지 않은 것으로 보였을지 모른다. 사회주의자들, 특히 정통파 마르크스주의자들이 오만한 미소를 띠고서 사회주의는 소위 "역사적 필연"이라는 신비스러운 과정을 통해 스스로 도래할 것이라고 내게 말했던 것이 어제처럼 느껴진다. 아마도 그 믿음이 여전히 남아 있겠지만, 아무리 좋게 보아도 그 믿음은 흔들리고 있다. 그러므로 다양한 국가에서 공산주의자들은 갑작스럽게 자신들이 과거 수년간 파괴하려 했던 민주 세력과 연합하려고 시도한다. 바로 이런 시점에서 절박하게 필요한 것은 사회주의가 왜 그 매력을 잃게 되었는지를 알아내는 것이다. 사회주의에 대한 현재의 혐오감을 우둔함의 산물이라거나 퇴폐적인 동기에서 오는 것이라고 여기며 그것을 고려하지 않는 것은 아무 소용이 없다. 당신이 그 혐오감을 제거하고 싶다면, 반드시 그것을 알아야 한다. 그 말은 사회주의에 반대하는 사람의 마음속으로 들어가 보거나 아니면 적어도 그의 견해를 공감적으로 고려해야 한다는 뜻이다. 어떤 문제도 공정하게 경청할 때야 비로소 진정한 해답을 얻을 수 있다. 그러므로 좀 역설적이지만 사회주의를 옹호하기 위해서는 그것을 공격하는 것에서 출발할 필요가 있다.

앞서 세 장(章)에서 나는 우리의 시대착오적인 계급제도 때문에 일어나는 어려움을 분석하려 했다. 현재 계급 문제를 매우 어리석게 다룬다면 많은 잠재적인 사회주의자들을 파시스트 쪽으로 우르르 달려가게 할 수도 있다고 믿기 때문에 나는 그 주제를 다시 짚게 될 것이다. 다음 장에서 나는 예민한 지성인을 사회주의에서 소외시키는 근본적인 전제들을 논하고 싶다. 그러나 이번 장에서 나는 단순히 명백한 예비적인 이의 점을 다룰 것이다. 당신이 이 주제에 대해 사회주의자가 아닌 사람을 비난할 때 그가 항상 시작하는 말 같은 것을 다룰 것이다("돈이 어디서 나오게 되는 거요?"와 같은 유형을 말하는 것은 아니다). 이러한 반대 의

견 중 어떤 것은 경박하거나 자가당착적인 것처럼 보일 수도 있다. 그러나 그것은 논점을 벗어난 것이다. 나는 단순히 증상을 논하고 있다. 사회주의가 왜 받아들여지지 않는가를 밝히는 데 도움이 되는 것은 어느 것이라도 실제로 가치가 있는 것이다. 그리고 나는 사회주의에 **반대해서가** 아니라 사회주의를 **위해** 논쟁하고 있다는 것을 부디 알아주기를 바란다. 하지만 지금 이 순간은 나는 **악마의 대변인**이다. 나는 머리로는 사회주의의 근본적인 목표에 공감하고, 사회주의가 "작동"되리라는 것을 이해하지만 실제로는 사회주의가 언급되면 항상 도망치는 그런 사람을 위해 주장을 펴고 있는 것이다.

이런 사람에게 질문하면 종종 "나는 사회주의에 반대하지 않지만 사회주의자들을 반대합니다"라는 반은 어이없는 대답을 듣게 된다. 그 논지는 논리적으로는 빈약하지만 많은 사람에게 설득력이 있다. 기독교에서 그런 것처럼 사회주의를 선전하는 데 가장 걸림돌이 되는 것은 사회주의를 추종하는 사람들이다.

외부에서 바라보는 사람 모두가 발전된 형태의 사회주의에서 받는 첫인상은 사회주의는 전적으로 중류 계급에 한정된 이론이라는 것이다. 소심한 노부인이 생각하는 것처럼 전형적인 사회주의자는 기름 묻은 겉옷을 입고 쉰 목소리를 내는 사나워 보이는 노동자가 아니다. 전형적인 사회주의자는 5년 후에는 부유한 여성과 결혼하여 가톨릭 신자로 개종할 가능성이 상당히 큰 젊은 속물적 혁명론자이거나 아니면 더 전형적으로는 사무직에 종사하는 체구가 작고 단정한 사람이다. 그는 보통 은밀하게 절대 금주가이며 비국교도적인 배경을 지녔고, 종종 채식가이다. 무엇보다도 그는 자신이 누리는 사회적 지위를 박탈당할 의도가 전혀 없다. 후자에 속하는 유형은 모든 색깔의 사회주의 정당에 놀랄 정도로 흔하게 널려 있다. 예전의 진보당에서 이들을 **일괄하여** 인수 받았을지도 모른다. 게다가 사회주의자들이 함께 모이는 곳에는 참으로 사람의 마음을 산란하게 하는 끔찍한 기행이 만연되어 있다. 우리는 때때로 영국에서 "사회주의"와 "공산주의"라는 단어는 단순히 과일주스 마시는 모든 사람, 나체주의자, 샌들 신는 사람, 색정광, 퀘이커교도, "자연 요법" 돌팔이 의사, 평화주의자와 페미니스트들을 끌어들이는 자기력을 가진 표현이라는 인상을 받는다. 올해 여름 어느 날 나는 버스를 타고 레치워스[90]를 통과하고 있었다. 버스가 멈추었을 때 무섭게 생긴 노인 두 명이 버스에 올라탔다. 그 노인 둘 다 키가 매우 작았고 60세가량에 피부색이 붉었으며 통통했고 모자를 쓰지 않고 있었다. 한 사람은 불결한 대머리였고, 다른 사람은 긴 회색 머리를 로이드 조지[91]식으로 단발하고 있었다. 그들은 피스타치오색 셔츠와 카키색 반바지를 입고 있었고, 거대한 엉덩이에 꼭 끼는 반바지를 입었기 때문에 우리는 그들 몸의 움푹하게 들어간 곳 모두를 자세히 볼 수 있었다. 버스에 탄 사람들은 그들의 외모에 약간의 공포를 느꼈다. 사업 목적으로 여

---

90   영국 잉글랜드 하트퍼드 북부의 영국 최초의 전원도시.

91   Lloyd George(1869~1945): 영국 자유당의 정치가, 수상(1916~~22).

행하는 것으로 짐작되는 내 옆에 앉은 남자는 나를 바라보고, 그들을 바라보고, 그리고 다시 나를 바라보고는, 마치 "붉은 인디언"이라고 말해야 할 것처럼 "사회주의자"라고 중얼거렸다. 아마도 그가 옳았다. 독립노동당이 레치워스에서 여름학교를 열고 있었다. 요점은 평범한 사람에게 기행은 사회주의자를 의미하고 사회주의자는 기행을 의미한다는 것이다. 그리고 그는 아마도 모든 사회주의자는 **무언가** 괴팍한 점을 지닌 사람이라고 생각할 수 있다고 느꼈을 것이다. 그런데 아마도 그런 식의 개념은 사회주의자들 가운데도 존재하는 것 같다. 예를 들면 나는 여기에 다른 여름학교에서 온 안내 책자를 가지고 있는데 이 책자에는 주당 요금을 언급하고 그리고는 내가 "보통 섭식을 하는지 채식을 하는지"를 알려 달라고 요청했다. 보시다시피 그들은 당연히 **이런** 질문을 할 필요가 있다고 여긴다. 이런 것들 자체가 많은 품위 있는 사람들을 소외시키기에 충분한 것이다. 그런데 그 사람들의 본능은 전적으로 건전하다. 왜냐하면 음식에 까다로운 사람이란 자신의 인체 생명을 5년 연장하리라는 희망으로 인간 사회와의 관련을 기꺼이 끊는 사람이라고 정의 할 수 있기 때문이다. 말하자면 보통 사람들과 접촉하지 않는 사람이라는 말이다.

여기에 대부분의 중류 계급 사회주의자들이 이론적으로는 계급 없는 사회를 갈망하지만 자신들의 하찮은 사회적 특권 나부랭이에 끈덕지게 매달린다는 추악한 사실을 덧붙여야 한다. 처음으로 런던에서 독립노동당의 지부 모임에 참석했을 때 느껐던 공포 분위기가 생각난다. (중류 계층이 덜 두터운 북부에서였다면 상당히 달랐을지도 모른다.) 이런 작은 인색한 놈들이 노동 계급의 주창자들이란 말인가? 라고 나는 생각했다. 왜냐하면 그곳에 모인 사람들 모두는 남녀 불문하고 콧대 높은 중류 계급 우월감이라는 최악의 오명을 지니고 있었기 때문이다. 예를 들어서, 만약 진짜 노동자인 광부가 탄갱에서 더러운 몸 그대로 곧장 와서 그들 사이로 불쑥 들어온다면 그들은 당황스러워하고 화내고 메스꺼워할 것이다. 내 생각에 어떤 사람들은 코를 쥐고 도망갈 것이다. 이와 똑같은 경향은 사회주의 문학에서도 볼 수 있다. 사회주의 문학은 공공연하게 무례한 태도로 쓰지 않는 때일지라도 언제나 그 언어나 생각하는 태도가 노동자 계급과는 완전히 동떨어져 있다. 코울즈, 웹, 스트레이치 등은 정확히 말해서 노동 계급 작가들이 아니다. 요즘 노동 계급 문학이라고 부를 수 있는 것들이 **존재하는지** 의심스럽다. 《데일리 워커》조차도 남부 표준 영어로 쓰여 있다. 하지만 훌륭한 음악당 코미디언은 내가 생각해 낼 수 있는 어떤 사회주의 작가보다도 더 노동자 문학에 가까운 것을 해낼 수 있다. 공산주의자의 특수 용어들은 수학 교재의 언어가 그런 것처럼 일반 언어에서 동떨어져 있다. 나는 전문적인 공산주의자 연사가 노동자 계급 청중에게 연설하는 걸 들은 기억이 있다. 그의 언어는 학자연하는 평범한 언어로서 긴 문장과 삽입구와 "이념"과 "계급의식" 그리고 "노동자 결속" 등 모든 그런 종류의 평범한 용어 이외에 "그럼에도 불구하고"와 "그렇다 치고" 등의 표현으로 가득 차 있었다. 다음에는 랭커셔의 노동자가 일어나서 노동자의 상스러운 언어로 청중에게 말했다. 그들 중 누가 더 청중에게 가까운 것인지에 대해서는 별로 의심할 여지가 없었다. 하지만 나는 한순간도 랭커셔의 노동 계급 연사가 정통적인 공산주의자라고 생각하지 않는다.

왜냐하면 노동자가 순수한 노동자로 남아 있는 한, 그가 완벽한, 논리적으로 일관된 의미에서의 사회주의자일 때가 드물고, 결코 그런 사회주의자가 아니라는 것을 우리는 기억해야 하기 때문이다. 기회가 주어진다면 그는 노동당이나 공산주의자에게까지도 한 표를 던질 수는 있겠지만 노동자가 가지고 있는 사회주의란 개념은 책으로 훈련받은, 그보다 우위에 있는 사회주의자가 가진 개념과는 상당히 다르다. 토요일에 당신이 어느 주점에서나 만날 수 있는 부류의 평범한 노동자에게는 사회주의란 말은 좀 더 나은 급료를 받고, 노동시간이 줄어들고, 아무도 이래라저래라하는 사람이 없는 그런 정도 이상을 의미하지 않는다. 좀 더 혁명적인 유형, 단식투쟁을 하고 고용주들의 블랙리스트에 올라 있는 부류의 노동자에게는 사회주의란 단어는 탄압하는 세력에 대항하는 일종의 선전 문구이며, 장래 폭력이 있으리라는 막연한 협박이다. 하지만 내가 경험한 바로는 그보다 더 깊이 사회주의의 의미를 파악하는 순수한 노동자는 한 사람도 없다. 내 견해로는 사회주의란 공의와 상식적인 품위를 뜻한다는 것을 정통 마르크스주의자는 매우 자주 잊어버리지만, 순수한 노동자는 그것을 잊지 않기 때문에, 그는 정통 마르크스주의자보다 더 진정한 사회주의자이다. 하지만 그는 사회주의를 단순한 경제적인 정의로만 제한할 수 없다는 것과, 경제 외적인 것을 포함하는 정도로 개혁이 일어나려면 우리의 문명과 그 자신의 삶에 반드시 거대한 변화가 일어나야만 한다는 것을 이해하지 못한다. 그가 지닌 사회주의의 장래 비전은 최악의 악습이 제거된 사회에서, 현재처럼 가족생활, 주점, 축구, 그리고 지역 정치를 관심의 축으로 삼으며 사는 모습이다. 세 개의 신비스러운 실체—정립, 반정립, 종합—를 지닌 사기성 게임인 마르크스주의의 철학적인 면모에 대해서 조금이라도 관심을 보이는 노동자를 나는 만나 본 적이 없다. 많은 노동 계급 **출신**의 사회주의자들이 책을 좋아하는 이론적인 유형이라는 것은 사실이다. 하지만 그들은 결코 노동자로 남아 있는 사람들이 아니다. 말하자면, 그들은 손을 사용해서 일하지 않는다. 그들은 내가 앞장에서 언급한, 문학적 지식인이라는 길을 통해서 몸부림치며 중류 계급으로 올라온 유형이거나 아니면 노동당 국회의원이 되거나 노동조합에서 고위급 간부가 되는 유형이다. 이 후자가 세계가 품고 있는 가장 음울하고 불쾌한 부류 중 하나이다. 그는 동료들을 위해 싸우도록 선택되었다. 하지만 그것은 그에게는 오로지 좀 더 쾌적한 일을 하고, 자신을 "향상"할 기회를 얻는다는 것을 의미할 뿐이다. 시간을 즐겁게 보낼 뿐 아니라 중류 계급과 싸움**으로써** 그 자신이 중류 계급이 되는 것이다. 그러면서 그는 정통 마르크스주의자로 남아 있을 수 있다. 하지만 나는 일하고 있는 광부, 제강소 공원, 면직 조공, 항만 노동자, 운하 도로공사 인부, 그 밖에 그와 같은 노동자 중에서 "이념적"인 이론을 확실하게 아는 사람을 지금까지 만나 보지 못했다.

공산주의와 로마 가톨릭 간에 한 가지 유사점은 오로지 "교육받은" 자만이 완전한 정통파가 된다는 것이다. 영국 로마 가톨릭 신자에게서 가장 눈에 띄는 것은 강렬한 자기의식이다. 내가 말하는 것은 진짜 가톨릭 신자가 아니라 로날드 넉스와 아놀드 런같이 가톨릭으로 개종한 사람들을 의미한다. 분명히 그들은 자신들이 가톨릭 신자라는 사실 이외에는 아무것도 생각하지 않고, 그들이 쓰는 글의 주제는 그것뿐이다. 자신이 가톨릭이라는 단 하나의 사실과, 그 사실에서 생기는 자화자찬이 가톨릭 문학가들의 상투 수단 전체를 형성하고 있다. 이 사람들이 가상적인 정통성의 의미를 삶의 가장 작은 것에까지 적용하는 방법은 참으로 흥미롭다. 분명히 당신이 마시는 음료수조차 정통적이거나 이단적일 수 있다. 그래서 가톨릭 문필가인 체스터턴과 "비치코머" 등은 차 마시기를 반대하고 맥주를 선호한다. 체스터턴에 의하면 차를 마시는 것은 "이교도적"이며 반면에 맥주 마시는 것은 "기독교도적"이다. 커피는 "청교도의 아편"이다. 이러한 이론으로 보면, 많은 가톨릭들이 "금주" 운동에 참여하고 있고 세계에서 차를 가장 많이 마시는 사람들이 아일랜드의 가톨릭교도들이라는 것은 불행한 것이다. 여기에서 내가 관심을 가지는 것은 음식이나 음료까지도 종교적인 편협함을 나타내는 호기로 삼는 마음의 태도이다. 노동 계급 가톨릭은 결코 그처럼 당치도 않게 일관적일 수는 없을 것이다. 그는 자신이 로마 가톨릭 신자라는 사실을 숙고하느라고 시간을 보내지 않는다. 그리고 자신이 로마 가톨릭이 아닌 이웃 사람과 다르다고 특별히 의식하지도 않는다. 리버풀의 빈민가에 사는 부두 노동자에게 그가 마시는 한 잔의 차가 "이교적"이라고 말해 보라. 그러면 그는 당신을 바보라고 부를 것이다. 그리고 그보다 더 심각한 문제에 있어서조차 그는 자신의 신앙의 의미를 항상 이해하는 것은 아니다. 랭커셔의 로마 가톨릭 가정에서 우리는 벽에 걸린 그리스도의 십자가상을, 그리고 테이블 위에 《데일리 워커》가 놓여 있는 것을 본다. 단지 "교육받은" 사람, 특히 문필가만이 광신자가 되는 법을 안다. 그리고 이것을 준용(準用)하면 공산주의의 경우에도 똑같다. 우리는 진정한 노동자에게서는 순수한 형태의 공산주의 신조를 결코 발견하지 못한다. 그러나 책을 통해 이론적으로 훈련된 사회주의자는 그 자신이 노동자는 아니지만 적어도 노동자에 대한 사랑으로 움직인다고 말할 수 있을 것이다. 그는 자신의 중류 계급 신분을 벗어버리고 노동자 계급을 위해 싸우기 위해 노력하고 있는 것이다. 명백히 그것이 그의 동기이다.

그러나 그것이 정말 그의 동기일까? 나는 사회주의자—지적이고 곱슬머리에 풀오버를 입고서 정치 문제에 관한 소책자를 쓰는 자—를 바라보면서 도대체 그의 동기가 정말 어떤 것인지 알고 싶다. 그의 동기가 어떤 사람, 특히 모든 사람들 중에서도 자신과 가장 멀리 떨어져 있는 노동자 계급에 대한 사랑이라고 믿기는 어렵다. 많은 사회주의자의 근본 동기는 단순히 이상적으로 발달한 질서 감각이라고 나는 믿는다. 현재의 상황이 비참함을 초래해서도 아니고, 더더구나 자유를 불가능하게 해서도 아니며 어수선하기 때문이다. 기본적으로 그들이 원하는 것은 세상을 무언가 체스판과 유사한 것으로 단순하게 만드는 것이다. 일생 사회주의자였던 조지 버나드 쇼의 연극을 예로 들어보자. 그의 연극들이 노동자 계급의 삶을 이해하거나 인식한다는 걸 얼마나 보여주고 있는가? 쇼 자신은 우리는 노동자를 "연민의 대상"으로만 무대 위에 등장시킬 수 있다고 단언한다. 실제로 그는 노동자를 연민의 대상으로 등장시키지 않았고, 단지 W.W. 제이콥스[92]식으로 일종의 웃음거리 인물로만 등장시켰다. 《육군 소령 바바라》와 《브래스바운드 대위의 개종》 같은 그의 극에 나오는 런던 빈민가의 진부한 익살스러운 인물들 말이다. 노동 계급에 대한 그의 태도는 고작해야 히죽히죽 비웃는 《펀치 Punch》지의 태도이고, 좀 더 심각한 순간에는 (가령 《어울리지 않는 결혼》에서 파산자들을 상징하는 청년을 생각하라) 쇼에겐 그들은 그저 경멸스럽고 불쾌한 존재들이다. 가난과, 더욱이 가난해서 생긴 사고방식은 필요하다면 **위로부터** 파기해야만 하는 그런 것이다. 아마도 되도록 폭력을 써서라도 말이다. 그러므로 그는 "위대한" 사람들을 숭배하고 파시스트나 공산주의자 등의 독재자를 좋아한다. 그에게는 스탈린과 무솔리니는 명백히 거의 동등한 인물이기 때문이다(이탈리아-아비시니아 전쟁과, 스탈린과 웰즈의 대화에 대해 그가 언급한 것을 참조하라). 좀 더 완곡한 형태이

---

92 W.W.Jacobs(1863~1943): 영국의 소설가. 대부분의 작품에 유모가 가득하며 《원숭이의 손 The Monkey's Paw》이 대표작.

지만 똑같은 것을 시드니 웨브 부인의 자서전에서 볼 수 있다. 그 자서전에서는 기품 있는 사회주의자로서 빈민가를 방문하는 사람의 모습을 부지급식 간에 가장 잘 폭로하고 있다. 사실은 수많은 자칭 사회주의자들에게는 혁명이란 자신들이 동료로 삼고 싶어 하는 대중들의 운동을 의미하는 것이 아니라 "우리"라는 영악한 존재들이 "그들"이라는 낮은 계급 사람들에게 부과하는 일련의 개혁을 뜻한다는 것이다. 반면에 책으로 훈련받은 사회주의자를 전적으로 감정이 없고 피도 없는 사람이라고 생각하는 것은 오해일 것이다. 그들은 착취당하는 사람들에게 애정을 가졌다는 징표는 거의 보이지 않지만, 착취하는 사람에 대해서는 괴팍하고 이론적이며 사실과 관계없는 증오심을 아주 잘 나타낼 수 있다. 그래서 중류 계급을 비난하는 사회주의자의 오래된 원대한 스포츠가 있는 것이다. 대부분의 사회주의 작가가 아주 쉽사리 극도의 흥분 상태에 빠져서, 태생에 의해서 혹은 선택에 의해서 자신이 속한 중류 계급을 비난하는 것은 참 이상한 일이다. 중류 계급의 습관과 "이념"을 증오하는 것이 얼마나 광범위한지 그 증오는 때로는 책에 등장하는 중류 계급 인물로까지 확대된다. 앙리 바르뷔스[93]에 따르면 프루스트[94], 지드[95] 등의 소

---

93 Henri Barbusse(1873~1935): 프랑스의 소설가. 인도주의자였으나 후에 레닌의 사회주의 혁명에 공감했음.

94 Marcel Proust(1871~1922): 프랑스 소설가, 대표작은 《잃어버린 시간을 찾아서》

95 Andre Gide(1869~1951): 문학의 여러 가능성을 실험한 프랑스 소설가. 대표작은 《좁은 문》. 노벨 문학상 수상, 1947.

설에 나오는 인물들은 우리가 "바리케이드(전쟁터, 논쟁의 장)의 다른 쪽에 있으면 매우 좋겠다고 생각하는" 인물들이다. "바리케이드"란 말을 지켜보라. 그의 작품,《포화Le Feu》로 판단한다면 바르뷔스의 바리케이드 경험이 그로 하여금 그걸 싫어하게 만들었다고 추측한다. 그러나 아마도 반격을 가하지 않을 "중산계급"을 상상 속의 총검으로 찌르는 것은 진짜 총검으로 찌르는 것과는 좀 다르다.

중류 계급의 화를 돋우는 문학으로서 내가 지금까지 보아 온 가장 훌륭한 예는 미르스키[96]의《영국의 지식계급Intelligentsia of Great Britain》이다. 아주 흥미롭게 잘 쓰인 책이어서 파시즘의 대두를 이해하고 싶은 사람이라면 누구나 읽어야만 한다. 미르스키(전에는 미르스키 공작)는 영국으로 망명온 백계 러시아인으로서 여러 해 동안 런던대학에서 러시아 문학을 강의했다. 후에 그는 공산주의자로 전향했고, 러시아로 돌아가서 일종의 마르크스주의자의 관점에서 영국 지식계급을 폭로하기 위해 이 책을 썼다. 지극히 악의에 찬 불쾌한 책인데 이 책에 넘쳐흐르는 명백한 태도는 "이제 당신이 나를 잡을 수 없는 곳에 있으니 나는 당신에 대해 원하는 것은 무엇이든 말할 수 있다"라는 것이다. 그리고 일반적인 왜곡은 별도로 하더라도 이 책에는 매우 단정적이고, 의도적인 오보들이 실려 있다. 가령, 콘래드[97]를 "키플링

---

96   D. S. Mirsky(1890~1939).

97   Joseph Conrad(1857~1924): 폴란드 태생의 20세기 영국 소설의 대표적 작가,

못지않은 제국주의자"라고 단언한다든가, D.H. 로런스가 "나체의 음란 서적"을 쓰면서 자신이 노동자 태생이라는 모든 단서를 지워버리는 데 성공했다고 하는 오보 말이다—마치 돼지 정육점 주인인 로런스가 상원 의원으로 출세한 것처럼 말이다! 그 책의 정확성을 조사할 길이 없는 러시아 독자에게 이런 말을 하고 있다는 것을 생각할 때 이런 글은 우리의 마음을 매우 어지럽힌다. 그러나 나는 지금 그런 책이 영국의 대중에게 끼치는 영향에 대해 생각하고 있다. 여기에 아마도 거의 평생 동등한 입장으로 노동자와 대화를 나눈 적이 전혀 없는 귀족 출신의 문인이 있다. 미르스키는 "중류 계급" 동료들을 적대하여 악의에 찬 비방을 큰소리로 쏟아 놓는다. 왜 그럴까? 겉에 나타난 것으로 보면 순전히 악의에 차서 그렇다. 그는 영국의 지식계급을 **대적하여** 싸우고 있다. 하지만 무엇을 **위해서** 그가 싸우는 것일까? 그 책 안에는 아무런 단서가 없다. 그래서 이와 같은 책이 외부인에게 주는 순효과는 공산주의에는 **증오** 빼고는 아무것도 없다는 인상을 주는 것이다. 그리고 여기에서 다시 한번 당신은 공산주의와 (개종한) 로마 가톨릭 사이에 유사점이 있음을 알게 된다.《영국의 지식 계급》처럼 악의에 찬 책을 찾기 원한다면 인기 있는 로마 가톨릭 호교론자(변명자)들의 책에서 찾는 것이 가장 가능성이 있다. 거기에서 당신은 똑같은 독설과 똑같은 속임수를 발견할 것이다. 하지만 가톨릭에 공정하다면 거기에서 미르스키

대표작으로《로드 짐》,《어둠의 심장》등이 있음.

의 태도 같은 나쁜 태도를 찾을 수는 없을 것이다. 괴상도 하다.
미르스키 동지의 영적인 형제가 모모 신부라니……! 공산주의
자와 가톨릭 신자가 똑같은 이야기를 하는 것은 아니고, 어떤 의
미에서는 그들은 서로 반대되는 이야기를 한다. 그리고 상황이
허용한다면 서로가 서로를 기꺼이 기름에 끓일 것이다. 하지만
외부인의 견해로 본다면 그들은 매우 유사하다.

현재 우리에게 소개되어 있는 사회주의 형태는 주로 불만
족스럽거나 비인간적인 사람들에게만 호소력을 지닌 게 사실이
다. 우리의 한편에는 마음이 따뜻한, 생각하지 않는 사회주의자,
즉 전형적인 노동자 계급 사회주의자들이 있다. 그들은 단지 가
난이 폐지되길 원할 뿐, 사회주의가 무엇을 의미하는지를 항상
이해하는 것은 아니다. 또 다른 편에는 지적이고, 책으로 훈련받
은 공산주의자들이 있다. 그들은 우리의 현재 문명을 싱크대에
쏟아 버릴 필요가 있다는 것을 이해하고 그리고 기꺼이 그렇게
할 사람들이다. 그런데 우선 이런 부류의 사회주의자들은 전적
으로 중류 계급에서 끌어들인 사람들이고, 그것도 사회적 발판
이 없는 도시에서 양육된 중류 계급 계층에서 끌어들인 것이다.
더욱더 불행하게도 그런 사회주의자들 가운데는 내가 앞에서
논의해 온 부류가 포함되어 있다—얼마나 그런지 외부인에게는
사회주의자들은 모두 내가 논의해 온 그런 사람들인 것처럼 보
이기까지 한다. 입에 거품을 물고 중류 계급을 비난하는 사람들,
그리고 버나드 쇼가 그 원형인데, 물을 탄 맥주 같은 부류의 개
혁가들, 그리고 문학을 통해서 사회적으로 출세하는 젊고 영리

한 자들 말이다. 이 영리한 젊은 출세주의자는 지금은 공산주의
자이지만 5년 후에는 그것이 대유행이기 때문에 파시스트가 될
것이다. 그리고 마치 죽은 고양이에게 떼 지어 달려오는 청 파
리 떼처럼, "진보"의 냄새를 향해 떼 지어 달려오는 따분한 사람
들 가운데는 기품 있는 여성들, 샌들 신은 자들, 그리고 주스를
마시는 턱수염을 기른 자들이 있다. 사회주의의 **본질적인** 목적
에 동감하는 품위 있는 평범한 사람은 심각한 사회주의 정당에
는 자신 같은 사람이 설 자리가 없다는 인상을 받는다. 더 고약
한 것은 사회주의가 일종의 액운으로 다가올 수도 있겠지만 가
능한 한 오랫동안 그렇게 되지 않도록 저지해야만 한다는 냉소
적인 결론을 그가 내리게 되는 것이다. 물론 내가 이미 제안했던
것처럼 그 추종자를 보고 어떤 운동을 판단한다는 것이 전적으
로 공정한 것은 아니다. 하지만 내가 주장하고자 하는 것은 언제
나 사람들이 그렇게 한다는 것과 그리고 대중적인 사회주의 개
념은 사회주의자는 우둔한 혹은 불쾌한 사람이라는 개념으로
왜곡되었다는 것이다. "사회주의"는 좀 더 큰 목소리로 떠드는
사회주의자들이 전적으로 편안함을 느끼는 그런 상황으로 묘사
된다. 이것은 사회주의 이념에 대단히 해롭다. 노동 계급의 독재
를 재치있게 제안하면 평범한 사람이 거기에서 꽁무니를 빼지
않을 수도 있다. 그에게 도덕가인 척하는 사람들의 독재권을 제
안해 보라. 그러면 그는 곧 싸울 준비를 할 것이다.

마치 새로운 식민지산 포도주 한 병과 일류 보졸레 포도주
몇 스푼이 서로 관련이 있는 것처럼 사회주의가 실존하는 어느

문명이든지 우리 사회주의와 관련이 있다는 생각이 널리 퍼져 있다. 우리는 확실히 파괴된 문명의 한가운데에 살고 있지만 그 문명은 전성기 때는 위대한 문명이었다. 그리고 그 문명은 여전히 아무런 방해도 받지 않고 군데군데에서 번창하고 있다. 말하자면 그 문명은 여전히 찬사를 받고 있다. 반면에 사회주의 장래를 생각해 보면 그것은 마치 식민지 포도주처럼, 단지 철분과 물맛만 날 뿐이다. 그러므로 참으로 끔찍한 사실은 결코 중요한 예술가를 설득하여 사회주의 테두리 속으로 들어가도록 할 수 없다는 것이다. 화가의 경우보다 좀 더 직접적으로 그리고 확실히 정치적인 견해와 관련된 작품을 쓰는 작가들의 경우가 특히 그렇다. 사실을 직시한다면 우리는 사회주의 문학이라고 묘사할 수 있는 거의 모든 작품이 지루하고 따분하고 조악하다는 것을 인정해야만 한다. 현재 영국의 상황을 고려해 보자. 한 세대 전체가 사회주의라는 개념에 익숙한 채 성장했다. 그런데도 소위 사회주의 문학의 최고 수준이 용기 없는 키플링에 지나지 않는 W.H. 오든[98]과 그보다 더 무기력한 그의 동료 시인들이다. 모든 저명한 작가와 읽을 가치가 있는 책은 사회주의 반대편에 속해 있다. 나는 기꺼이 러시아에서는 그렇지 않다고 믿는다―하지만 거기에 관해 나는 아무것도 모른다. 그렇게 믿는 이유는 짐작건대 혁명 후의 러시아에서 일어난 난폭한 사건들이 활력 넘치

---

98 W. H. Auden(1907~1973): 영국 태생 미국 시인으로 필름, 방송 등을 통해 생애 동안 대중에게 널리 알려졌으며 대표작으로는 〈미술관에서Musée des Beaux Arts〉, 〈무명의 시민The Unknown Citizen〉 등이 있음.

는 문학을 배출하는 데 공헌했을 것이기 때문이다. 그러나 서부 유럽의 사회주의가 가치 있는 문학을 전혀 배출하지 못한 것은 확실하다. 쟁점들이 덜 확실했던 얼마 전까지만 해도 자신들을 사회주의자라고 부르는 활기찬 작가들이 있었지만 그들은 사회 주의라는 말을 막연한 호칭으로 사용하고 있었다. 그러므로 만 일 입센[99]과 졸라[100]가 자신들을 사회주의자로 묘사했다면, 그것 은 자신들이 "진보적인 사람들"이라는 정도를 의미했을 뿐이다. 반면에 아나톨 프랑스[101]의 경우에는 "사회주의자"란 단어는 반 교권적이라는 것을 의미할 뿐이다. 진정한 사회주의 작가들, 선 전지 작가들은 언제나 지루하고 무지한 수다쟁이들이다—버나 드 쇼, 바비스, 업튼 싱클레어[102], 윌리엄 모리스, 왈도 프랭크[103] 등의 작가들이 그렇다. 물론 문학계의 신사가 좋아하지 않는다 고 해서 사회주의가 비난받아야 한다고 암시하는 것은 아니다. 사회주의가 그 자체를 위해서 반드시 문학을 배출해야 한다고 암시하는 것도 아니다. 사회주의가 노래할 만한 가치가 있는 노 래를 전혀 배출하지 못한 것은 나쁜 징조라고 생각하지만 말이

99 Henrik Ibsen(1828~1862): 노르웨이의 극작가, 대표작으로 《인형의 집》 등이 있다.

100 Emile Zola(1840~1902): 19세기 후반 프랑스의 대표적 소설가. 대표작으로 《나나》, 《목로주점》이 있다.

101 Anatole France(1844~1924): 프랑스의 작가, 비평가.

102 Upton Sinclair(1878~1968): 미국 소설가. 대표작 《정글》.

103 Waldo Frank(1889~1967): 미국 소설가, 역사가, 문학과 사회 평론가.

다. 내가 단순히 지적하려는 것은 순수한 재능을 지닌 작가들은 대체로 사회주의에 무관심하고, 때로는 활발하게, 짓궂게 사회주의에 적대적이라는 사실이다. 이것은 작가 자신들뿐 아니라 절박하게 그들의 도움이 필요한 사회주의 이념을 위해서도 재앙이다.

그러나 이것이 사회주의에서 후퇴하는 보통 사람들의 피상적인 면모이다. 양쪽 편에서 그것을 알기 때문에 나는 이 지루한 논지 전체를 속속들이 안다. 여기에서 이야기한 것 모두는 나를 사회주의자로 전향시키려는 사회주의자에게 내가 말했던 것이고, 내가 전향시키려고 노력했던 싫증 난 비사회주의자가 내게 말했던 것이다. 이런 현상 전체는 개별적인 사회주의자, 특히 마르크스를 인용하는 독단적인 사람들을 싫어하는 데서 생기는 일종의 불안감 같은 것이다. 그런 것에서 영향을 받는 것이 유아적인 것일까? 어리석은 것일까? 심지어 비열한 것일까? 이것 모두라 할 수 있다. 하지만 중요한 것은 불안감이 **생긴다는** 것이다. 그렇기 때문에 그것을 마음에 새겨 두는 것은 중요하다.

12장

그러나 내가 지난 장에서 논의한 지엽적이고 일시적인 반대보다 훨씬 더 심각한 어려움이 있다.

지성인들이 빈번히 자신들의 반대편에 있다는 사실에 직면할 때 사회주의자는 그것을 부패한 동기 (의식적이건 무의식적이건) 탓으로 돌리는 경향이 있다. 혹은 사회주의가 제대로 "작동"되지 않을 것이라는 무지한 신념 탓이라고, 또는 단순히 사회주의가 정착되려면 거쳐야 할 혁명적 시기에 겪을 공포와 불편함을 두려워하는 탓이라고 돌리는 경향이 있다. 의심할 바 없이 이 모두는 중요하다. 그러나 많은 사람들은 이런 것들의 영향을 받지 않으면서도 여전히 사회주의에 적대적이다. 그들이 사회주의에서 뒤로 물러서는 것은 정신적인 것, 즉 "이념적"인 것이다. 그들이 사회주의를 반대하는 것은 그것이 제대로 "작동"되지 않을 것이라는 이유에서가 아니고, 정확히 그것이 너무나 잘 "작동될" 것이기 때문이다. 그들이 두려워하는 것은 그들이 살아 있는 동안에 일어날 일들이 아니라 사회주의가 현실이 되는 먼 장래에 일어날 일들이다.

지각이 있는 사람들은 사회주의가 지향하는 것으로 보이는 **목표**에 혐오감을 느낄지도 모른다는 것을 파악할 능력이 있는, 확신에 찬 사회주의자를 나는 거의 만나 보지 못했다. 마르크스주의자는 특히 이런 두려움을 중산계급의 감상이라며 염두에서 지워 버린다. 일반적으로 마르크스주의자들은 반대하는 사람의 마음을 잘 읽어 내지 못한다. 만약 그들이 반대하는 사람의 마음을 잘 읽을 수 있다면 현재 유럽의 상황은 지금보다 덜 절박할 것이다. 그들은 모든 것을 설명해 주는 것 같은 기술을 지녔기 때문에 다른 사람들의 머릿속에서 무슨 생각이 오가는지 알아내려고 하지 않는다. 가령, 내가 무엇을 이야기하는지를 보여주는 예가 여기에 있다. 파시즘은 공산주의의 산물이라는—어느 의미에서는 분명히 사실인데—널리 퍼져 있는 이론을 논의하면서 우리 가운데서 가장 능력 있는 마르크스주의 작가 중 한 사람인 N.A. 홀더웨이 씨는 다음과 같이 쓰고 있다.

> 공산주의가 파시즘을 낳는다는 진부한 신화. ……그 신화에 깃들어 있는 진실은 다음과 같다. 공산당 활동의 출현은 지배계급에게 민주적인 노동 정당은 더 이상 노동 계급을 감독할 능력이 없다는 것을, 그리고 계속해서 자본가 독재권을 유지하려면 반드시 지금과 다른 형태를 취해야 한다는 것을 경고해 주었다.

여기에서 우리는 방법상 결점이 있음을 발견한다. 파시즘의 기저에 깔린 경제적 이유를 간파했기 때문에 홀데웨이는 묵시적으로 파시즘의 정신적인 면은 전혀 중요하지 않다고 생각한다. 파시즘은 "지배계급"의 조작이라고 아무렇게나 말해 버리는데 사실은 그렇기도 하다. 그러나 이 자체는 파시즘이 자본주의자들에게 왜 매력적인가를 설명해 줄 뿐이다. 자본주의자가 아닌 수백만의 사람들은 물질적으로는 파시즘에서 얻을 것이 전혀 없다는 것을 종종 인식하면서도 여전히 파시스트이다. 그들은 어떻게 된 것인가? 그들이 순전히 이념적인 노선을 따라 파시즘에 접근한 것이 분명하다. 그들이 파시즘으로 쇄도해 가는 것은 오로지 경제적인 동기보다 더 깊이 놓여 있는 것들(애국심, 종교 등등)을 공산주의가 공격하거나 아니면 공격하는 것처럼 보이기 때문이다. 그런 의미에서 공산주의가 파시즘을 일으킨다는 것은 전적으로 사실이다. 마르크스주의자들이 거의 언제나 이념의 가방에서 경제적 고양이를 꺼내 보이는 일에만 집중하는 것은 애석한 일이다. 어떤 의미에서는 그것은 진실을 나타내기는 하지만 이익이 되지는 않는다. 이러한 불이익과 더불어 그들 선전의 대부분이 목표를 빗나간다. 사회주의로부터 정신적으로 후퇴하는 것, 특히 그런 현상이 예민한 사람들에게서 나타나는 것을 나는 이 장에서 논하고 싶다. 나는 이것을 어느 정도 길게 분석해야 할 것이다. 널리 퍼져 있고, 매우 강력한 현상인데도 사회주의자들은 그것을 거의 완전히 무시하기 때문이다.

첫 번째 우리가 눈여겨보아야 할 것은 사회주의라는 개념은 기계 생산이라는 개념과 어느 정도 뗄 수 없을 정도로 묶여 있다는 것이다. 사회주의는 본질적으로 **도시적** 신조로서 산업주의와 동시에 성장했다. 사회주의는 언제나 도시 노동 계급과 도시 지식인들에 그 기반을 두어 왔고 그것이 산업사회 이외의 어느 다른 사회에서 대두할 수 있겠는지는 불확실하다. 산업주의를 인정하면 사회주의라는 개념은 자연스럽게 나타난다. 왜냐하면 사적 소유권이란 오로지 모든 개인(혹은 가족이나 다른 단위)이 적어도 어느 정도 자족할 수 있을 때만 가능하기 때문이다. 그러나 산업주의의 결과로 어떤 사람이 단 한 순간이라도 자족하기란 불가능하게 되었다. 산업주의가 일단 상당히 낮은 단계를 벗어나 그 수준이 올라가게 되면 그것은 **반드시** 어떤 형태든지 집단주의로 가게 되어 있다. 물론 반드시 사회주의로 가는 것은 아니다. 그것이 일종의 노예 국가로 갈 수도 있으리라는 생각을 해볼 수 있다. 파시즘은 그런 노예 국가에 대한 예언 같은 것이다. 그리고 그 반대 역시 사실이다. 기계 생산은 사회주의를 암시한다. 그러나 사회주의는 무언가 원시적인 삶의 방식과 양립할 수 없는 것을 요구하기 때문에 세계 체계로서의 사회주의는 기계 생산을 의미한다. 예를 들면 사회주의는 지구의 모든 지역이 끊임없이 상호 소통하고 상품을 교역할 것을 요구한다. 어느 정도 중앙집권화된 통제를 요구한다. 모든 인간의 삶의 기준이 대략 동일할 것과 모든 인간이 획일적인 교육을 받을 것을 요구한다. 그러므로 우리는 사회주의가 실현되는 세상은 적어도 현재의 미국처럼, 아마 미국보다도 훨씬 더 고도로 기계화된 세상일 것으로 생각할 수 있다. 어쨌든 어느 사회주의자도 이것을 부인하지 못할 것이다. 사회주의 세계는 언제나 철저하게 기계화되고, 매우 체계화된 세계, 옛 문명이 노예에 의존했던 것처럼 기계에 의존하는 세계로 묘사된다.

여기까지는 매우 좋기도 하고 매우 나쁘기도 하다. 생각 있는 사람들의 대다수는 기계문명을 좋아하지 않는다. 하지만 이 시점에 기계를 폐기해 버린다고 이야기하는 것은 말도 되지 않는다는 걸 바보가 아니라면 누구나 알고 있다. 그러나 불행한 것은 일반적으로 사회주의는 기계적인 진보라는 개념과 밀접한 관계를 맺고 있는 것으로 소개된다. 단순히 필요한 발전이 아니라 목적 그 자체로서, 거의 종교 같은 기계적 진보 말이다. 예를 들면, 러시아에서 빠른 속도로 기계적 진보가 이루어지는 것을 알리는 대부분의 선전물에 이런 개념이 함축되어 있다(드니퍼 강 댐, 트랙터 등등). 카렐 차페크[104]는 《R.U.R.》의 무시무시한 끝 장면에서 이런 개념을 매우 잘 표현했다. 그 장면에서 로봇들은 마지막 인간을 살해한 후 "많은 주택을 건설할" 작정임을 발표한다(단지 주택을 지을 목적으로 말이다). 사회주의를 가장 쉽사리 받아들이는 부류의 사람은 또한 기계적인 발달 그 **자체를** 열광적으로 바라보는 사람이다. 그런데 너무나 열광한 나머지 사회주의자들은 종종 반대 의견이 존재한다는 것을 이해할 능력이 없다. 일반적으로 그들이 생각해 낼 수 있는 가장 설득력 있는 논지는 현재 우리 세상에서의 기계화는 미래에 사회주의가 정착

---

104 Karel Capek(1890~1938): 체코슬로바키아의 작가로 《R.U.R.》(Rossum's Universal Robots,1921)에서 처음으로 로봇이란 단어를 사용했음.

되었을 때 우리가 보게 될 것에 비하면 아무것도 아니라는 것이다. 지금 한 대의 비행기가 있다면 그때는 50대가 있을 것이란다! 지금 수작업을 하는 모든 일들이 기계로 이루어질 것이며, 지금 가죽, 나무, 돌로 만들어지는 모든 것은 고무, 유리, 혹은 강철로 만들어질 것이라고 한다. 무질서, 미결 사항, 황무지, 야생 동물, 잡초, 질병, 고통 따위는 전혀 없을 것이란다—그런 식으로 계속된다. 사회주의 세계는 무엇보다도 **질서정연한** 세계, **효율적인** 세계가 될 것이다. 하지만 예민한 지성인들은 장래 비전, 일종의 웰즈[105]의 소설에 나옴직한 번쩍거리는 세계에서 뒤로 물러서는 것이다. 이처럼 본질적으로 "진보"를 부풀리는 것이 사회주의 원칙에 필수적인 것은 아니라는 것을 부디 알아주기를 바란다. 하지만 사람들은 그렇다고 생각하게 되었고 결과로 온갖 부류의 사람들 안에 내재해 있는 온건한 보수주의는 쉽사리 사회주의에 반대하여 결집하게 된다.

모든 예민한 사람은 누구나 기계에 대해, 그리고 물리 과학에 대해 어느 정도 의심하는 때가 있다. 하지만 과학과 기계에 대한 적대감은 시대에 따라 매우 달랐기 때문에 과학과 기계에 대한 적대감의 다양한 동기를 정리하는 것과 그리고 과학이 문학의 인기를 앞질렀기 때문에 과학을 증오하는 현대 문학계 신사의 질투심을 무시하는 것은 중요하다. 내가 잘 알고 있는 과학

---

105 H.G.Wells(1866~1946): 영국의 유명한 과학 소설가이자 문명비평가. 대표작으로《타임머신Time Machine》,《투명 인간The Invisible Man》등이 있음.

과 기계에 대한 최초의 본격적인 공격은《걸리버 여행기》의 제3
부에 있는 것이다. 하지만 스위프트[106]의 공격은 아슬아슬한 묘
기로서는 재기 넘치는 것이지만 그것이 상상력을 결핍한 사람
의 관점에서 쓰였기 때문에 부적절하고 어리석기까지 하다—
《걸리버 여행기》의 저자에 대해 말하는 것으로는 이상하게 보
일 수도 있겠지만 말이다. 스위프트에게 과학은 단순히 일종의
무익한 추문 캐기이며, 기계는 절대 작동되지 않을 터무니없는
고안품이었다. 그의 평가 기준은 실제로 유용한가였고 그리고
어떤 실험이 그 당시는 눈에 띄게 유용하지 않지만 장래에는 좋
은 결과를 가져올 수도 있다는 통찰력을 그는 지니지 못했었다.
스위프트는《걸리버 여행기》의 다른 부분에서 모든 업적 중에
최고의 것으로 "전에는 풀 한 잎이 자라던 곳에서 두 잎이 나오
도록 한 것"을 꼽고 있다. 분명히 그는 이것이 바로 기계가 할 수
있는 것이라는 걸 알지 못했다. 경멸당하던 기계들이 잠시 후 작
동되기 시작했고 자연과학은 그 범위를 넓혀 갔다. 그리고 우리
할아버지들을 선동했던 유명한 종교와 과학 사이의 갈등이 있
었다. 갈등은 이제 끝났고, 양쪽이 모두 물러서서 자신들이 승리
했다고 주장했다. 그렇지만 대부분의 종교 신자들의 마음속에
는 과학에 대한 편견이 여전히 남아 있다. 19세기 동안 내내 과
학과 기계에 반대하는 항의의 목소리가 끊이지 않았지만 그것
은 초기 단계에서의 산업주의가 무자비하고 추악하다는 좀 천

---

106 Jonathan Swift(1667~1745): 영국 풍자 작가 겸 성직자, 정치 평론가.

박한 이유에서였다(가령, 찰스 디킨스의 《어려운 시대Hard Times》를 보라). 소설 《에레혼Erewhon》의 잘 알려진 장(章)에서 저자 사무엘 버틀러가 기계에 대해 공격하는 것은 또 다른 문제이다. 하지만 버틀러 자신은 우리보다 덜 절박한 시대, 최고 수준의 남자가 예술 애호가가 되는 것이 아직도 가능한 그런 시대에 살았기 때문에 모든 것이 그에게는 지적인 훈련처럼 보였던 것이다. 버틀러는 분명히 우리가 비열하게 기계에 의존하는 것을 보았지만 그 결과를 모두 논하기보다는 그저 농담조로 그것을 과장하는 편을 택했다. 기계화가 드디어 승리한 우리 시대에 와서야 우리는 인간이 충만한 삶을 누리는 것을 불가능하게 만드는 기계의 경향을 실제로 **느낄 수** 있게 되었다. 아마도 생각 있고 감정이 있는 사람 중에서 사형 집행용 가스관 의자를 바라보고 기계가 삶의 적이라는 생각을 때때로 하지 않는 사람은 아무도 없을 것이다. 그러나 이런 감정은 이성적이라기보다 본능적이다. 사람들은 어떻게 해선가 "진보"가 속임수라는 것을 안다. 하지만 그들은 정신적 속기술 같은 것으로 그런 결론에 도달한다. 내가 여기에서 하는 일은 보통은 생략되는 논리적 단계들을 제공하는 것이다. 그러나 우선 우리는 기계의 기능이란 무엇인가를 반드시 질문해야 한다. 확실히 기계의 주기능은 일을 줄여 주는 것이다. 그리고 기계문명을 전적으로 받아들이는 부류의 사람은 거의 그 이상의 이유를 찾지 못한다. 가령 여기에 현대 기계화된 세상에서 완전히 편안하다고 주장하는, 아니 소리치는 사람이 있다. 존 비버즈[107]가 쓴 《믿음이 없는 세계》에서 나는 인용한다.
이것이 그가 하는 말이다.

"오늘날 일주일에 평균 2파운드 10실링에서 4파운드를 버는 사람이
18세기의 농장 노동자보다 더 하급 부류라고 말하는 것은 명백하게 미
친 짓이다. 아니면 현재나 과거의 전적인 농업 사회의 노동자나 농부
보다 더 낮은 부류라고 이야기하는 것은 미친 짓이다. 그것은 정말로
사실이 아니다. 규모가 큰 기관차나 자동차 공장에서 행해지는 모든
일과 비교해서 들판이나 농장에서 하는 일이 문화적으로 효과가 있다
고 외치는 것은 너무나 어리석다. 노동은 성가신 것이다. 우리는 해야
만 하기 때문에 일한다. 그리고 우리가 모든 일을 하는 것은 여가를 가
지기 위해서, 그리고 그 여가를 가능한 한 즐겁게 보낼 재력을 가지기
위해서이다."

그리고 또다시

"인간은 초자연적인 존재에 대해 걱정할 필요 없이 지상에서 자신의
천당을 구할 수 있을 만큼 충분한 시간과 힘을 가지게 될 것이다. 지구
는 매우 즐거운 곳이 될 것이기 때문에 사제와 목사들은 별로 할 이야
깃거리가 없을 것이다. 재치 있는 일격으로 그들의 코가 납작해 질 것
이다."

---

107   John Beevers(1911~1975): 영국의 소설가, 시인.

그 장(비버즈의 책 4장) 전체가 이런 말들로 가득 차 있는데 그 것은 기계 숭배를 가장 천박하고 무지하고 설익은 모습으로 과시하는 것으로는 약간 흥미롭다. 하지만 이것이 현대 세계의 많은 사람들의 진정한 목소리이기도 하다. 교외 외곽에 사는 아스피린 복용자는 모두 열렬히 그것을 흉내 낼 것이다. 할아버지가 자신보다 더 나은 인간이었을지도 모른다는 제안, 그리고 만일 우리가 좀 더 소박한 삶의 방식으로 돌아간다면 일해서 근육을 강화해야 할지도 모른다는 훨씬 더 끔찍한 제안을 받았을 때 비버즈 씨가 외치는 분노에 찬 날카로운 통곡 소리에 주목하라 ("그건 사실이 아니야……!"). 아시다시피 우리는 "여가를 가지기 위해서" 일하는 것이다. 무엇을 위한 여가란 말인가? 아마도 좀 더 비버즈 씨처럼 되기 위한 여가이겠지.

사실 비버즈 씨가 "지상의 천당"에 관해 이야기하는 것을 들으면 우리는 그가 바라는 문명의 모습이 어떤 것인지를 잘 짐작할 수 있다. 그가 원하는 문명은 영원무궁토록 지속되고, 계속해서 더욱더 시끌벅적해지는 라이언즈 코너 하우스[108] 같은 것이다. 기계 세상에서 편안하게 느끼는 사람이 쓴 어느 책—예를 들면, H.G. 웰스가 쓴 모든 책—에서도 당신은 이런 종류의 문구를 발견할 것이다. "우리의 새로운 노예 종족인 기계는 우리 인간을 해방할 것이다" 등등의 끈덕지게 사기를 진작시키는 말을

---

108 런던의 코벤트리가와 스트랜드와 토트넘 코트 로드의 모퉁이 가까이에 있는 상점 이름 J. Lyons flagships shops. 많은 사람들이 붐벼서 한때 24시간 열었음.

우리는 얼마나 자주 들어왔던가! 확실히 이런 사람들에게 기계의 유일한 위험은 그것이 파괴적인 목적으로 쓰일 가능성이 있다는 것이다. 예를 들어 비행기가 전쟁에 사용되는 것처럼 말이다. 전쟁과 예기치 못한 재난을 제외하면 미래 세계에서는 더욱더 빠른 속도로 기계적 진보가 진행되는 것으로 묘사된다. 일을 줄여 주는 기계, 생각을 절약해 주는 기계, 고통을 줄여 주는 기계, 위생, 효율, 조직, 더 많은 위생, 더 좋은 효율, 더 많은 조직, 더 많은 기계. 당신은 드디어 이제는 우리에게 낯익은 웰스의 유토피아에 도달하게 된다. 키가 작고 통통한 사람들이 사는 이런 유토피아를 헉슬리는 그의 소설 《멋진 신세계》에서 적절하게 풍자했다. 물론 키가 작고 통통한 사람들의 미래 백일몽에서는 그들은 통통하거나 키가 작지 않다. 그들은 신 같은 사람들이다. 하지만 왜 그들이 신 같아야만 할까? 모든 기계적 진보는 더욱더 큰 효율을 목표로 삼고 나갈 것이다. 그러므로 궁극적으로는 아무것도 잘못되는 일이 없는 그런 세상을 향해 가는 것이다. 그러나 **아무것도 잘못되는 일이 없는** 세상에서는 웰스 씨가 "신에게 어울린다"고 여기는 많은 자질들이 귀를 움직이는 동물적인 능력보다 더 가치를 지니지 못할 것이다. 예를 들자면, 《신 같은 사람들》과 《꿈》에 나오는 인간들은 용감하고, 관대하며 육체적으로 강하다. 하지만 육체적 위험이 사라진 세계—기계적인 진보가 확실히 육체적 위험을 제거하는 경향 쪽이다—에서 육체적 용기가 살아남을 가능성이 있을까? 정말 살아남을 수 있을까? 그리고 육체적 노동이 전혀 필요 없는 세상에서 왜 육체적

강인함이 살아남아야 할까? 충성심이나 관대함 같은 그런 자질들은, 아무것도 잘못 돌아가지 않는 세상에서는 현실성이 없을 뿐 아니라 생각조차 할 수 없는 것들이다. 사실은 우리가 찬양할 만한 인간의 자질이라고 하는 많은 것들은 재앙, 고통, 어려움을 당할 때 그 기능을 발휘할 수 있다. 하지만 기계의 진보는 재앙, 고통, 어려움을 제거하는 경향이 있다. 《신 같은 사람들》과 《꿈》 같은 책에서는 강함, 용기, 관대함 같은 그런 자질들이 전인적인 인간에게 필요한 훌륭한 자질이기 때문에 적극적으로 유지될 것으로 생각한다. 아마도 유토피아의 주민들은 용기를 연습하기 위해서 인위적으로 위험한 상황을 만들어 낼 것이고, 그들이 전혀 사용할 필요가 없는 근육을 단련하기 위해서 아령 운동을 할 것이다. 여기에서 우리는 진보라고 하는 개념에 나타나 있는 대단한 모순을 본다. 기계적 진보의 경향은 우리의 환경을 안전하고 쾌적하게 만드는 것이다. 그런데도 우리는 우리 자신을 용감하고 굳세게 만들려고 분발하고 있다. 우리는 앞으로 가기 위해서 맹렬히 밀어붙이고 있으며, 동시에 필사적으로 뒤로 물러서려고 한다. 그것은 마치 런던의 주식 중개인이 쇠사슬 갑주를 입고 사무실에 출근해서 중세 라틴어로 말해야 한다고 고집 부리는 것과 같다. 그래서 결국 진보의 챔피언은 또한 시대착오의 챔피언이기도 하다.

한편 나는 기계 진보의 추세는 삶을 안전하고 쾌적하게 만드는 **것으로** 생각한다. 이것에 관해서는 토론이 필요할 수도 있다. 어느 때라도 최근의 기계적 발명이 그렇지 않은 것으로 보일 수 있기 때문이다. 말에서 자동차로의 전환을 예로 들어보자. 첫눈에는 거리에서 일어나는 사고로 사망하는 사람들의 엄청난 숫자를 고려할 때, 정확히 말해서 자동차가 삶을 더 안전하게 해주는 일에 공헌하는 것은 아니라고 할 수 있다. 더욱이 석탄재 깔린 경주로를 달리는 일류 선수가 되는 것은 아마 말을 길들이는 자가 되는 것만큼, 혹은 국가 사냥 말 달리기에서 경주하는 것만큼 강인함이 필요할 것이다. 그러나 모든 기계류는 더 안전해지고 더 다루기 쉽게 되는 것이 추세다. 우리가 진지하게 도로 계획에 달려들기로 작정한다면, 조만간 그렇게 하겠지만, 사고의 위험은 사라질 것이다. 그동안 자동차는 맹인이나 마비된 자가 아니라면 누구든지 몇 번의 교습을 받은 후 운전할 수 있는 그런 정도까지 진화해 왔다. 현재에도 평범하게 말을 잘 타는 것보다 평범하게 차를 운전하는 데 용기와 기술이 훨씬 덜 필요하다. 20년 후에는 자동차 운전에 아무런 용기나 기술이 필요하지 않을 것이다. 그러므로 사회 전체로 볼 때 말에서 차로 옮겨간 결과 인간의 유약함이 증가했다. 곧 누군가가, 가령, 비행기라는 또 다른 발명품을 가져온다. 그것이 첫눈에는 삶을 더 안전하게 해줄 것처럼 보이지 않는다. 비행기에 처음 올라탄 사람은 가장 용감한 사람이었다. 그리고 오늘날에도 비행사가 되려면 반드시 대단한 용기를 가져야 한다. 하지만 과거와 똑같은 추세가 작용한다. 자동차처럼 비행기도 바보라도 다룰 수 있게 될 것이다. 백만 명의 엔지니어들이 거의 무의식적으로 그 방향을 향해 일하고 있다. 드디어—거기에 결코 도달하지 못할지 모르지만,

이것이 목표이다—우리는 유모차 안의 아기가 아무 기술이 없어도 되듯이 비행사에게 아무런 기술이나 용기가 필요 없는 비행기를 가지게 될 것이다. 모든 기계적 진보는 이런 방향으로 가고 있고, 반드시 가야 한다. 기계는 좀 더 효율적으로 되면서 발달한다. 말하자면 좀 더 바보라도 다룰 수 있게 함으로써 진보한다. 그러므로 기계적 진보의 목적은 바보라도 기계를 다룰 수 있는 세계이다. 그것이 바보들이 사는 세계를 의미할 수도 있고 의미하지 않을 수도 있다. 웰스 씨는 세상은 결코 바보라도 기계를 다룰 수 있는 곳이 될 수 없다고 비꼴지도 모른다. 아무리 높은 수준의 효율성을 달성할지라도 앞에는 항상 어떤 큰 어려움이 있기 마련이기 때문이다. 예를 들자면, (이것은 웰스 씨가 좋아하는 생각이었다. 그가 결론에서 이것을 얼마나 많이 사용했는지 모른다) 우리가 우리 위성을 완벽하게 다듬게 될 때, 우리는 다른 위성에 가서 그곳을 식민화하는 거대한 과업을 시작한다. 하지만 이것은 단순히 목표를 좀 더 미래로 밀고 가기 위한 것이다. 목표 그 자체는 똑같다. 다른 위성을 식민지로 삼으면 기계적 진보 놀음은 새롭게 시작된다. 절대로 잘못될 수 없는 세상을 절대로 잘못될 수 없는 태양계—잘못될 수 없는 우주—로 대치하는 것이다. 당신이 기계적인 효율성이라는 이상에 자신을 묶게 되면, 당신은 유약함이라는 이상에 자신을 묶어 놓게 되는 것이다. 그러나 유약함이란 혐오스러운 것이다. 그러므로 모든 진보는, 결코 도달하지 않았으면 하는 생각으로 기도하는 목적을 향해 가려고 미친 듯이 안간힘을 쓰는 것 같다. 당신은 어쩌다 소위 진보라는 것은 소위 퇴보라는 것을 수반한다는 것을 이해하면서도 여전히 진보에 호의적인 사람을 만난다. 그런 까닭에 버나드 쇼의 유토피아에서는 비겁함에 대해서 처음으로 호의적인 연설을 한 사람으로 폴스타프[109]의 동상이 세워진 것이다.

그러나 문제는 이보다 훨씬 더 심각하다. 지금까지 나는 기계적인 진보를 목표로 삼으면서 동시에 기계적인 진보로 인해 필요 없게 되는 자질을 보존하려는 불합리성만 지적했을 뿐이다. 우리가 반드시 고려해야 할 한 가지 문제는, 기계의 지배로 인해서 손상되지 않을 인간적인 활동이 **도대체** 있기나 한 것인가? 이다. 기계의 기능은 일을 덜어 주는 것이다. 완전히 기계화된 세계에서는 모든 지겨운 일들은 기계가 하게 되고, 우리는 자유롭게 좀 더 흥미 있는 일을 할 수 있게 된다. 이렇게 표현하면 매우 멋지게 들린다. 손쉽게 고안된 기계가 이삼 분이면 흙을 퍼낼 수 있을 터인데 대여섯 명의 남자들이 땀을 뻘뻘 흘리며 수도관 묻을 도랑을 파는 것을 보면 우리는 역겨워진다. 왜 기계가 그 일을 하게 시키고 자신들은 무언가 다른 것을 하지 않을까. 그러나 곧이어 질문이 떠오른다. 그들이 그 이외의 무엇을 해야 할까? 가령, "일" 아닌 것을 할 수 있도록 사람들이 "일"에서 해방되었다고 생각해 보자. 그러나 무엇이 일이고 무엇이 일이 아닐까? 땅 파고, 목공 일하고, 나무 심고, 나무 자르고, 차 타고, 낚

---

109 셰익스피어의 극 《헨리 4세》 1부와 《윈저의 즐거운 아내들》에 등장하는 쾌활하고 재치 있는 뚱뚱한 허풍쟁이 기사.

시하고, 사냥하고, 닭 모이 주고, 피아노치고, 사진 찍고, 집 짓고, 요리하고, 바느질하고, 모자 다듬고, 오토바이 수리하는 것이 일이란 말인가? 이 모든 것들이 어떤 사람들에게는 일이고, 또 어떤 사람들에게는 그 모두가 놀이이다. 사실 당신이 어떻게 보느냐에 따라서 일이나 놀이로 분류할 수 없는 활동은 거의 없다. 땅 파는 일에서 놓여난 노동자는 자신의 여가, 혹은 여가의 일부를 피아노 치며 보내고 싶을 수도 있다. 반면에 전문적인 피아니스트는 밖으로 나가서 감자밭을 파는 일이 오로지 대단한 기쁨일 수도 있다. 그러므로 일을 무언가 견딜 수 없이 지루한 것으로, 그리고 일이 아닌 것을 무언가 바람직한 것으로 대조시키는 것은 기만이다. 사실은 인간이 먹고, 마시고, 잠자고, 사랑하고, 말하고, 게임을 하거나 그저 빈둥거리지 않을 때—그런데 이 모든 것들로 인생의 시간이 다 채워지지는 않는다—에는 일할 필요가 있고, 비록 일이라고 부르지 않는 것일지라도, 대개 일을 찾는다. 대단한 바보가 아닌 사람들은 주로 수고하며 살아간다. 왜냐하면 인간이란 천한 쾌락주의자가 생각하듯이 걸어 다니는 밥통이 아니기 때문이다. 인간은 손과 눈과 두뇌도 가지고 있다. 손을 사용하지 않게 되면 당신은 의식의 대단히 많은 부분을 잘라 내는 것이다. 이제 수도관을 묻을 도랑을 파고 있는 대여섯 명의 사람들을 다시 생각해 보자. 기계 덕분에 땅을 파는 수고에서 해방된 그들은 그 이외의 다른 일—예를 들자면 목공일—로 오락을 삼는다. 하지만 그들이 무슨 일을 하고 싶어 하든 그들은 또 다른 기계가 자신들을 그 일에서 해방했다는 것을 알게 될 것이다. 완전히 기계화된 세상에서는 땅을 팔 필요가 없는 것처럼 더 이상 목수 일이나, 요리, 오토바이 수선하는 일을 할 필요가 없을 것이기 때문이다. 고래를 포획하는 일에서 앵두 씨를 발라내는 일에 이르기까지 기계가 할 수 없는 것들이 거의 없기 때문이다. 기계는 우리가 지금 "예술"이라고 분류하는 활동에까지 파고들 것이다. 카메라와 라디오를 통해서 이미 그렇게 하고 있다. 기계화할 수 있는 한 최대로 세상을 기계화하라. 그러면 당신이 어느 방향으로 가든지 어떤 기계가 당신이 일할 기회—말하자면 살 기회—를 막아 버릴 것이다.

첫눈에는 이것이 문제가 되지 않는 것처럼 보일 수 있다. 왜 기계가 그 일을 할 수 있다는 것을 무시하고 "창의적인 일"을 할 수 없다는 말인가? 그러나 그게 들리는 것처럼 그렇게 간단하지 않다. 여기 보험회사에서 하루에 8시간을 일하는 내가 있다. 나의 여가 시간에 나는 무언가 "창의적"인 일을 하고 싶다. 그래서 나는 목공 일을 좀 하려고 생각한다—가령 테이블을 하나 만들려고 한다. 처음부터 이 일 전체에 일말의 인위성이 있다는 걸 눈여겨보시라. 내가 만들 수 있는 것보다 훨씬 더 좋은 테이블을 공장에서 만들어 낼 수 있기 때문이다. 내가 테이블을 만드는 일에 착수한다 해도, 나는 그 테이블에 대해서 백 년 전에 수납장을 만드는 사람이 그 장에 대해 가졌던 것 같은 감정을 가지는 것이 불가능하고, 더더구나 로빈슨 크루소가 자신이 만든 테이블에 대해 가졌던 감정 같은 것은 전혀 느낄 수 없다. 내가 일을 시작하기 전에 이미 대부분의 일이 공장에서 이루어졌기 때문이다. 내가 사용하는 도구는 최소한의 기술로도 쓸 수 있는 것이다. 예를 들자면, 나는 어떤 형태로도 잘라 낼 수 있는 평면 판목을 구할 수 있다. 100년 전에 수납장 만드는 사람은 평면을 만들기 위해 정과 둥근 끌을 가지고 일해야만 했을 것이다. 그렇게 하는 데는 대단한 눈썰미와 손재주가 필요했다. 내가 구매할 수 있는 판목은 이미 평면이고 다리는 선반기에서 이미 깎인 상태다. 나는 목재상에 가서 이미 다 만들어져 있어서 짜 맞추기만 하면 되는 테이블의 모든 부분을 살 수도 있다. 내가 할 일은 나무못을 몇 개 박고 사포를 사용하는 일 정도로 줄어들었다. 현재가 이 정도라면 기계화된 미래에는 엄청나게 더 그럴 것이다. 그때에 사용할 수 있는 재료와 연장들로는 실수할 가능성이 전혀 없을 것이고, 그래서 손재주를 사용할 여지도 없을 것이다. 테이블 만드는 일이 감자 껍질 벗기는 일보다 더 쉽고 지루할 것이다. 그런 상황에서 "창의적인 일"을 말한다는 것은 웃기는 일이다. 어쨌든 손을 쓰는 예술(도제 제도로서 전수되어야만 했던 것)은 이미 오래전에 사라져 버렸을 것이다. 그들 중 몇몇은 기계와의 경쟁으로 이미 사라졌다. 아무 시골 공동묘지나 둘러보고 1820년 이후의 것으로 품위 있게 조각된 비명이 있는지 살펴보라. 돌 세공 예술, 아니 기술은 완전히 사라졌기 때문에 그것을 다시 살리려면 수백 년이 걸릴 것이다.

하지만 기계를 유지하면서도 여전히 "창의적인 일"을 하면 되지 않겠느냐? 라고 말할 수 있다. 시대착오를 여가의 취미로 함양하면 어떨까? 많은 사람들이 이런 생각을 품어왔다. 이런 생각은 기계로 인해 시작된 문제를 아주 수월하게 해결하는 것처럼 보인다. 유토피아의 시민이 토마토 통조림 공장에서 두 시간 기계의 손잡이를 돌린 후 집에 돌아와서 짐짓 좀 더 원시적인 삶의 방식으로 돌아가 잠시 불꽃놀이와 도기 유약 바르기나 손으로 직조 짜기를 함으로써 자신의 창의적인 본능을 위로한다는 이야기를 우리는 듣는다. 이런 묘사가 왜 불합리한 것일까?—물론 불합리하다. 우리가 항상 그것에 의거하여 행동하지만, 언제나 인정하지 않는 하나의 원칙 때문이다, 기계가 존재하는 한 우리는 그것을 사용해야 할 의무가 있다는 원칙 말이다. 수도꼭지를 틀 수 있는데 우물에서 물을 길어 올 사람은 아무도 없다. 우리는 이것이 여행 문제에서 잘 설명되는 것을 알 수 있다. 저개발 국가에서 원시적인 방법으로 여행해 본 사람은 누구나 그런 여행과 기차, 자동차, 등을 이용하는 현대적인 여행 사이의 차이는 생사의 차이라는 것을 안다. 낙타나 우마차에 짐을 싣고서 걷거나 타고 가는 사람은 온갖 불편함을 견뎌야 한다. 하지만 그는 적어도 여행하는 동안 생생하게 살고 있는 것이다. 거기와 비교해서 급행열차나 호화스러운 여객선을 타고 가는 승객에게 그의 여행은 공백 기간, 일종의 일시적인 죽음과 같다. 그럼에도 불구하고 기차가 존재하는 한 우리는 기차—또는 자동차나 비행기—로 여행해야만 한다. 나는 런던에서 40마일 떨어진 곳에 있다. 내가 런던에 가고 싶을 때 나는 왜 짐을 노새 등에 얹고 도보로 출발해서 이틀간 행진하지 않는 것일까? 그린라인 버스가 십 분마다 휙휙 내 옆을 지나가게 되는 그런 여행은 견딜 수 없이 번거로운 여행일 것이기 때문이다. 우리가 원시적인 방법으로 여행을 즐길 수 있으려면 반드시 다른 방법이 전혀 없어야 한다. 어떤 일을 할 때 필요 이상으로 더 번거롭게 하기를 원하는 사람은 하나도 없다. 그래서 자신의 기백을 유지하기 위해서 돌림무늬 세공을 하는 유토피아 시민의 묘사가 불합리한 것이다. 기계로 모든 일을 할 수 있는 세상에서는 모든 일을 기계로 하게 될 것이다. 고의으로 원시적인 방법으로 되돌아가는 것, 옛날 연장을 사용하는 것, 자신이 가는 길에 어이없는 사소한 방해 거리를 놓아두는 것은 일종의 아마추어 예술 취미, 즉 예술가인 체하기, 솜씨가 좋은 체하는 것과 같은 것이다. 그것은 마치 돌 식기로 저녁을 먹기 위해 엄숙하게 식탁에 앉는 것과 같다. 기계시대에 살면서 손작업으로 되돌아가기를 원한다면 당신은 가짜 들보가 벽에 고정된 튜더식 빌라나 옛 찻집에 되돌아가 있는 것이다.

그렇다면, 기계적인 진보는 노력하고 창조하고자 하는 인간의 욕구를 좌절시키는 경향이 있다. 그것은 눈과 손의 활동을 불필요하게, 그리고 심지어 불가능하게 만든다. "진보"의 사도는 때때로 이것은 큰 문제가 아니라고 단언하겠지만, 당신은 대개 그 진보가 무시무시할 정도까지 진전될 수 있다는 것을 지적함으로써 그를 궁지에 몰아넣을 수 있다. 가령, 도대체 왜 손을 사용할까―코를 풀거나 심지어 연필을 깎는데도 왜 손을 사용한단 말인가? 틀림없이 당신은 강철과 고무로 만들어진 어떤 괴상한 기계를 어깨에 고정해서 일하게 하고, 당신의 팔은 뼈와 피부만 남은 그루터기로 쭈그러들게 내버려 둘 게 아닌가? 모든 몸의 기관과 능력도 그렇게 될 것이다. 인간이 먹고, 마시고, 잠자고, 호흡하고, 자녀를 낳는 것 이상을 해야 할 이유가 전혀 없다. 그 이외의 **모든 것**은 기계가 해줄 수 있다. 그렇기 때문에 기계적 진보는 필연적으로 인간을 병 안에 든 두뇌와 유사한 것으로 축소하는 결과를 초래할 것이다. 우리는 이미 그 목표를 향해 움직이고 있지만 물론 그 목표에 도달할 의향은 전혀 없다. 마치 매일 한 병의 위스키를 마시는 사람이 실제로 간경변을 앓을 의향이 없는 것과 같이 말이다. "진보"에 함축된 목표는—아마 **정확히** 그렇지는 않겠지만—병 안에 든 두뇌이다. 하지만 어쨌든 우리가 끔찍할 정도로 인간 이하로 무기력해지고 유약해지도록 하는 게 그 목표다. 그런데 불행하게도 현재 "진보"라는 말과 "사회주의"라는 말은 모든 사람의 마음속에서 뗄 수 없이 연관되어 있다. 기계를 혐오하는 사람은 사회주의를 혐오하는 것을 당연한 것으로 여긴다. 사회주의자는 언제나 기계화, 합리화, 현대화에 호의적이다—아니면 적어도 자신이 그것들에 호의적이어야만 한다고 생각한다. 예를 들자면, 아주 최근에 저명한 독립노동당원이 부끄러워하며 수심에 차서—마치 그게 무언가 부적절한 것처럼—"말(馬)을 좋아한다"고 내게 고백했다. 아시다시피 말은 사라져 간 과거의 농업시대에 속한다. 그리고 과거에 대한 모든 감정은 희미하게 이단 냄새를 풍긴다. 나는 반드시 그래야 한다고 생각하지 않지만, 의심할 여지 없이 그렇다. 그 자체가 품위 있는 사람들이 사회주의에서 멀어지게 되는 것을 설명해 주기에 충분하다.

한 세대 전에는 지성인은 누구나 어느 의미에서는 혁명론자였다. 오늘날은 지성인은 모두 반동주의자(보수주의자)라고 말하는 것이 진실에 더 가까울 것이다. 이것과 관련해서 웰스의《잠자던 사람이 깨어나다》와 30년 후에 쓰인 헉슬리의《멋진 신세계》를 비교해 보는 것은 가치 있는 일이다. 이 작품들은 각각 비관적인 유토피아에 관한 것이다. 학자인 체하는 자가 지닌 낙원에 대한 비전이다. 그 낙원에서는 "진보적"인 사람의 모든 꿈이 현실로 이루어진다. 단순히 허구적인 작품으로서는《잠자던 사람이 깨어나다》가 훨씬 더 훌륭한 작품이다. 하지만 웰스가 "진보"의 수석 사제인 관계로 "진보"에 반대하는 확신 없이 쓸 수밖에 없었기 때문에 이 작품은 광범위한 모순과 고민을 지니고 있다. 그는 묘하게 번쩍거리는 사악한 세상에서 특권층은 무기력하게 쾌락에 젖어 살고, 그리고 순전히 노예 신분으로, 인간 이하의 무지한 상태로 영락한 노동자들은 마치 지하 동굴에 사는 혈거인처럼 뼈 빠지게 일하는 모습을 그리고 있다. 이런 개념을 세밀하게 검토하자마자—이것은 〈공간과 시간 이야기〉라는 멋진 단편에서 더 발전된다—여기에서 모순을 발견한다. 왜냐하면 웰스가 상상하는, 기계화가 대단히 광범위하게 이루어진 세상에서 왜 노동자들이 현재보다 더욱 힘들게 일해야만 할까? 기계의 경향은 일을 제거하는 것이지 일을 증가시키는 것이 아니라는 것은 명백하다. 기계화된 세상에서 노동자들이 노예화하고 푸대접을 받고, 먹을 것도 제대로 먹지 못할 수는 있겠지만 그들이 끊임없는 노동에 시달리지는 않을 것이다. 그렇다면, 그런 경우에 기계의 기능이란 무엇이란 말인가? 우리는 기계가 모든 일을 하게 하거나 아니면 사람이 모든 일을 하게 할 수는 있지만 두 가지를 다 할 수는 없다. 천박하고 불완전한 인간 언어를 사용하는 푸른 제복을 입은 수많은 지하의 노동자들은 단지 "우리를 오싹하게 하려고" 등장시킨 것이다. 웰스는 "진보"가 잘못 선회할 수도 있다는 것을 제시하고 싶은 것이다. 하지만 그가 관심을 두는 유일한 악은 불평등이다─한 계급이 모든 부와 권력을 움켜잡고서 순전히 악의로 다른 사람들을 압박하는 것이다. 방향을 아주 살짝 비틀어서 특권층을 타도하면─실상 세계 자본주의에서 사회주의로 변화시키면─만사가 형통하리라고 웰스는 제시하고 있는 것 같다. 기계문명은 반드시 계속되어야 하지만 그 생산품은 반드시 평등하게 분배되어야 한다. 그가 감히 직면하지 못한 생각은 기계 그 자체가 인간의 원수일 수도 있다는 것이다. 그래서 그의 좀 더 특징적인 유토피아(《꿈》, 《신 같은 인간들》 등등)에서는 그는 낙관주의와 기계 덕분에 "해방된" 인간 쪽으로 돌아온다. 그들은 일광욕하는 계몽된 자들로서 그들 화제의 유일한 주제는 자신들이 조상들보다 더 우수하다는 것이다. 《멋진 신세계》는 그 후의 시기, "진보"가 사기라는 것을 경험했던 세대에 속한다. 그 책도 자체적인 모순을 지니고 있다 (그중 가장 중요한 것은 존 스트레이치가 《다가오는 권력 쟁탈》에서 지적했다). 하지만 적어도 그것은 우리의 기억에 오래 남을 정도로 좀 더 배가 불룩한 완벽주의를 멋지게 공격한다. 과장된 풍자 문이라는 것을 감안하더라도 아마도 그것이 생각 있는 사람들의 대다수가 기계문명에 대해 가지는 감정일 것이다.

예민한 사람이 기계에 대해 가지는 반감은 어느 의미에서는 비현실적이다. 기계가 우리와 함께 머물게 된 것은 명백한 사실이기 때문이다. 하지만 그 반감을 마음의 태도로서만 본다면 거기에 대해서 이야기할 것이 상당히 많다. 기계는 수용해야만 하는 것이지만 아마도 약을 수용하듯이 수용하는 것이 좋을 것이다─말하자면 마지못해서, 의심스러워하면서 말이다. 기계는 약처럼 유용하고, 위험하고 그리고 습관적이 된다. 우리를 더 자주 기계에 내맡길수록 우리는 기계의 손아귀에 더욱 꽉 붙잡힌다. 이 순간 우리 주위를 돌아보기만 하면, 기계가 얼마나 악랄한 속도로 우리를 그 세력 안에 잡아 두는가를 깨닫게 된다.

우선 이미 수 세기에 걸친 기계화의 영향으로 우리의 취향이 끔찍하게 방탕해졌다. 이것은 너무나 확실하고 너무나 널리 인정된 것이어서 거의 지적할 필요조차 없다. 하지만 가장 좁은 의미에서의 미각을 한 예로 들어보자─품위 있는 음식에 대한 미각 말이다. 고도로 기계화된 나라에서는 통조림 음식, 냉장 음식, 합성해서 맛을 낸 것들 등등으로 미각은 죽은 기관이나 다름없다. 우리가 어느 채소 가게를 둘러보아도 알 수 있는 것은 대다수의 영국 사람들이 먹는 사과는 미국이나 호주에서 수입해 온 고도로 색깔을 낸 솜덩어리 같은 사과라는 것이다. 영국인들은 분명히 즐거워하며 이런 것들을 게걸스럽게 먹어 치우고, 영국 사과는 사과나무 밑에서 썩어 가게 내버려 둔다. 영국 사람들에게 매력 있는 것은 빛나는, 규격화된, 기계에서 뽑은 것같이 보이는 미국 사과들이다. 그들은 더 훌륭한 영국 사과의 맛을 거들떠보지도 않는 것이다. 아니면 어느 식료품상에서든지 은박지로 싼 공장에서 만든 치즈와 "혼합해 만든" 버터를 보라. 모든 식료품점에서, 심지어 유제품 상점에서도, 점점 더 많은 자리를 차지하고 있는 끔찍하게 많은 통조림 줄들을 보라. 6페니짜리 스위스 롤이나 2페니짜리 아이스크림을 보라. 맥주라는 이름하에 사람들이 목으로 넘기는 더러운 화학적 부산물을 보라. 어디를 보든지 당신은 기계가 만든 미끈한 품목이 여전히 톱밥 아닌 다른 맛을 내는 구식 품목을 제치는 것을 보게 될 것이다. 음식에 적용되는 것은 또한 가구, 집, 의복, 책, 오락과 우리의 환경을 이루는 다른 모든 것들에도 적용된다. 생각에 잠길 때 그 배경으로 가축이 음매 하고 울거나 새들이 노래하는 것보다 시끄럽게 떠들어대는 라디오가 더욱더 만족스러울 뿐 아니라 **정상적인** 것이라고 여기는 사람들이 이제 수백만이고 그들의 숫자는 매년 더 증가하고 있다. 우리의 취향이, 혀의 맛 봉우리까지도 전혀 부패하지 않고 그대로 남아 있는 한 세계의 기계화는 결코 대단한 정도로까지 진행될 수 없다. 그런 경우에는 사람들이 대부분의 기계 생산품을 절대 원하지 않을 것이기 때문이다. 건강한 세상에서는 통조림 음식, 아스피린, 축음기, 사형 집행 가스 의자, 기관총, 일간신문, 전화, 자동차 등등에 대한 수요가 없을 것이기 때문이다. 반면에 기계가 생산할 수 없는 것들에 대한 수요가 끊이지 않을 것이다. 하지만 그럭저럭하는 사이에 기계가 여기에 존재하고, 그래서 부패시키는 기계의 영향은 거의 불가항력적이다. 어떤 사람은 기계에 반대하고, 독설을 퍼붓지만, 계속해서 기계를 사용한다. 벌거숭이 야만인조차 기회가 생긴다면 두세 달 안에 문명의 악습을 배울 것이다. 기계화는 취향을 퇴화시킬 것이고 취향의 퇴화는 기계로 생산하는 물품에 대한 수요를 창출하며, 그러므로 더욱 기계화되고, 그래서 악순환이 정착되는 것이다.

하지만 여기에 덧붙여서 세계의 기계화는 우리가 원하건 원하지 않건 마치 자동적인 양 진행되는 경향이 있다. 이것은 현대 서양 사람에게 기계를 발명할 수 있는 능력을 제공했고 거의 본능이 될 정도로 그 능력을 고무해 왔다는 사실에 기인한다. 사람들은 새로운 기계를 발명하고, 마치 몽유병 환자가 잠을 자면서 계속 일하는 것처럼 거의 무의식적으로 기존 기계를 개량한다. 지구상에서의 삶이 모질고 고되다는 것을 당연한 것으로 여겼던 과거에는 조상들이 쓰던 서투르게 만든 도구들을 계속 사용하는 것이 자연적인 운명처럼 보였고, 오로지 몇 사람의 괴짜들만이 수 세기 간격으로 기술 혁신을 제안했다. 그래서 아주 오랫동안 소달구지, 쟁기, 낫 등이 크게 변하지 않은 채 사용되었다. 기록에 따르면 나사는 아주 먼 옛날부터 사용되었지만, 19세기 중엽이 되어서야 비로소 어떤 사람이 끝이 뾰족한 나사를 만들 생각을 했다. 이삼천 년 동안 나사의 끝은 편편했고 나사를 삽입하기 전에 나사가 들어갈 구멍을 파야 했었다. 우리 시대에는 그런 것은 생각할 수도 없는 일이다. 거의 모든 현대인들은 어느 정도 개발된 창의성을 능력으로 가지고 있기 때문이다. 폴리네시아군도 사람이 수영하는 것처럼 서양 사람은 자연스럽게 기계를 발명한다. 서양 사람에게 일거리를 주어 보라. 그러면 그는 즉시 그 일을 해줄 기계를 고안하기 시작한다. 그에게 기계를 주라. 그러면 그는 그것을 개량할 길을 생각할 것이다. 나는 이러한 경향을 충분히 이해한다. 왜냐하면 비효율적이긴 하지만 나 자신이 그런 생각을 하기 때문이다. 나는 작동되는 기계를 만들 만한 인내심도 기계적 기술도 지니지 못했지만, 내 두뇌와 근육을 사용하는 수고를 덜어 줄 가능성이 있는 기계의 유령을 부단히 바라보고 있다. 나보다 좀 더 확실하게 기계적 성향을 지진 사람은 아마도 어떤 기계를 만들어서 그것을 작동시킬 수 있을 것이다. 하지만 우리의 현재 경제 체제에서는 그가 기계를 만들거나 말거나 하는 것—아니면 차라리 그 이외의 사람이 그 기계의 혜택을 받거나 받지 못하는 것—은 그 기계들이 상업적으로 가치가 있느냐에 달려 있다. 그러므로 사회주의자들이 일단 사회주의가 확립되면 기계의 발전 속도는 훨씬 더 빨라질 것이라고 주장하는 것은 옳은 말이다. 기계문명이 제공되면 발명과 개량의 과정은 항상 계속될 것이다. 하지만 자본주의의 성향은 그 속도를 줄이는 것이다. 자본주의하에서는 상당히 직접적인 이익을 기대할 수 없는 발명품은 어느 것이나 무시되기 때문이다. 사실 이익이 줄어들 조짐을 보이는 어떤 발명품은 페트로니우스가 언급한 구부릴 수 있는 유리처럼 거의 가차 없이 억제된다. (예를 들면, 몇 년 전에 누군가가 수십 년을 견딜 수 있는 축음기 바늘을 발명했다. 커다란 축음기 회사 중 하나가 그 특허권을 샀고, 그리고 그 후 아무도 그것에 대해 듣지 못했다.) 사회주의를 확립하라—이익 원칙을 제거해 보라—그러면 발명가는 자유재량을 가질 것이다. 이미 충분히 빠르게 진행된 세계의 기계화는 어쨌든 엄청나게 촉진될 수 있을 것이다.

그런데 이런 전망은 약간 불길하다. 기계화의 과정을 조절할 수 없다는 것은 지금도 명백하기 때문이다. 기계화는 단순히 인간이 기계화 습성을 가졌기 때문에 일어나고 있다. 화학자는 고무를 합성하는 새로운 방법을 완성한다. 또는 기계공은 새로운 패턴의 모샘치[110] 핀을 고안해 낸다. 왜일까? 분명히 이해할 수 있는 목적이 있어서가 아니라 단지 고안해 내고 개선하려는 충동에서다. 이제 그 충동은 본능이 되었다. 평화주의자를 폭탄 제조 공장에서 일하게 하라. 그러면 두 달 안에 그는 새로운 종류의 폭탄을 고안해 낼 것이다. 그러므로 발명한 사람조차 인간에게 이익이 될 것이라고 여기지 않았던 독가스처럼 극악무도한 것들도 출현하게 된다. 독가스 같은 것에 대한 우리의 태도는 **마땅히 브롬 딩낙 왕**[111]이 화약에 대해 가졌던 태도와 같아야만 한다. 하지만 우리는 기계적이고 과학적인 시대에 살기 때문에 무슨 일이 일어나든 "진보"는 계속되어야 하고 지식은 결코 억제되면 안 된다는 개념에 물들어 있다. 의심할 바 없이 우리는 말

---

110 유럽산 잉어과의 작은 민물고기.

111 《걸리버 여행기》의 대인국 왕

로는 기계가 인간을 위해서 만들어졌지, 인간이 기계를 위해서 만들어진 것은 아니라는 데 동의할 것이지만, 실제로는 기계의 발전을 막는 어떤 시도도 우리에게는 지식에 대한 공격으로, 그러므로 일종의 신성 모독으로 보인다. 그래서 만일 인간 전체가 갑자기 기계에 대해 반항하고, 그리고 좀 더 소박한 생활양식으로 도피하려고 결심한다 해도 도피하기는 여전히 엄청나게 힘들 것이다. 버틀러의 《에레혼Erewhon》에서처럼 어느 시기 이후에 발명된 모든 기계를 때려 부수는 것만으로는 그렇게 도피할 수 없을 것이다. 옛날 것이 부서지자마자 거의 무의식적으로 새로운 기계를 고안해 내는 습관적 생각 역시 때려 부숴야 할 것이다. 그런데 우리들 모두의 마음속에 적어도 그러한 습관적 생각이 아련하게 남아 있다. 세상의 모든 나라에서는 많은 과학자와 기술자의 무리가 개미 떼같이 맹목적으로 집요하게 "진보"의 길을 따라서 행군하고 있다. 우리는 숨을 헐떡이며 그들의 발뒤꿈치를 따라가고 있다. 비교적 극소수의 사람들만이 그런 일이 일어나기를 원하고, 많은 사람들은 적극적으로 그것이 일어나지 **않기를** 원하지만, 그럼에도 불구하고 그 일은 일어나고 있다. 기계화의 과정 그 자체가 하나의 기계가 되었다. 번쩍거리는 거대한 운반 기구가 어디인지도 모르는 곳으로 우리를 휩쓸어 간다. 아마도 웰스의 소설에 나옴직한 폭신한 세상과 병 속에 든 두뇌를 향해서 갈 것이다.

이것이 기계에 반대하는 경우의 논의이다. 이것이 건전한 논의인지 불건전한 논의인지는 거의 문제 되지 않는다. 요점은 이런 것들과 또는 이와 매우 유사한 논지가 기계문명에 비우호적인 사람들 모두에 의해 울려 퍼지리라는 것이다. 그리고 불행하게도 거의 모든 사람의 마음속에 존재하는 "사회주의—진보—기계류—러시아—트랙터—위생—기계류—진보"라는 생각의 연결고리 때문에 기계에 비우호적인 바로 이 같은 사람이 대체로 사회주의에 비우호적이다. 중앙집중식 난방과 사형 집행을 위한 가스 의자를 증오하는 사람은 또한 우리가 사회주의를 언급하면, "벌집 국가"에 대해 무언가를 웅얼거리며 고통스러운 얼굴을 하고 가버리는 사람이기도 하다. 내가 관찰한 바에 의하면 왜 이런 형편인지, 아니면 형편이 이렇다는 것을 이해하는 사회주의자는 거의 없다. 제일 많이 떠들어대는 사회주의자를 궁지로 몰아서, 내가 이 장에서 말한 요지를 되풀이해 말하면, 그가 어떻게 대답하는지 보라. 사실 당신은 몇 가지 대답을 들을 것이다. 나는 그 대답들을 너무나 잘 알고 있어서 그것을 다 외울 지경이다.

우선 그는 당신에게 "되돌아가는 것"(또는 "진보의 손을 방해하는 것"—마치 인류 역사상 진보의 시계 바늘이 몇 번이나 방해받고 매우 격렬하게 되돌아가지 않았던 것처럼!)은 불가능하다고 말할 것이다. 그리고 당신이 중세주의자라고 비난하면서 문둥병, 종교재판 등 중세의 끔찍한 것들에 대해 상세히 이야기하기 시작할 것이다. 사실상 현대를 변명하는 사람들이 중세와 과거에 대해 공격하는 것은 일반적으로 요점을 벗어난 것이다. 왜냐하면 그들이 사용하는 중요한 수단은 수준 높은 안락함을 누리는 까다로운 현대인을 그런 안락함에 대해 들어보지도 못한 시대로 불쑥 데려가는 것이기 때문이다. 하지만 어쨌든 이것이 대답은 아니라는 것을 눈여겨보라. 왜냐하면 기계화된 미래를 혐오한다는 것이 과거의 어느 시대에 최소한의 존경심을 가진다는 의미는 아니기 때문이다. 중세주의자보다 더 현명한 D. H. 로런스는 고대 에트루리아 사람을 이상화하는 편을 택했다. 우리는 편리하게도 에트루리아에 대해 별로 아는 것이 없다. 하지만 에트루리아인—혹은 펠라스기인이나 아스텍인이나 수메르인이나 사라진 다른 낭만적인 사람들—을 이상화할 필요는 없다. 우리가 바람직한 문명을 그려보는 것은 단순히 그것을 목표로 삼기 위해서다. 그것이 언젠가 시공에 존재했었던 것같이 꾸밀 필요는 없다. 이 점을 단단히 밀어붙이고, 당신은 단순히 삶을 쾌적하게 그리고 좀 더 복잡하게 만들기보다는 더 단순하고 더 힘들게 하는 것을 목표로 한다고 설명하라. 그러면 사회주의자는 대체로 당신이 "자연 상태—어떤 냄새나는 석기시대의 동굴을 뜻하는 것인데—로 돌아가기를 원한다고 생각할 것이다. 마치 부싯돌 깎는 도구와 셰필드의 강철 공장, 혹은 고리 배[112]와 퀸메리1세호 사이에는 아무것도 존재하지 않는 것처럼 말이다.

그러나 드디어 대략 다음과 같은, 좀 적절한 대답을 듣게 될 것이다. "예. 당신이 말하는 것은 모두 다 그 나름대로 좋습니다. 우리 자신들을 건강하게 해서 아스피린과 중앙집중식 난방 없

112　웨일스 등지의 엮은 고리에 가죽을 씌운 작은 배.

이 지내는 그런 것들은 매우 훌륭한 일입니다. 그러나 아시다시 피 요점은 아무도 그것을 진지하게 원하지 않는다는 것이지요. 그것은 농사짓는 생활로 되돌아간다는 것을 의미할 테고, 그런 생활은 대단히 힘든 일을 해야 함을 의미하고, 정원 일을 하며 노는 것과는 전혀 다르기 때문이지요. 나는 힘든 일을 하고 싶 지 않아요. 당신도 힘든 일을 하고 싶지 않지요—힘든 일이 무엇 인지 아는 사람은 아무도 그걸 원하지 않아요. 당신은 평생 결코 하루도 일해보지 않았기 때문에 그렇게 말하는 것입니다." 등등 이다.

자 이것은 어느 의미에서는 사실이다. "우리는 편안합니다— 제발 우리 편하게 지냅시다!"라고 말하는 것과 같은데, 이것은 적어도 현실적이다. 내가 이미 지적한 바와 같이 우리는 기계의 손아귀 안에 잡혀 있어서 기계에서 벗어난다는 것은 엄청나게 힘들겠지만, 이 대답은 발뺌에 불과하다. 우리가 이것 혹은 저것 을 "원한다"고 말할 때 사실 이 대답은 우리가 말하는 것이 무엇 을 뜻하는지 명확히 해주지 못하기 때문이다. 나는 이른 아침에 한 잔의 차를 마시고 금요일마다 《뉴 스테이츠맨》을 받아 보지 못한다면 죽을 지경이 될 현대의 타락한 반쪽 지성인이다. 어떤 의미에서는 나는 분명히 더 소박하고 더 힘든, 아마 농사지으며 사는 생활로 돌아가기를 "원하는" 것은 아니다. 같은 의미에서 나는 음주량 줄이기, 빚 갚기, 충분히 운동하기, 정숙한 남편 되 기, 등등을 원하지 않는다. 그러나 또 다른 그리고 좀 더 영구적 인 맥락에서 나는 이런 것들을 원한다. 그리고 아마도 같은 맥락에서 나는 작고 살찐 남자들에게 안전한 세계를 만들어 주는 것이 "진보"라고 정의할 수 없는 문명을 원한다. 내가 앞에서 대략 추려본 것들은 사회주의자들이 도대체 **어떻게 해서** 그들의 지지자가 될 가능성이 있는 사람들을 쫓아 버리는가를 설명하려 했을 때, 책으로 훈련받은 지각 있는 사회주의자들에게서 내가 얻을 수 있었던 유일한 주장이다. 물론 수고하지 않아도, 사람들이 원하건 원하지 않건, "역사적 필연"이라는 것에 의해서 사회주의는 어쨌든 도래할 것이라는 오래된 주장 또한 있다. 하지만 "역사적 필연," 좀 더 정확히 말해서 역사적 필연에 대한 신념은, 히틀러 이후 살아남지 못했다.

그러는 사이에 사상적으로는 대개 좌익이지만 성격적으로는 종종 우익인 생각 있는 사람은 사회주의자 단체의 문 앞을 배회한다. 틀림없이 그는 자신이 **마땅히** 사회주의자가 되어야 한다는 것을 의식하고 있다. 하지만 우선 사회주의자 개개인의 우둔함을, 그리고는 사회주의자의 이상이 명백히 무기력하다는 것을 관찰하고는 그는 진로를 바꾼다. 아주 최근까지는 진로를 바꾸어 무관심주의 쪽으로 가는 것이 자연스러웠다. 10년 전, 심지어 5년 전까지만 해도 전형적인 젠틀맨 문필가는 바로크 건축에 관한 책을 썼고 그리고 정치에는 초연했었다. 하지만 그런 태도를 지니기가 어려워졌고 심지어 유행에 뒤떨어지는 것이 되기까지 했다. 세상이 더욱 냉혹해지고 이념은 더욱 명백해지는데 어떤 것도 변하지 않을 것이라는 믿음(예를 들어, 배당금은 항상 안전할 것이 라는)의 입지가 좁아졌다. 문학가가 형세를 관망하

며 앉아 있는 담은 한때 호화로운 성당의 쿠션만큼이나 편안했
지만 이제는 참을 수 없을 정도로 그의 궁둥이를 꼬집는다. 점점
더 그는 한쪽 혹은 다른 쪽으로 기울어지는 성향을 보인다. 십
수 년 전만 하더라도 얼마나 많은 지도적인 작가들이 전력을 다
해서 예술 지상주의를 주장했던가. 그래서 총선거에서 투표한
다고 말하는 것조차 너무나 천박하다고 생각했었다. 그들이 이
제는 확실한 정치적인 견해를 취하는 것을 보는 것이 흥미롭다.
반면에 대부분의 젊은 작가들은, 적어도 단순히 빈둥거리지 않
는 작가들은 처음부터 "정치적"이었다. 나는 시련이 오면 주요
한 지성인의 운동은 파시즘으로 향하게 될 끔찍한 위험이 존재
한다고 믿는다. 얼마나 빨리 시련이 닥칠지 말하기는 어렵다. 그
것은 아마도 유럽에서 일어나는 사건들에 달려 있을 것이다. 하
지만 두 해 안에 혹은 일 년 안에 우리는 결정적인 순간을 맞이
하게 될지도 모른다. 그때는 지성이나 품위를 지닌 사람이면 누
구나 자신이 마땅히 사회주의자의 편에 서야만 한다는 것을 직
감적으로 알게 될 것이다. 그러나 그가 반드시 자기 스스로 그런
결론에 도달하는 것은 아닐 것이다. 그의 진로에는 오래된 편견
들이 너무나 많이 놓여 있다. 그의 견해를 이해한다는 것을 암시
하면서 그를 설득해야 할 것이다. 사회주의자들은 더 이상 전향
한 사람들에게 설교하느라고 시간을 낭비할 여유가 없다. 지금
그들의 일은 가능한 한 빠르게 사회주의자를 만드는 것이다. 그
렇게 하기는커녕 너무나 빈번히 그들은 사회주의자 대신에 파
시스트를 만든다.

내가 영국의 파시즘을 이야기할 때 딱히 모즐리[113]와 여드름 난 그의 추종자들을 생각하는 것은 아니다. 영국에 파시즘이 등장한다면, 그것은 온화하고 민감한 종류가 되기 쉽다(아마도 어쨌든 처음에는 그럴 것이고, 그것이 파시즘이라 불리지 않을 것이다). 그리고 모즐리의 영향을 받은 진지한 기병, 길버트와 설리반[114] 같은 사람들이 대부분의 영국 사람들에게 도대체 농담거리 이상이 될 수 있는지 의심스럽다. 모즐리조차도 주목할 가치는 있지만 말이다. 왜냐하면 정치적으로 부상하려는 사람은 적어도 그의 생애의 출발점에서는 너무나 심각하게 받아들여지지 않는 것이 때때로 이익이 된다는 것을 경험(히틀러와 나폴레옹 3세의 생애를 참조하라)을 통해 알기 때문이다. 그러나 나는 이 순간 파시스트의 정신적인 태도에 대해 생각하고 있다. 의심할 여지 없이 그보다 더 잘 알아야 할 사람들 사이에서 파시스트의 정신적인 태도가 인기를 누리고 있다. 지성인에게서 나타나는 파시즘은 일종의 거울에 비친 모습이다—실제로 사회주의는 아니지만 그럴듯한 가짜 사회주의 말이다. 거울에 비친 모습이란 허구적인 사회주의자가 하는 것은 무엇이든지 그 **반대로** 해야겠다고 결심하는 것이라고 요약할 수 있다. 만일 사회주의를 나쁜, 오해

---

113 Sir Oswald E. Mosley(1896~1980): 영국의 귀족 정치가로 The British Union of Fascists의 설립자로 주로 알려졌고 나치 독일과 밀접한 관계가 있었음.

114 W.S.Gilbert(1836~1911): 영국 빅토리아 여왕 시대의 오페라 대본 작가. Arthur Sullivan(1842~1900): 작곡가. 이들은 1871에서 1896년까지 14편의 코믹 오페라를 합작했음.

를 일으킬 관점에서 묘사한다면—사람들로 하여금 사회주의는 까다로운 마르크스주의자들의 명령하에 유럽 문명을 싱크대에 쏟아 버리는 정도라고 생각하게 한다면—지성인을 파시즘 쪽으로 몰아내는 모험을 하는 것이다. 그는 겁에 질려서 분노하며 방어 자세를 취할 것이고, 그런 자세로 사회주의자의 주장에 귀를 닫을 것이다. 이미 그런 태도가 에즈라 파운드[115], 윈덤 루이스[116], 로이 캠벨[117] 등과, 그와 같은 작가들에게서, 대부분의 로마 가톨릭 작가들과 수많은 더글라스 크레딧 그룹[118]의 작가들에서, 몇몇 인기 소설가들에게서, 그리고 우리가 표면 밑을 본다면, 심지어 T.S. 엘리엇[119]과 헤아릴 수 없이 많은 그의 추종자들처럼 대단한 골수 보수주의 지성들에게서 상당히 명백하게 나타나고 있다. 만일 영국에서 파시스트 감정이 자라고 있다는 오해할 수 없는 실례를 보기 원한다면, 아비시니아 전쟁 동안 신문사에 보

---

115 Ezra Pound(1885~1972): 미국의 시인, 평론가. 1907년 유럽으로 건너가 T.S. 엘리엇, 제임스 조이스, 타고르, 푸르스트 등 많은 위대한 작가를 발굴했고 2차 대전 중에는 무솔리니를 지지. 1946년 전범으로 체포됨.

116 Wyndham Lewis(1882~1957): 영국 화가로 아방가르드 미술의 반란군 역할함. 1차 대전이 일어나기 전 소용돌이파를 창설. 소용돌이파란 "불라스트"라는 급진적 잡지에 작품을 실은 작가와 화가들을 일컬음.

117 Roy Campbell(1901~1957): 현대의 바이런이라 불렸던 영국 시인. 스페인 내전 때 프랑코 군에 가담.

118 메이저 더글라스의 사회 신용, Social Credit, 개념의 개혁 운동 지지자들.

119 T.S. Eliot(1888~1965): 미국 태생의 대표적 영국 현대 시인. 대표작에 《황무지The Waste Land.》, 《프루프록의 연가The Love Song of J. Alfred Prufrock》 등이 있음.

내진, 이탈리아의 활동을 인정하는 수많은 편지 중 몇몇을 보라. 그리고 또한 스페인에서 파시즘이 부상하는 것에 대해 가톨릭 교회와 영국국교회의 설교단이 환희의 함성을 지른 것을 보라 (1936년 8월 17일자 《데일리 메일Daily Mail》을 보라).

파시즘과 싸우기 위해서는 그것을 이해할 필요가 있다. 파시즘을 이해한다는 것은 파시즘이 많은 악뿐 아니라 약간의 선도 포함하고 있다는 것을 인정하는 것이다. 물론, 파시즘은 실제로 악명 높은 폭정에 불과하며 그리고 파시즘이 권력을 획득하고 유지하는 방법은 그것을 가장 열렬하게 변호하는 사람조차 다른 말로 돌려서 이야기하게 만들 정도이다. 하지만 파시즘의 기저에 깔린 감정은, 즉 사람들을 처음에 파시즘 그룹으로 끌어들이는 감정은, 아마 별로 비열하지 않을 수도 있다. 그 감정은 《새터데 이리뷰Saturday Review》가 우리의 생각을 이끌어 가는 것처럼 언제나 꽥꽥 소리 지르는 볼셰비키 도깨비에 대한 공포감은 아니다. 파시스트 운동에 눈길을 한번 주기라도 한 사람은 누구나 일반 파시스트는 종종 의도가 상당히 좋은 사람이라는 것을—예를 들어서 많은 실업자들의 운명을 향상하기 위해서 진정으로 걱정하는 사람이라는 것을 안다. 그러나 이보다 더 중요한 것은 파시즘이 선한 보수주의뿐 아니라 다양한 악한 보수주의로부터도 힘을 얻고 있다는 사실이다. 전통과 훈련을 사랑하는 사람에게 파시즘은 진부한 호소력으로 다가온다. 서투른 사회주의 선전을 신물이 날 정도로 들었다면, 당신은 쉽사리 파시즘이야말로 유럽 문명에 존재하는 모든 선한 것을 방어하는 최후의 선이라고 볼 수도 있다. 한손에는 고무 경찰봉을 그리고 다른 한손에는 비버 향 기름병을 들고 있는 최악의 상징적인 모습을 나타내는 파시스트 불량배조차 반드시 자신이 불량배라고 느끼는 것은 아니다.

그는 아마 좀 더, 롱스보(Roncevaux)의 협로에서 기독교 세계를 옹호하기 위해 야만인과 싸울 때 롤랑[120]이 느꼈던 것처럼 느낄 것이다. 만일 파시즘이 도처에서 약진하고 있다면 그것은 주로 사회주의자들의 잘못이라는 것을 우리는 인정해야 한다. 부분적으로는 주로 민주주의를 파괴하는 공산주의의 잘못된 책략—우리가 앉아 있는 나뭇가지를 톱으로 잘라 없애는 것 같은 책략—때문이다. 하지만 사회주의자 자신이 그릇된 실태를 제일 먼저 보인다는 사실에 더욱더 책임이 있다. 사회주의자들은 사회주의의 본질적인 목적은 정의와 자유라는 것을 충분히 명백하게 알리지 못했다. 그들은 경제적인 사실에만 눈을 고정하고서, 인간에게는 영혼이 없다는 가정하에서 진행해 왔으며, 명시적으로나 암묵적으로나 물질적인 유토피아를 목표로 세웠다. 그 결과 파시즘은 쾌락주의와 싸구려 "진보"라는 개념에 혐오감을 느끼는 모든 본능을 마음대로 가지고 놀 수 있었다. 파시즘은 유럽 전통의 옹호자라는 자세를 취할 수 있었고 그래서 기독교 신앙, 애국심, 군사적 덕성에 호소할 수 있었다. 파시즘을 "집

---

120 《롤랑의 노래》는 프랑스의 무훈시 중 최고 최대의 걸작으로 작가 미상. 프랑스의 샤를마뉴 대제가 에스파냐의 사라센인들과 전쟁. 롤랑은 후위군을 지휘하여 마르실의 대군과 롱스보에서 싸움.

단적 사디즘"이나 그런 종류의 쉬운 구절로 가치 없다고 치부해 버리는 것은 아무것도 할 줄 모르는 것보다도 훨씬 더 나쁘다. 파시즘은 곧 저절로 사라져 갈 일탈에 지나지 않는다고 생각한다면 당신은 꿈을 꾸고 있는 것이고, 누군가가 고무 경찰봉으로 당신을 때릴 때 그 꿈에서 깨어나게 될 것이다. 유일하게 택할 수 있는 길은 파시스트의 실태를 살펴보고, 무언가 그것에 대해 의견을 말해야 한다는 것을 파악한 다음에 파시즘이 가지고 있는 유익은 무엇이든지 사회주의도 가지고 있다는 것을 명백하게 세상에 알려야 한다.

현재 상황은 절박하다. 우리에게 더욱더 나쁜 일이 닥치지 않는다고 하더라도 내가 이 책의 앞부분에서 묘사한 상황들이 존재하며, 현재 우리의 경제적인 제도하에서 그것은 개선되지 않을 것이다. 무엇보다도 더 절박한 것은 파시스트가 유럽을 지배할 위험이 있다는 것이다. 그리고 사회주의 원칙이 효율적인 형태로 광범위하게, 재빨리 확산할 수 없다면 도대체 파시즘이 전복될 수 있기나 한 것인지 전혀 알 수 없다. 왜냐하면 파시즘이 맞서야 할 유일한 진짜 적은 사회주의이기 때문이다. 자본주의자-제국주의자 정부는 그들이 곧 파시스트들에게 약탈당할 것이라고 해도 확신을 가지고 파시즘에 대항해서 싸우지 않을 것이다. 그런 문제를 이해하고 있는 우리의 지배자들은 사회주의가 승리하는 것을 보기보다는 아마도 대영제국의 모든 영토를 이탈리아, 독일, 일본에 넘기는 쪽을 택할 것이다. 파시즘이 신경질적인 국수주의에 기초하고 있다고 상상할 때 파시즘을 비웃는 것은 쉬운 일이다. 제각기 자기들이 선택된 백성들이며, **일반적인 견해에 반해서** 자신들을 애국적이라고 간주하는 파시스트 국가들이 서로서로 격돌할 것이 명백한 것 같았기 때문이다. 그러나 그런 일은 전혀 일어나지 않는다. 지금 파시즘은 국제적 운동이다. 그것은 파시스트 국가들이 약탈할 목적으로 연합할 수 있다는 것을 의미할 뿐 아니라, 아마 아직은 약간 의식하는 단계이지만, 그들이 세계 체제를 모색하고 있다는 것을 의미한다. 왜냐하면 전체주의 정부라는 비전이 전체주의 세계라는 비전으로 대치되고 있기 때문이다. 내가 일찍이 지적한 대로 기계 기술의 진보는 궁극적으로 반드시 어떤 형태의 집단주의라는 결과를 낳을 것이지만 그런 형태가 반드시 평등주의일 필요는 없다. 말하자면 그것이 사회주의일 필요도 없다는 것이다. 경제학자들에게는 실례가 되는 말이지만, 경제적으로는 집단적이고—말하자면 이익 원칙이 제거되고—하지만 적은 숫자의 지배자에게 그리고 그들의 잘한다! 는 외침에 모든 정치적인, 군사적인, 교육적인 권력이 놓여 있는 세계 사회를 상상하기는 상당히 쉽다. 그런 세계 사회나 무언가 그것과 유사한 것이 파시즘의 목표이다. 그런데 그것은 물론 노예 국가이다. 혹은 차라리 노예 세계이다. 아마도 그것은 안정적인 형태의 사회일 수도 있다. 그리고 과학적으로 개발한다면 세계의 부가 엄청날 것을 고려해 볼 때, 노예들은 잘 먹고 만족할 가능성이 있다. 파시스트 목표는 "벌집 국가"라고 대개 이야기한다. 벌집 국가란 표현은 벌에게 대단히 부당한 것이다. 족제비에게 지배당하는 토끼의 세계라고 하는 것이 진실에 더 가까울 것이다. 우리가 결합해야 하는 것은 이러한 불쾌한 가능성에 대항하기 위해서이다.

우리는 사회주의의 기초를 이루는 이상, 평화와 자유를 위해서만 유일하게 결합할 수 있다. 그러나 이 이상은 "기초를 이룬다"고 말할 정도로 충분히 강하지 않다. 우리는 그 이상을 거의 완전히 잊었다. 그것은 공론가가 유식한 척하는 것, 당의 시시한 싸움, 그리고 설익은 "진보주의"의 켜 밑에 묻혀 왔다. 마치 오물의 산더미 밑에 감추어진 다이아몬드처럼 될 때까지 말이다. 사회주의자의 임무는 그것을 다시 캐내는 것이다. 정의와 자유! 이 두 단어야 말로 세계 전역에 나팔 소리처럼 울려 펴져야 할 말이다. 과거 오랫동안, 확실히 과거 십 년 동안에 악마들이 가장 훌륭한 화음으로 노래해 왔다. 우리에게 "사회주의"라는 바로 그 단어는 한편으로는 비행기, 트랙터, 그리고 커다랗고 번쩍이는 유리로 된 공장들과 콘크리트의 그림을 떠올리게 하고 다른 한편으로는 풀죽은 턱수염을 지닌 채식가들, 급진주의자 대표들(반은 갱이고 반은 축음기), 샌들 신은 열렬한 숙녀들, 긴 단어를 지껄이는 텁수룩한 머리의 마르크스주의자들, 도망친 퀘이커 교도들, 산아제한 광신자들, 그리고 노동당의 뒤 층계로 기어오르는 사람들의 모습을 떠오르게 한다. 사회주의는 적어도 이 섬나라 영국에서는 더 이상 혁명과 폭군 타도의 냄새를 풍기지 않는다. 그것은 괴벽, 기계 숭배, 그리고 어리석은 러시아 예찬 냄새를 풍긴다. 그 냄새를 우리가 제거할 수 없다면, 그것도 매우 빨리 제거할 수 없다면, 파시즘이 이길지도 모른다.

제13장

그러면 마지막으로, 거기에 대해서 우리가 할 수 있는 일이 있을까?

이 책의 1부에서 나는 몇 가지 간단한 부수적인 자료를 써서 우리가 처해 있는 곤경을 설명하였다. 2부에서 나는 왜 그다지도 많은 품위 있고 정상적인 사람들이 유일한 구제책, 즉 사회주의라는 구제책에 불쾌감을 가지는지를 내 견해로 설명하려고 하였다. 확실히 앞으로 이삼 년간 가장 절박하게 필요한 것은 파시즘이 그 비상 수단을 쓰기 전에 품위 있고 정상적인 사람들의 마음을 사로잡는 것이다. 나는 여기에서 당이나 정치적인 정략에 대한 문제를 제기하고 싶지는 않다. 정당 호칭(의심할 바 없이 단순한 파시즘의 위협으로 곧 어떤 종류의 인민전선이 탄생하게 될 것이겠지만)보다도 더 중요한 것은 사회주의 원칙을 효율적으로 확산시키는 것이다. 사람들이 사회주의자로서 **행동**하도록 준비시켜야만 한다. 그걸 의식하지 못하지만 사회주의의 본질적인 목적에 동감하는 사람들을 감동하게 할 수 있는 말을 찾을 수만 있다면 거의 아무런 노력을 하지 않아도 사회주의자가 될 사람들이 수없이 많다고 나는 믿는다. 가난의 의미를 아는 모든 사람들, 폭정과 전쟁을 진실로 증오하는 모든 사람들은 잠재적으로 사회주의 편에 있다. 그러므로 내가 여기서 할 일은, 반드시 매우 평범한 말로, 사회주의가 좀 더 지성적인 사회주의의 적과 어떻게 화해할 수 있는지를 제시하는 것이다.

우선 적들에 대해 말하자면—내가 말하는 적이란 자본주의가 악이라는 것을 알지만 사회주의가 언급될 때 몸이 좀 떨리고 불안한 느낌이 드는 모든 사람들이다. 내가 지적했듯이 이런 현상의 원인은 두 가지이다. 하나는 많은 사회주의자가 개인적으로 열등하다는 것이다. 또 다른 하나는 사회주의가 너무나 자주 전통이나 기본적인 미적 감각을 애호하는 사람이 혐오감을 느끼게 되는, 배가 불룩 나온, 신의 존재를 인정하지 않는 "진보"의 개념을 연상시키기 때문이다. 두 번째 원인을 먼저 다루겠다. 예민한 사람들 사이에서 흔히 볼 수 있는 "진보"와 기계문명에 대한 혐오감은 단지 마음의 태도로서만 정당화될 수 있다. 사회주의를 반대하는 이유로서는 타당하지 않다. 왜냐하면 그것은 존재하지 않는 대안을 가정하는 것이기 때문이다. 당신이 "나는 기계화와 표준화에 반대합니다. 그렇기 때문에 사회주의에 반대하지요"라고 말할 때, 실상 당신은 "나는 내가 원한다면 기계 없이 지낼 자유가 있다"고 말하는 것과 같다. 그 말은 난센스다. 우리는 모두 기계에 의존하고 있고, 기계가 작동을 중지하면 우리들 대부분은 죽을 것이다. 당신이 기계문명을 증오할 수도 있고, 그렇게 하는 것이 옳을 수도 있다. 하지만 현재 기계문명을 받아들이거나 거부하는 문제는 있을 수 없다. 기계 문명은 **여기에 존재한다.** 그래서 단지 내부에서만 그것을 비판할 수 있다. 우리는 모두 그 문명의 내부에 있기 때문이다. 자신들이 그 문명에서 도피했다고 우쭐대는 사람은 낭만적인 바보에 불과할 뿐이다. 마치 온수와 냉수가 나오는 화장실을 가진 튜더 양식의 집에 사는 문필가처럼, 그리고 만리허 총[121]과 네 마차분의 통조림을 챙겨서 원시적인 생활을 하러 정글로 가는 남자처럼 말이다. 그런데 기계문명이 계속해서 승승장구할 것은 거의 확실하다. 기계문명이 그 자체를 파괴할 것이라든가 아니면 스스로 기능을 멈출 것으로 생각할 이유가 전혀 없다. 과거에 한동안 전쟁이 곧 완전히 "문명을 파괴"할 것이라고 말하는 것이 유행이었다. 다음에 일어날 전면적인 전쟁은 확실히 그전의 전쟁을 농담으로 보이게 할 정도로 매우 끔찍할 것이지만 그것이 기계적 발전을 중단시킬 가능성은 별로 없다. 영국처럼 상당히 공격당하기 쉬운 나라나 서유럽 전체는 아마도 이삼천 개의 폭탄이 명중하면 혼돈 상태가 될 것이다. 하지만 현재 우리가 생각해 볼 수 있는 어떤 전쟁도 모든 나라에서 동시에 산업주의를 쓸어버릴 수는 없다. 아무리 그것이 바람직하다 하더라도 좀 더 단순하고, 더 자유롭고, 덜 기계화된 삶의 방식으로 돌아가는 일은 일어나지 않을 것이다. 이것은 운명론이 아니라 단순히 사실을 인정하

---

121 페르디난트 폰 만리허(Ferdinand Mannlicher,1848~1904): 독일계 오스트리아인 무기 디자이너로 그의 이름을 딴 총.

는 것이다. 당신이 벌집 국가를 반대한다는 근거로 사회주의를 반대하는 것은 의미가 없다. 왜냐하면 벌집 국가가 **여기에 존재하기** 때문이다. 지금으로서는 인간적 세상과 비인간적 세상 중에서 선택하는 것이 아니다. 단순히 사회주의와 고작해야 미덕을 빼버린 사회주의인 파시즘 중에서 선택하는 것이다.

그러므로 생각 있는 사람은 사회주의를 거부할 것이 아니라 그것을 인간답게 만들기로 결심해야 한다. 일단 어떤 방법으로 사회주의가 정착되어 간다면 "진보"라는 속임수를 꿰뚫어 볼 수 있는 사람은 아마 그것에 저항할 것이다. 실상 그렇게 하는 것이 그들의 특별한 기능이다. 기계화된 세상에서 그들은 변함없이 반대자가 되어야 한다. 그것이 방해자나 배반자를 의미하는 것은 아니다. 그러나 나는 지금 장래에 대해 말하고 있는 것이다. 현재에는 아무리 보수적이거나 무정부주의자의 성향을 지녔다 하더라도 모든 품위 있는 사람이 유일하게 택할 수 있는 가능한 길은 사회주의의 정착을 위해 일하는 것이다. 그 이외의 어느 다른 것도 우리를 현재의 비참함이나 미래의 악몽에서 구할 수 없다. 2000만의 영국인이 굶주리고 있고 유럽의 반을 파시즘이 점령하고 있는 **지금** 사회주의에 반대하는 것은 자살 행위다. 마치 고트족이 국경을 넘어오는데 내란을 시작하는 것이나 마찬가지다.

그러므로 어떤 심각한 반대 이유에 근거한 것도 아니면서 단순히 사회주의를 반대하는 신경과민적인 편견을 제거하는 것이 더욱더 중요하다. 내가 이미 언급한 것처럼 사회주의를 거부하지 않는 많은 사람들이 사회주의자에 대해 거부감을 느낀다. 지금 우리에게 소개된 사회주의는 허위 신고로 귀찮게 하는 사람, 공론가, 말뿐인 급진주의자, 그런 부류의 사람들의 노리개로 보이기 때문에 매력이 없다. 어쨌든 외부에서 보기에는 그렇다. 하지만 허위 신고로 귀찮게 하는 사람, 공론가들이 먼저 사회주의 운동에 참여하도록 허용했기 때문에 그렇다는 것을 기억하는 것은 중요하다. 만약 더 나은 두뇌들이 그리고 좀 더 품위 있는 사람들이 이 운동에 몰려든다면 불유쾌한 유형들이 이 운동을 지배하는 일은 끝날 것이다. 현재 우리는 단지 이를 악물고 그들을 무시해야만 한다. 이 운동이 인간답게 될 때는 그들은 훨씬 하찮아 보일 것이다. 그 밖에도 그들은 사회주의 운동에 부적절한 자들이다. 우리는 정의와 자유를 위해서 싸워야만 한다. 사회주의에서 허튼소리를 제거해 버릴 때 사회주의가 정의와 자유를 뜻하게 된다. 오로지 본질적인 것들만이 기억할 가치가 있는 것이다. 상당히 많은 사회주의자가 열등한 사람이라는 이유로 사회주의에서 물러서는 것은 기차표 받는 사람의 얼굴을 싫어하기 때문에 기차로 여행하기를 거부하는 것처럼 어리석은 일이다.

그러면 두 번째로 사회주의자—특히 거침없이 마구 의견을 떠들어대고, 소논문을 쓰는 부류의 사회주의자에 관하여 이야기하겠다.

우리는 마음가짐이 서로 다른 모든 좌경 인사들이 서로 다른 점을 털어 버리고 함께 뭉치는 것이 절박하게 요구되는 시기에 처해 있다. 사실 이미 이런 일이 소규모로 일어나고 있다. 그 렇다면, 이제는 좀 더 극단적인 사회주의자는 자신의 견해에 완 전히 동의하지 않는 사람들과 제휴해야 한다. 일반적으로 그는 틀림없이 그렇게 하기를 꺼릴 것이다. 사회주의 운동 전체에 물 을 타서 국회의 노동당보다 더 비효율적인, 일종의 연분홍빛 속 임수로 전락시킬 수 있는 현실적인 위험을 간파하기 때문이다. 예를 들어서, 현재의 파시즘이 출현시킬 가능성이 있는 인민전 선은 성격상 순수한 사회주의가 아닐 것이고, 단순히 독일과 이 탈리아(영국이 아니라)의 파시즘에 맞서기 위한 책략이기 쉽다 는 대단한 위험이 존재한다. 그러므로 파시즘에 대항하기 위해 서 연합해야 하므로 인민전선은 사회주의자를 끌어들여서 실 로 그의 최악의 적들과 동맹하도록 만들 수도 있다. 하지만 다음 과 같은 원칙에 의거해서 움직여야 할 것이다. 사회주의 운동에 필수적인 것을 가장 우선적인 것으로 삼는다면 당신은 절대 올 바르지 않은 사람들과 동맹하는 위험에 처하지 않을 것이다. 그 러면 무엇이 사회주의에 필수적일까? 진정한 사회주의자의 특 징은 무엇일까? 나는 진정한 사회주의자란 폭정이 전도되는 것 을 원하는—단순히 폭정 전도가 바람직하다고 여길 뿐 아니라, 적극적으로 그것을 원하는—사람이라고 제안한다. 그러나 정통 마르크스주의자의 대부분은 이 정의를 받아들이지 않거나 그저 마지못해서 받아들일 것으로 생각한다. 때때로 이런 사람들이 대화하는 것을 들을 때, 그보다 더 그들의 책을 읽을 때, 나는 사 회주의 운동 전체는 그들에게 일종의 신나는 이단 사냥에 불과하다는 인상을 받는다. 몸통이 긴 큰 북의 장단과 "휘, 휘, 휘, 훔, 나는 우익 탈선자의 피 냄새를 맡네!"라고 아이들의 노랫가락에 맞추어서 앞뒤로 광란적으로 뛰는 주술사 같다는 말이다. 이런 것 때문에 노동 계층과 함께 있을 때 당신은 자신이 사회주의자라고 느끼기가 훨씬 더 쉽다. 노동 계급 사회주의자는 노동 계급 가톨릭 신자처럼 원리에는 약해서 입을 열기만 하면 거의 이단적인 말을 하게 된다. 하지만 그의 마음속에는 문제의 핵심이 자리하고 있다. 그는 사회주의가 폭정 전도를 의미한다는 중심적인 사실을 이해하고, 그래서 만일 〈라 마르세예즈〉, 즉 프랑스 국가를 그를 위해 번역한다면, 그것은 변증법적 유물론에 관한 어느 유식한 논문보다도 더 깊이 그에게 호소력을 지닐 것이다. 이 시점에 사회주의를 받아들이는 것이 마르크스주의의 철학적인 면을, 그리고 더욱이 러시아에 아첨하는 것을 받아들이는 것을 의미한다고 고집하는 것은 시간 낭비다. 사회주의 운동은 변증법적 유물론과 동맹을 맺을 시간이 없다. 사회주의 운동은 탄압하는 자에게 대항하는, 탄압받는 자들의 연맹이 되어야만 한다. 당신은 일할 작정인 사람들을 끌어들여야 한다. 그리고 자신이 배당금을 평화롭게 얻을 수 있도록 외국 파시즘이 망하기를 원하는, 완곡하게 말하는 진보주의자를 쫓아내야만 한다. 그런 사람은 "파시즘과 공산주의에 반대하는" 즉 쥐와 쥐약에 반대하는 결의안을 통과시키는 사기꾼 유형이다. 사회주의는 영국뿐만 아니라 해외에서도 폭정 전복을 의미한다. 당신이 그 사실을 앞세우는 한 결코 누가 당신의 진정한 지지자인가에 대해 크게 의심할 여지가 없을 것이다. 소소한 차이에 대해서는―그리고 가장 심오한 철학적 차이는 영양실조로 뼈가 썩어 가고 있는 2천만 명의 영국인을 구하는 것과 비교하면 중요하지 않다―그것에 대해서는 나중에 논의해야 한다.

사회주의자는 사회주의에 필수적인 것은 어느 것도 희생할 필요가 없다고 생각한다. 하지만 외면적인 것은 상당히 희생해야 할 것이다. 예를 들어서, 아직도 사회주의 운동에 밀착된 괴팍한 냄새를 일소할 수 있다면 그것은 엄청나게 도움이 될 것이다. 샌들과 피스타치오색 셔츠를 모아 더미로 만들어 불태울 수 있기만 하다면, 그리고 모든 채식가, 금주가, 아첨하는 자들을 웰윈 가든 시에 있는 집으로 보내서 조용히 요가나 하도록 만든다면! 그러나 그런 일은 일어나지 않을 것이다. 하지만 사회주의를 지지할 가능성이 있는 사람을 어리석고 적절하지 못한 방식으로 소외시키는 일이 없도록 좀 더 지성적인 사회주의자들이 그들을 돌보는 것은 가능하다. 시시한 일에서 수없이 잘난 체하는 버릇은 쉽사리 내버릴 수 있다. 전형적인 마르크스주의자가 문학에 대해 가지는 끔찍한 태도를 예로 들어보자. 여럿 가운데 내 머릿속에 떠오르는 단 한 가지를 예로 들겠다. 사소하게 들릴 수도 있지만 그렇지 않다. 옛날 《노동자 주간[122]Worker's Weekly》지에는 "편집자 책상의 책들" 같은 문학적 잡담 칼럼이 있었다. 이삼 주 동안 셰익스피어에 관한 이야기가 거기에 상당히 많이 실

---

122 《데일리 워커》의 전신 중 하나이다.

리고 있었다. 거기에 대해 화가 난 어느 독자가 "친애하는 동지여, 우리는 셰익스피어 같은 부르주아 작가들에 대해서는 듣고 싶지 않아요. 노동 계급에 관한 것을 좀 더 실을 수 없을까요?"라고 썼다. 편집자의 답변은 간단했다. "만일 당신이 마르크스의 《자본론Capital》의 색인을 살피면 거기에 셰익스피어가 서너 번 언급되는 걸 알게 될 겁니다"라고 썼다. 그런데 이것이 이의를 제기한 사람을 침묵시키기에 충분했다는 것을 눈여겨보라. 일단 셰익스피어가 마르크스의 축도를 받았더니 그는 존경할 만한 사람이 된 것이다. 그것이야말로 지각 있는 평범한 사람들을 사회주의 운동에서 몰아내는 사고방식이다. 당신이 그런 말로 거절이나 당하려고 셰익스피어에 관심을 가질 필요는 없다. 또한, 거의 모든 사회주의자들이 반드시 사용해야 한다고 생각하는 끔찍한 전문용어가 있다. 보통 사람이 "부르주아 이념", "프롤레타리아 결속", 그리고 "몰수자의 수용" 같은 어구를 듣고 분발하게 되는 것은 아니다. 단순히 역겨워할 뿐이다. 심지어 "동지"라는 단어조차 사회주의 운동을 불신하게 하는 데 조금은 악역을 했다. 망설이며 사회주의 운동 언저리에 서 있다가 어떤 대중 모임에 가서 자의식적인 사회주의자들이 예의 바르게 서로를 "동지"라고 부르는 것을 보고는 환멸을 느끼고 살며시 빠져나와 가까운 곳에 있는 맥줏집으로 간 사람들이 얼마나 많을까! 그런데 그의 본능은 건강하다. 왜냐하면 오랫동안 사용했지만 일말의 수치심 없이는 거의 언급할 수 없는 당치도 않은 호칭을 당신 자신에게 붙이는 것이 무슨 의미가 있을까? 사회주의를 알고 싶어 하는 평범한 사람이 사회주의자가 된다는 것은 샌들을 신고 변증법적 유물론이나 중얼거리는 것으로 생각하기 때문에 사회주의에서 돌아서게 되는 것은 치명적이다. 사회주의 운동에 사람들이 들어설 여지가 있다는 것을 명백히 알려야만 한다. 그렇지 않으면 게임은 끝나는 것이다.

그런데 이것은 커다란 문제를 제기한다. 계급 문제를 반드시 단순한 경제적인 지위와는 다른 것으로써, 현재보다 더 현실적으로 직시해야 한다는 것을 의미하기 때문이다.

나는 계급 문제의 어려움을 세 장에 할애했다. 비록 영국 계급 제도가 그 유용성을 잃었지만, 유용성을 극복해 왔고 그래서 그것이 죽어 간다는 징조는 전혀 없다는 것이 앞으로 부상할 중요한 사실이라고 나는 생각한다. 정통적인 마르크스주의자가 자주 그러듯이 (그 예로 알렉 부라운 씨가 쓴 어떤 면에서는 흥미 있는 《중류 계급의 운명》이라는 책을 보라) 사회적인 지위는 전적으로 경제적인 수입에 따라 결정된다고 가정하는 것은 계급 문제를 대단히 혼란스럽게 만든다. 의심할 여지 없이 경제적으로는 단지 부유한 자와 가난한 자, 두 계급만 있을 뿐이다. 하지만 사회적으로는 전체적인 계급 서열이 있다. 그리고 각 계급이 어린 시절에 배우는 생활양식과 전통은 매우 다를 뿐 아니라—이것이 중요한 점이다—일반적으로 태어나서 죽음에 이르기까지 그 차이는 지속된다. 그러므로 우리는 사회의 모든 계급에서 비정상적인 개인을 발견한다. 웰스나 베넷같이 점점 더 엄청난 부를 지니게 되었지만 여전히 중하류 계급의 비국교도가 지닌 편견을 고스란히 간직했던 작가들을 볼 수 있다. '에이치' 발음을 할 수 없는 백만장자를, 수입은 벽돌공보다 적은데도 자신이 벽돌공보다 사회적으로 우위에 있다고 생각하는 작은 상점 주인(그렇게 생각하는 사람들)을, 공립 초등학교 출신들이 인도의 성을 다스리고 퍼블릭 스쿨[123] 출신들은 진공청소기를 강매하는 것을 본다. 만일 사회계층이 경제적 계층과 정확하게 상응한다면 퍼블릭 스쿨 출신은 그의 연간 수입이 200파운드 이하로 떨어지면 런던 토박이 사투리를 사용하게 될 것이다. 그러나 그가 그렇게 할까? 그와 반대로 그는 즉시 그전보다 스무 배는 더 퍼블릭 스쿨 출신처럼 굴 것이다. 그는 구명 밧줄에 매달리듯이 학벌 의식에 매달릴 것이다. 에이치 발음을 하지 못하는 백만장자가 때로는 발성법 교사에게 가서 비비시(영국국영방송) 억양을 배운다 해도 그가 원하는 만큼 완전하게 자신을 위장하는 데는 실패한다. 사실상 우리가 태어난 계급에서 문화적으로 탈피하기는 매우 어렵다.

영국의 번영이 쇠퇴하면서 사회적인 예외는 점점 더 일반화한다. '에이치'를 발음하지 못하는 백만장자가 더 생기지는 않지만 점점 더 많은 퍼블릭 스쿨 출신들이 진공청소기를 강매하고 더 많은 영세 상점 주인들이 빈민 수용 작업 시설로 내몰린다. 중류 계급의 많은 부분이 노동자화한다. 하지만 중요한 것은 그들이, 적어도 첫 세대에는, 노동자의 견해를 취하지 않는다는

---

123 기숙하는 사립 중·고등학교.

것이다. 부르주아 교육을 받았고 수입은 노동자 수준인 내가 여기에 있다. 나는 어느 계급에 속한 것일까? 경제적으로 나는 노동 계급에 속한다. 그러나 내가 중류 계급의 일원이라고 생각하지 않는 것은 거의 불가능하다. 그런데 내가 어느 편을 택해야 한다고 가정할 때 내가 누구의 편에 서야 할까? 생존을 위협할 정도로 나를 쥐어짜게 만드는 상류 계급 편일까, 아니면 생활양식이 나와 다른 노동자 편일까? 어느 중요한 문제에서는 나 개인은 노동자의 편에 설 수도 있다. 하지만 나와 거의 입장이 같은 수만 아니 수백 만의 사람들은 어떨까? 요즘 수백만에 이르는, 숫자가 훨씬 더 많은 계급—온갖 종류의 사무실 직원들과 사무직 고용인들, 전통적으로 정확하게 중류 계급은 아니지만 당신이 노동자들이라고 부르면 분명히 고마워하지 않을 사람들은 어떨까? 이런 사람들은 모두 노동자 계급과 똑같은 관심, 그리고 똑같은 적을 가지고 있다. 똑같은 제도가 이 모든 사람들을 강탈하고 괴롭히고 있다. 하지만 얼마나 많은 사람들이 그것을 깨닫고 있을까? 위기가 온다면, 그들 모두는 자신들을 탄압하는 자의 편을 들고 마땅히 자신들과 협력해야 할 사람들을 반대하게 될 것이다. 최악의 가난한 상태로 무너져 버린 중류 계급이 감정적으로는 여전히 반노동 계급으로 남아 있는 것을 상상하기는 상당히 쉽다. 이것이 물론 기성 파시스트당이다.

너무 늦기 전에 사회주의 운동이 착취당하는 중산계급을 사로잡아야 한다는 것은 확실하다. 무엇보다도 사무실 직원들을 사로잡아야 한다. 수적으로 헤아릴 수 없이 많은 이 사람들이 결속하는 방법을 안다면 그들은 대단히 강력한 힘을 가지게 될 것이다. 똑같이 확실한 것은 사회주의 운동은 지금까지 그렇게 하지 못했다는 것이다. 사무실 직원이나 외판원이 혁명적인 견해를 가질 가능성이 전혀 없다고 우리는 생각한다. 왜 그럴까? 대체로 "노동 계급"의 위선적인 말이 사회주의 선전과 혼동되어 있기 때문이라고 생각한다. 톱해트를 쓰고 모피 코트를 입은 뚱뚱하고 사악한 "자본가"와 대비되는 근육질이지만 짓밟히는 "프롤레타리아"라는 다소 신화적인 모습이 계급 간의 투쟁의 상징으로 설정되어 왔다. 그들 사이에는 아무도 존재하지 않는다는 것을 묵시적으로 당연히 여겨왔다. 사실은 물론 영국 같은 나라에는 인구의 약 1/4이 그사이에 있다. 만일 당신이 "프롤레타리아의 독재"라는 말을 되뇌고 되뇌려면, 초보적인 사전 대책으로서 가장 먼저 누가 프롤레타리아인가를 설명해야 한다. 하지만 사회주의에는 육체노동자를 이상화하는 경향이 있기 때문에 이것이 결코 충분히 분명하게 설명되지 않았다. 어떤 면에서는 광부나 부두 노동자보다도 형편이 실제로 더 나쁜 수많은 사무직원들과 상점주들 가운데 과연 몇 사람이 자신들을 프롤레타리아로 생각할까? 그들은 노동자란 옷깃이 없는 옷을 입는 사람을 뜻한다고 생각하도록 배웠다. 그래서 "계급투쟁"에 관한 이야기를 해서 그들을 움직이려 할 때 당신은 그들을 겁에 질리게 할 뿐이다. 그들은 자신들의 수입은 잊고 자신들의 억양을 기억한다. 그래서 그들은 재빠르게 나서서 자신들을 착취하는 계급을 옹호한다.

여기 사회주의자들 앞에 해야 할 큰일이 있다. 그들은 반드시 착취하는 자와 착취당하는 자들을 가르는 선이 어디인지를 의심의 여지가 전혀 없을 정도로 확실하게 보여주어야 한다. 또 다시 그것은 사회주의에 본질적인 것을 고수하는 문제이다. 그리고 여기에서 본질적인 요점은 불안정한 적은 수입을 가진 모든 사람들은 같은 배를 타고 있으며 그래서 마땅히 같은 편에서 싸워야 한다는 것이다. "자본가"와 "프롤레타리아"에 대한 이야기는 좀 덜하고 약탈자와 약탈당하는 자에 대해 좀 더 이야기하는 것이 도움이 될 것이다. 하지만 어쨌든 유일한 노동자는 육체노동자라고 생각하는 잘못된 습관을 우리는 버려야 한다. 사무직원들, 기사들, 외판원들, "세상에서 전락한" 중류 계급 출신, 마을의 식료품상, 하급 공무원, 그리고 모든 다른 불확실한 입장에 처한 사람들에게 그들이 노동 계급이라는 것을 명백히 알려야 한다. 그리고 사회주의는 인부와 공장 노동자뿐 아니라 그들을 위해서도 공정 거래를 의미한다는 것을 명백히 밝혀야 한다. 그들이 '에이치'를 발음하는 사람들과 그렇지 못한 사람들 사이에 싸움이 있다고 생각하도록 내버려 두면 안 된다. 그렇게 생각하면 그들은 '에이치'를 발음하는 사람 편에 합세할 것이기 때문이다.

당장은 계급이 다른 사람들에게 계급 차이를 내려놓으라고 요구하지 않으면서 함께 행동하도록 설득해야만 한다는 것을 나는 암시하는 것이다. 그런데 그것은 위험한 것처럼 들린다. 지나치게 요크 공작의 여름 캠프처럼 들리고, 또한 계급 간의 협동이니, 우리의 온 힘을 쏟아야 한다느니 하는, 속임수이거나 파시즘이거나 혹은 둘 다인, 형편없는 대화 노선처럼 들린다. 실제로 이해관계가 대립하는 계급 간의 협동이란 있을 수 없다. 자본가는 노동자와 협동할 수 없다. 고양이는 쥐와 협동할 수 없다. 그리고 만일 고양이가 협동을 제시한다 해도 그리고 쥐가 바보여서 동의한다 해도 잠시 후에 쥐는 고양이의 목구멍으로 사라질 것이다. 하지만 공통적인 이해관계를 근거로 하는 한 협동하는 것이 항상 가능하다. 보스에게 굽실거리는 모든 사람들과 집세를 생각할 때 몸서리를 치는 사람들 모두 함께 행동해야만 한다. 이 말은 소농은 공장 노동자와 연합해야 하고 타자수는 광부와, 학교 교사는 차량 정비소 기계공과 연합해야 한다는 뜻이다. 만일 그들의 이익이 어디에 있는지를 이해시킬 수 있다면 그들이 연합하게 할 수 있다. 하지만 쓸데없이 그들의 사회적인 편견을 자극한다면—그들 중 어떤 사람들에게는 사회적 편견은 적어도 어느 경제적인 고려 사항 못지않게 강경하다—이런 연합은 일어나지 않을 것이다. 결국 은행원과 부두 노동자의 생활양식과 전통은 참으로 다르다. 그리고 은행원의 우월감은 매우 깊이 뿌리박혀 있다. 후에 그는 우월감을 버려야만 할 것이지만 지금은 그에게 그렇게 요구하기에는 적절한 시기가 아니다. 그러므로 거의 모든 사회주의 선전에서 한몫하는 의미 없고 기계적인 중류 계급 못살게 굴기를 당분간 멈춘다면, 대단한 이익이 될 것이다. 좌경 사상과 글을 통틀어서—그리고 《데일리 워커》의 선도적인 기사에서 《뉴스 크로니클》의 익살스러운 칼럼에 이르기까지 거기에는 반상류사회 전통이 흐르고 있다. 집요하게 그리고 종종 매우 바보스럽게 상류사회의 매너리즘과 상류사회 충성심(혹은 공산주의자의 언어로는 "부르주아 가치관")을 우롱하는 전통 말이다. 자신들이 부르주아이면서 부르주아를 괴롭히는 사람들이 하는 짓이기 때문에 그것은 대체로 속임수이지만 대단한 해를 끼친다. 사소한 것이지만 중요한 문제를 막아 버리기 때문이다. 그것은 당신이 도끼라는 연장을 사용하는 일을 하든 만년필을 사용하는 일을 하든 가난은 가난이라는 중요한 사실에서 당신의 관심을 돌려버린다.

다시 한번, 중류 계급 출신이지만 모든 것을 통틀어서 한 주 수입이 약 3파운드인 내가 여기에 있다. 온갖 노력을 다해서 나를 파시스트로 전향시키기보다 사회주의자로 만드는 것이 더 나을 것이다. 하지만 만일 당신이 계속해서 나의 "중류 계급 이념"에 대해 나를 괴롭힌다면, 만일 교묘한 방법으로 내가 결코 손을 써서 일한 적이 없기 때문에 열등한 사람이라고 생각하게 만든다면, 내가 사회주의에 반감을 품게 하는 일에만 성공할 것이다. 왜냐하면 당신은 나는 원래 쓸모없는 사람이라고, 아니면 내 능력 밖에 있는 방법으로 나 자신을 변화시켜야 한다고 말하고 있기 때문이다. 나는 내 억양이나, 특정한 취향과 신념을 프롤레타리아화할 수 없다. 그리고 내가 그렇게 할 수 있다 해도 그렇게 하지 않을 것이다. 왜 내가 그렇게 해야 한단 말인가? 나는 다른 사람에게 내 방언으로 말하라고 요구하지 않는다. 왜 다른 사람이 나에게 그의 방언으로 말하라고 요구해야 한단 말인가? 이러한 비참한 계급적 오명을 인정하고 가능한 한 그것에 대해 언급하지 않는 것이 훨씬 좋을 것이다. 그것은 인종차별과 비슷한 것이다. 그런데 경험에 비추어서 우리는 외국인들과 협동할 수 있다. 정말로 필요할 때는 우리가 싫어하는 외국인들과도 그렇게 할 수 있다. 경제적으로는 나는 광부, 토역꾼, 농장 노동자와 같은 배에 타고 있다. 내게 그 사실을 상기시키라. 그러면 나는 그들 옆에서 싸울 것이다. 하지만 나는 광부, 토역꾼, 농장 노동자와 문화적으로 다르다. 그 점을 당신이 강조하면 당신은 내가 그들에게 대항하도록 준비시키는 것인지도 모른다. 나 같은 이례적인 사람이 나 혼자라면 문제 될 것이 없다. 하지만 내게 적용되는 것이 헤아릴 수 없이 많은 다른 사람들에게도 적용된다. 해고를 상상하는 모든 은행 사무원, 파산을 눈앞에 두고 마음 졸이는 모든 상점 주인은 본질적으로 똑같은 상황에 있는 것이다. 이 사람들은 추락하는 중류 계급들이고 그들 대부분은 명문가 출신이라는 것이 그들을 곤경에서 벗어나게 해줄 것이라는 생각으로 거기에 매달리고 있는 것이다. 그들에게 구명대를 내버리라고 말하는 것을 **출발점**으로 삼는 것은 좋은 정책이 아니다. 앞으로 2, 3년 안에 상당히 많은 중류 계급 사람들이 갑자기, 그리고 맹렬하게 우익으로 선회할 것이라는 위험이 확실하게 존재한다. 그렇게 함으로써 그들은 매우 강해질 수도 있다. 지금까지 중류 계급의 약점은 그들이 결코 결속하는 것을 배우지 못했다는 사실에 있었다. 하지만 만일 당신이 겁을 주어서 그들이 결속하여 당신에게 **대항하도록** 만든다면 당신은 자신이 큰 소동을 일으켰다는 것을 알게 될 것이다. 우리는 총파업[124]에 서 이런 가능성을 어렴풋이 보았다.

결론적으로, 우리가 효과적인 사회당을 만들지 않는다면, 내 가 이 책의 앞부분에서 묘사한 상황을 바로잡을 가능성이나 영 국을 파시즘에서 구할 가능성은 전혀 없다. 사회당은 순수한 혁 명적인 의도를 지닌 당이어야만 하고 그리고 사회당이 행동하 기 위해서는 당원이 수적으로 상당히 많아야 할 것이다. 그런 사 회당을 가지려면 평범한 사람이 바람직한 목적이라고 인정할 수 있는 목적을 제공해야만 한다. 그러므로 무엇보다 우리는 지 혜롭게 선전할 필요가 있다. 마르크스주의 철학에서 신성한 자 매 관계인 정·반·합은 두말할 것도 없고, "계급의식", "몰수 자의 수용", "부르주아 이념", "프롤레타리아 결속" 같은 선전을 줄이고, 정의, 자유, 실업자들의 곤경을 더 많이 알려야 한다. 그 리고 기계적 발달, 트랙터, 드네이퍼 댐, 모스크바에 설립된 최 신 연어 통조림 공장에 관한 이야기는 덜 하는 것이 좋다. 그런 것은 사회주의 원칙에 중요한 부분이 아닐뿐더러 그것은 오히 려 글을 쓸 수 있는 대부분의 사람을 포함해서 사회주의 이념에 필요한 많은 사람들을 쫓아 버린다. 전적으로 필요한 것은 두 가 지 사실을 대중의 의식에 주입하는 것이다. 하나는 모든 착취당 하는 사람들의 이해관계는 같다는 것이고, 다른 하나는 사회주 의와 일반적인 예의범절은 양립할 수 있다는 것이다.

---

124 1926년의 영국의 총파업.

계급 차별이라는 매우 어려운 문제에 대해서 지금 당장 쓸 수 있는 유일한 정책은 그 문제를 느긋하게 다루어서 되도록 많은 사람들이 겁먹지 않도록 하는 것이다. 무엇보다도 계급 파괴를 위해서 근육질 목사 같은 육체적 노력은 더 이상 하지 않아야 한다. 당신이 중류 계급에 속한 사람이라면 너무 열심히 앞으로 뛰어가서 노동자 형제들을 포용하지 말라. 그들이 그것을 좋아하지 않을지도 모른다. 만약 그들이 그것을 환영하지 않는다는 것을 내비치면 아마 당신의 계급 편견이 생각하는 만큼 그렇게 완전히 사라지지 않았다는 것을 알게 될 것이다. 만약 당신이 출생에 의해 혹은 하나님 보시기에 노동자 계급이라면 너무나 반사적으로 학벌주의를 조롱하지 말라. 학벌주의에는 다룰 줄만 안다면 당신에게 쓸모 있는 충성심도 포함되어 있다.

　머지않아서 사회주의가 많은 영국인들이 진심으로 관심을 가지는 살아 있는 쟁점이 될 때 계급 간의 어려움은 지금 생각하는 것보다 훨씬 빨리 해결될 수 있다는 희망이 있다. 앞으로 이삼 년 안에 우리에게 필요한 효과적인 사회주의 정당을 가지게 되거나 혹은 가지지 못하게 될 것이다. 우리가 그런 정당을 가질 수 없다면, 파시즘이 대두될 것이다. 나치의 깡패 대신 교양 있는 경찰, 나치당의 스와스티커 대신 사자와 일각수[125]가 있는 비열한 영국식 파시즘이 말이다. 하지만 우리가 사회주의 정당을 가지게 된다면 투쟁, 아마도 신체적인 투쟁을 하게 될 것이다.

125　영국 왕실의 문장.

왜냐하면 우리의 금권 정치가 순수한 혁명 정부하에서 조용히 앉아 있지 않을 것이기 때문이다. 계급적으로는 상당히 거리가 먼 사람들이 필연적으로 진정한 사회주의 정당을 형성해서 나란히 함께 싸울 때 그들은 서로에 대해 다르게 느낄지도 모른다. 그렇게 된다면 아마도 비참한 계급 편견이 사라질 것이고 그래서 침몰하는 우리 중류 계급—개인 교사, 거의 굶주리는 자유 문필가, 일 년 수입이 75파운드인 대령의 노처녀 딸, 직장이 없는 케임브리지 졸업생, 선박을 지니지 못한 고급 선원, 사무직원, 공무원, 외판원 그리고 주청 소재지에 사는 세 번이나 파산한 포목 장사—이 더 이상 투쟁하지 않고 우리가 속한 노동자 계급으로 내려앉을 수도 있을 것이다. 그리고 노동자 계급이 될 때 잃게 되는 것은 결국 에이치 발음 외에는 아무것도 없을 것이기 때문에 노동자 계급이 된다는 것이 우리가 두려워했던 것처럼 그렇게 끔찍하지 않을지도 모른다.

옮긴이의 말

《동물농장Animal Farm》(1945)과 《1984Nineteen Eighty-four》(1949)
의 작가로 널리 알려진 조지 오웰은 영국의 명문 이튼교 출신
으로 1922년부터 1927년까지 5년간 인도제국의 경찰이었으며
안정적인 식민지 경찰이라는 직업을 그만두고 문필생활을 하
기 위해 부랑아, 접시 닦기 노동자, 호프 잎 따는 노동자, 가정교
사, 교사, 서평자, 유사 조지안 시인 등으로 지내다가 1933년 첫
작품,《파리와 런던에서의 밑바닥 생활Down and Out in Paris and
London》을 출판했다. 이어서《버마에서의 나날들Burmese Days》
(1934),《목사의 딸A Clergyman's Daughter》(1935),《엽란이여 날으
라Keep the Aspidistra Flying》(1936)를 펴냈다. 이 무렵 오웰은 정치
나 세계적인 제반사보다 제임스 조이스 같은 소설가가 되기를
더 열망하고 있었다. 하지만 그가 첫 소설《파리와 런던에서의
밑바닥 생활》을 출판한 해에 나치가 독일에서 권력을 장악하는
것을 목격하고, 파시즘이 유럽을 장악하게 될 위험을 감지한 후
에, 그의 수필《고래 안에서Inside the Whale》(1946)에서 "1935년
의 세계에 살면서 정치적으로 무관심하다는 것은 거의 불가능

했다"고 밝히고 있다. 하지만 관심이 정치적인 분야로 기울어질 때도 오웰은 정치와 예술을 접목하려 했다.《나는 왜 글을 쓰는가Why I Write》라는 수필을 오웰이 쓴 것은《위건 부두로 가는 길》을 출판한 지 10년 후이지만 이 글에서《위건 부두로 가는 길》을 쓸 당시의 그의 변화를 잘 짐작할 수 있다.

> "과거 10년 동안 내가 가장 하고 싶었던 것은 정치적인 글을 예술로 만드는 것이다. 나의 글은 항상 당파성이라는 감정과 불공평하다는 의식에서 시작된다. 책을 쓰기 위해 앉았을 때 '나는 예술작품을 만들려고 한다'고 생각하지는 않는다. 내가 글을 쓰는 이유는 내가 폭로하고 싶은 거짓이 있기 때문에, 사람들의 주목을 끌고 싶은 어떤 사실이 있기 때문이며 나의 우선적인 관심은 설명할 기회를 얻는 것이다."

오웰은 또한 이 수필에서 자신이 만약 평화로운 시대에 살았다면 "화려한 묘사 위주의 책들만을 썼을 것이고 나의 정치적 충성심을 거의 알지 못했을 것"이라고 말한다. 실제로 오웰은 1935년 이후 정치적인 작가로서 천재성을 보여주었고 10년 후《동물 농장》과《1984》에서 그의 천재성은 꽃을 피웠다.

거의 모든 현대인을 괴롭히는 두 가지 악몽은 실업의 악몽과 국가 간섭의 악몽이라고 믿는 오웰의 거의 모든 작품에서 정치와 가난이라는 두 가지 주제가 두드러지게 나타난다. 1930년 중반 경제 공황기에 출판한 그의 세 권의 소설,《파리와 런던에서의 밑바닥 생활》,《목사의 딸》,《엽란이여 날으라》와《위건 부두로 가는 길》은 모두 가난이라는 주제를 다루고 있다. 그중에서도 르포르타주인 《위건 부두로 가는 길》에서 오웰은 부패한 자본주의 사회의 희생자들이라고 생각하는 노동 계급 사람들의 말할 수 없이 비참한 생활과 환경을 강력하게 폭로한다.

오웰의 전기 작가 버나드 크릭(Bernard Crick)에 의하면, 1936년 1월 중순경 《엽란이여 날으라》를 탈고한 오웰에게 성공적인 출판인이며 사회개혁가인 빅터 골란츠(Victor Gollancz)는 새로운 일을 요청했다. 경제적으로 침체한 영국 북부의 실업 상태와 그곳의 생활에 관한 책을 쓰라는 것이었다. 오웰은 곧 북부로의 여정을 시작하여 1936년 1월 말부터 3월 말까지 두 달을 버밍엄, 맨체스터, 위건, 셰필드, 리즈, 반즐리 등을 두루 다니며 《위건 부두로 가는 길》의 제1부에 쓸 자료를 일기에 적었다. 또 다른 전기 작가 마이클 셸던(Michael Sheldon)에 의하면 그는 북부에서 소개장을 가지고 사람들을 만났는데 그들은 그가 묵을 곳을 안내했고, 빈민가, 석탄 탄광, 노동자들의 회의에 그를 데려갔다. 오웰은 위건에서 2월의 3주간을 보냈는데 이로써 위건은 그가 이 북부 여행에서 가장 오래 머문 곳이 되었다. 위건에서 오웰은 낮에는 주거환경을 조사하고, 노동자들과 면담하고, 위건과 주변 지역을 구경했으며, 공장과 개인 집들을, 탄갱을 세 군데나 직접 방문했다. 오웰은 자신이 직접 목격한 것 이외에 공공 도서관에서 석탄산업과 현지 실업 상태에 관한 자료를 수집하고, 신문에서 대량으로 자료를 오려냈으며, 지역 관청에 편지를 썼고, 북부 사정에 관한 책을 읽고, 대영박물관을 방문하는 등 다방면에 걸쳐 자료를 수집했다. 그해 10월에 초고를 완성한 오웰은 12월에 원고를 출판사로 보냈다.

1937년 3월에 출판된 《위건 부두로 가는 길》은 1936년 5월에 골란츠와 해롤드 래스키(Harold Laski)가 시작한 레프트 북 클럽의 그달의 도서로 선정되어 44,150부가 팔렸고, 대중판으로 2,150부, 이 책의 제1부만을 선전판 배포용으로 제작한 것 900부가 팔려나갔다. 오웰이 그전에 출판했던 네 권의 책 판매 부수를 모두 합친 것보다 훨씬 더 많은 숫자였다. 1936년 6월 아일린 오쇼네시(Eileen O'Shaughnessy)와 결혼한 오웰은 하트퍼드셔의 시골에 작은 집을 세내어 구멍가게를 운영하며 이 책을 썼는데, 후에 자신들 부부는 그 당시 때때로 다음 끼니를 어떻게 마련해야 할지 알 수 없었다고 그는 친구에게 털어놓기도 했다. 이러한 오웰의 가정에 《위건 부두로 가는 길》의 판매는 경제적으로 큰 도움이 되었을 것이다.

《위건 부두로 가는 길》은 르포르타주이다. 구조는 제1부와 제2부로 나누어졌으며 제1부에서 오웰은 요크셔와 랭커셔의 황량한 북부 산업지역을 여행하며 직접 목격한 노동자들의 삶을 일곱 장에 걸쳐 상세히 그리고 생생하게 그리고 있다. 제2부의 내용에 불만을 품은 래스키조차 《좌익뉴스 Left News》에서 "내 생각에 이 책의 앞부분[제1부]은 우리들의 사상[사회주의]을 훌륭하게 선전한다"고 칭찬할 정도로 이 부분은 산업사회의 빈민들의 고난을 강력하게 폭로한 훌륭한 작품이라는 평을 듣는다.

자신이 묵었던 이 지역의 싸구려 하숙집 묘사로 제1부를 여

는 오웰은 자산 조사로 인해서 자식들과 함께 살지 못하고 싸구
려 하숙집에서 비참하게 살아가는 연금 수급 노인들의 모습, 광
부들의 삶과 탄갱의 열악한 노동환경, 평범한 광부들이 처해 있
는 사회적 입장, 북부 산업지역의 주택난과 실업에 허덕이는 사
람들이 어떤 열악한 집이라도 감내하고 사는 모습, 통계 숫자보
다 훨씬 더 많은 사람들이 실업수당에 의지해 살아가는 상황, 실
업수당에 의지해 살아가는 가족들이 자극적인 저질 음식을 선
호한 결과 영양실조 상태에 이르게 되어 일어나는 육체적인 쇠
퇴, 영국 북부 산업지역의 누추함을 상세히 독자들이 눈으로 보
는 듯이 묘사한다.

    이 중에서 가장 많이 인용되는 것은 2장의 광부들의 삶과 탄
갱에서의 열악한 작업 환경이다. 1930년대에 석탄은 가장 큰
단일한 산업으로서 100만 명 이상의 노동자를 고용한 유일한
산업이었다(1965년 옥스퍼드대학 출판사에서 출판한 A.J.P.테일러의《영
국 역사, 1914-1945》, p.238참조). 오웰은 탄갱에서 일하는 노동
자들의 노동 환경이 얼마나 열악한가를 알리기 위해 직접 탄갱
에 내려가는 수고를 마다하지 않았다. 그것이 자신의 의무요 책
임이라고 믿었다. 그는 위건에서 리차드 리즈에게 쓴 편지에서
"탄갱에 내려가 본 적이 있나요? 나는 석탄에 대해서 다시는 똑
같은 감정을 가질 수 없을 겁니다"라고 썼다. 오웰은 탄갱에서
석탄을 채굴하는 광부의 모습을 세밀하게 독자에게 전함으로써
독자들이 광부의 모습을 새롭게 보도록 해준다.

"탄갱 바닥에 도착해서 승강기에서 기어 나오면 당신은 깊이 400m의 지하에 있게 될 것이다. 말하자면 웬만한 크기의 산을 지고 있는 셈이다. 수백 미터에 이르는 단단한 바위, 사멸한 동물들의 뼈, 지표면 밑의 토양, 부싯돌, 식물의 뿌리, 푸른 풀들과 그 풀을 뜯어 먹는 암소들, 이 모두가 당신의 머리 위에 있고 당신 정강이 정도 굵기의 나무 버팀목들만이 그것들을 지지하고 있다." (2장)

이처럼 깊은 지하에서 일하기 위해 보수 없이 하루에 한두 시간을 기어서 "이동"해야 한다는 묘사는 독자들의 마음을 언짢게 하는 폭로임에 틀림이 없다. 《위건 부두로 가는 길》의 제1부는 북부 산업지역 노동자들, 특히 광부들의 삶에 대한 통계(오웰이 빈번하게 언급하는 실업수당이나 물가를 요즈음의 화폐 가치로 환산하자면 오웰이 제시하는 숫자에 40배 이상을 해야 할 것이라 추정한다.(Peter Davidson의 《George Orwell: A Literary Life》, Macmillan(New York):1996, p.67 참조), 유용한 정보, 유용한 제안으로 가득 차 있다. 주택문제를 조사하는 자신에게 보이고 싶지 않을지도 모르는 자신들의 내부를 들여다볼 수 있도록 해준 가난에 찌든 사람들의 관대함과 자신이 그런 입장이었다면 보였을 반응을 비교하여 4장의 끝에 다음과 같이 적고 있다.

"나는 홀로 가지는 않았다―항상 그 지역의 실업자 가운데 나를 안내해줄 친구와 동반했었다―그러나 그렇다고 해도 모르는 사람의 집에 끼어들어서 침실 벽에 갈라진 곳을 보자고 요청하는 것은 주제넘은 일이다. 그런데도 모든 사람이 놀랄 정도로 인내심을 보였고, 왜 내가 그들에게 질문하는지 그리고 내가 무엇을 보기 원하는지를 거의 설명하지 않아도 이해하는 것 같았다. 만약 어떤 사람이 허가 없이 내 집으로 들어와서 지붕이 새는지, 빈대 때문에 고생을 많이 하는지, 그리고 내가 집주인을 어떻게 생각하는지를 묻기 시작한다면 나는 아마도 그에게 꺼지라고 할 것이다. 이런 일이 내게 딱 한 번 있었다. 그리고 그 경우에 그 여인은 가는귀먹어서 나를 자산 조사를 하는 앞잡이로 오해했었다. 그러나 그녀조차도 잠시 후 마음이 누그러져서 내가 원하는 정보를 제공해 주었다."(4장)

또한 같은 장에서 오웰은 주택난과 실업으로 고통받는 사람들의 끔찍한 모습을 묘사하면서 그런 비슷한 예를 더 많이 가지고 있다고 언급한다.

"위건에 있는 어떤 끔찍한 방. 그 방의 모든 가구는 포장 상자와 술통 널빤지로 만들어진 것 같았고, 게다가 그것들은 무너져 내리고 있었다. 그리고 목이 새까맣고 머리를 산발한 노부인이 랭커셔 아이리시 억양으로 집주인을 비난했고 그리고 뒤쪽에는 90은 족히 넘었을 그녀의 어머니가 실내 화장실로 사용하는 술통에 앉아서 크레틴병 환자 같은 노란 얼굴로 우리를 멍하니 바라보고 있었다. 나는 이와 유사한 실내 광경에 대한 기억을 여러 페이지에 걸쳐 묘사할 수 있다."(4장)

오웰이 북부 산업지역의 노동자들이 인간의 품위를 지킬 수 없을 정도로 힘겹게 생존하는 모습을 보고하는 것은 그가 《나는 왜 글을 쓰는가》에서 밝혔듯이 노동자들이 처한 입장에 사람들의 주의를 끌기 위함이었다. 오웰은 노동자들에 대해 올바른 사실을 알림으로써 일반인들이 노동자 계급에 대해 가졌던 오해를 바로잡기를 원했으며, 그들이 노동자 계급의 비참함에 도덕적 책임을 느끼고, 노동자들에 대해 가졌던 그들의 태도가 변화되기를 바랐다. 오웰은 사람들이 믿는 것처럼 광부들이 씻기를 싫어하는 것이 아니라, 할 수 있을 때마다 깨끗이 씻는다는 것, 많이 먹으면 계속 기어 다니며 일할 수 없어서 조금 먹는다는 것, 사람들이 생각하는 것보다 그들의 급료가 실제로는 적다는 것, 그들은 애타게 일하기를 원한다는 것, 냄새를 풍기지 않는다는 것, 오로지 인도의 가난한 쿨리와만 견줄 수 있는 삶을 산다는 것을 알린다. 즉 그들은 다른 사람들과 다를 바가 없으며 그들이 가난한 것은 단지 자본주의 체제의 사악함 때문이라는 것이다.

비록 르포르타주로서 객관적인 사실을 이야기하고 있지만 독자는 오웰이라는 개인의 인간적인 모습, 즉 비참한 노동자들과 그 가족들을 향한 그의 연민, 노력하면 사회가 이런 어려움에 처한 사람들을 구할 수 있는 제도를 찾을 수 있다는 그의 신념 등이 곳곳에서 배어 나옴을 읽을 수 있다. 빈민가를 바라볼 때 그가 슬퍼하는 것은 그것이 "일그러진 삶과 앓고 있는 아이들"을 의미하기 때문이다. 가난으로 인한 인간의 품위 저하를 강력하게 보여주는 빈민가 여성의 모습을 오웰은 다음과 같이 묘사한다.

"서서히 도시 외곽을 통과할 때 제방에 직각으로 줄줄이 늘어서 있는 초라한 작은 집들을 지나쳐 갔다. 어떤 집의 뒷마당에서 젊은 여인이 돌 위에 무릎을 꿇고 앉아서 납으로 된 하수관을 막대기로 쑤시고 있었다. 집 안에 있는 싱크대에 연결된 하수관이 막힌 모양이었다. 나는 거친 삼베 앞치마며, 볼품없는 나막신, 추워서 새빨개진 팔 등 그녀의 모든 것을 살펴볼 시간이 있었다. 기차가 지나갈 때 그녀는 눈을 들어 기차를 바라보았고 나와 거의 눈이 마주칠 정도로 그녀는 가까운 거리에 있었다. 창백한 그녀의 둥근 얼굴은 유산하고 고된 일을 한 탓으로 25세인데도 40세 같아 보이는 평범한 빈민가 여인의 지친 얼굴이었다. 내가 그녀를 바라본 순간 그녀 얼굴에는 내가 지금까지 보아 온 중에서 가장 황량하고 절망적인 표정이 담겨 있었다. 그때 나는 번뜩 "그들이 생각하는 빈민가는 우리가 생각하는 빈민가와 똑같지는 않을 거야"라고, 그리고 빈민가에서 자란 사람들은 빈민가 이외에는 아무것도 생각할 줄 모른다고 우리가 이야기하는 것은 오해라는 것을 깨달았다. 내가 그녀의 얼굴에서 본 것은 동물의 무지한 고통이 아니었기 때문이다. 그녀는 자신의 처지를 잘 알고 있었다. —매서운 추위에 빈민가 뒷마당에서 더러운 돌 위에 무릎 꿇고 앉아 불결한 하수관을 막대기로 쑤셔야 하는 것이 얼마나 끔찍한 신세인지 그녀는 나 못지않게 잘 알고 있었다."(1장)

일반적으로 북부 산업지역의 노동자들의 상황을 생생히 전달하는 매우 훌륭한 글이라는 평을 듣는 제1부와는 달리 제2부에 대한 반응은 엇갈린다. 제2부에서 오웰이 다루는 두 가지 주제는 영국 계급 제도와 영국 사회주의 비판이다. 어려운 계급 문제와 얽혀있는 영국 사회주의를 다루기 위해서 오웰은 전형적인 "하층 중류 계급" 출신이라고 생각하는 자신의 이야기를 소개한다. 8장과 9장의 자전적인 이야기는 오웰이 사회주의로 기운 이유를 이해할 수 있는 단서를 제공해 준다. 좌익계 작가들은 오웰이 제2부의 논의에서 자신의 개인적인 의견을 지나치게 강조하고, 사회주의자들을 변호해주지 않는다고 비판했다. 또한 제2부의 자전적 요소에 대해서 "환상에서 깨어난 중류 계층의 소년이자 전직 제국주의자 경찰관의 중요하지 않은 삶으로 독자의 주의를 환기한 작품"(발렌타인 커닝엄Valentine Cunningham의 《30년대의 영국작가 들British Writer of the Thirties, p.330)이라고 비난했다.

오웰은 "사람들에게서 종종 '나는 사회주의에는 반대하지 않지만 사회주의자들을 반대합니다'라는 반은 어이없는 대답을 듣게 된다."고 하면서 "기독교에서 그런 것처럼 사회주의를 선전하는 데 가장 걸림돌이 되는 것은 사회주의를 추종하는 사람들"이라고 언급한다.(11장) 오웰의 눈에 비친 영국 사회주의자의 모습은 다음과 같다.

> "게다가 사회주의자들이 함께 모이는 곳에는 참으로 사람의 마음을 산란하게 하는 끔찍한 기행이 만연되어 있다. 우리는 때때로 영국에서 "사회주의"와 "공산주의"라는 단어는 단순히 과일주스 마시는 모든 사람, 나체주의자, 샌들 신는 사람, 색정광, 퀘이커교도, "자연 요법" 돌팔이 의사, 평화주의자와 페미니스트들을 끌어들이는 자기력을 가진 표현이라는 인상을 받는다." (11장)

골란츠는 레프트 북 클럽의 회원들이 오웰의 사회주의자 비판에 불쾌감을 느낄 것을 예상하고 자신은 상당히 많은 부분에서 오웰과 의견을 달리한다는 것을 주장하며《위건 부두로 가는 길》에 오웰을 공격하는 '서문'을 썼다.

　오웰은 모든 가난한 사람들뿐 아니라, 사회주의가 성실하게 적용된다면 세계 체제로서 하나의 출구가 되리라는 것을 알고 있는 지각 있는 사람들이 사회주의를 지지할 수 있음에도 불구하고 오히려 사회주의 기반이 약화하는 원인을 직시하고, 사회주의에 반대하는 사람들의 마음을 잘 이해해야만 영국에서 사회주의가 확립될 수 있으며, 위협으로 다가오는 파시즘과 맞서는 역할을 해낼 수 있다고 강조한다. 자본주의자—제국주의자 정부들은 파시스트와 공통점이 많아서 히틀러나 무솔리니에게 효과적으로 대항하지 못할 것이며 사회주의만이 유일하게 파시즘과 맞설 수 있다는 것이다.

　다시 말해서 사회주의가 제1부에서 묘사된 비참한 노동자들의 삶을 개선할 수 있는 처방이 될 수 있다는 것을 아는 사람들 모두가 사회주의자가 아닌 이유가 무엇일까에 대한 것을 논의하는 것이 제2부의 내용이다. 오웰은 그 이유로 영국의 계급 간의 편견, 사회주의를 기계의 진보와 동의어로 보는 것, 사회주의자들의 기행, 사회주의자들이 쓰는 현실과 동떨어진 언어, 철학적인 공산주의 이념을 강조하기만 하고 일반적인 인간의 품위나 공정성, 특히 정의와 자유라는 기본적인 원칙에 충실하지 않은 것 등을 들고 있다. 오웰은 그러므로 자신이 사회주의를 위해서 이런 점을 지적하는 악마의 대변인 역할을 하는 것이라고 밝힌다("나 는 사회주의에 **반대해서가** 아니라 사회주의를 위해 논쟁하고 있 다는 것을 부디 알아주기 바란다. 하지만 지금 이 순간은 나는 **악마의 대변인이다**). 사회주의가 확립되면 이익을 볼 것이고 그래서 사회주의를 지지해야 마땅할 사람들이 실제로는 강력한 반대자가 되기 쉬운 이유를 지적하는 것이 중요하기 때문에 악역을 마다하지 않는다는 것이다.

어렵지만 반드시 짚고 넘어가야 할 영국의 계급 간의 편견 문제를 논하기 위해서 오웰은 제2부의 첫 부분에서 자신이 위건으로 가기로 작정했던 이유를 밝힌다.

> "내가 그곳에 갔던 것은 최악의 상태인 집단 실업이 어떤 것인가를 보기 원했기 때문이었으며, 그리고 영국 노동 계층이 사는 가장 전형적인 지역을 가까이에서 보기 위해서였다. 이것은 내가 사회주의에 접근하는 방편의 일환으로 내게 필요한 것이었다. 왜냐하면 자신이 진짜로 사회주의에 호의적인지 아닌지를 확신할 수 있으려면, 우리는 모두 현재 상황이 참을 만한 것인지 아닌지 확실한 결론을 내려야 하고, 그리고 대단히 어려운 계급 문제에 대한 자신의 태도를 확실히 해야 하기 때문이다."(8장)

오웰은 "현재 계급 문제를 매우 어리석게 다룬다면 많은 잠재적인 사회주의자들을 파시스트 쪽으로 우르르 달려가게 할 수도 있다"(11장)고 믿었다. 그래서 제2부의 말미에서 계급 없는 사회를 원하지만 중류 계층인 자신의 신분을 잃고 싶어 하지 않는 자신의 경우를 예로 들면서 뿌리 깊은 계급 문제가 사회주의 확립에 걸림돌로 작용하지 않도록 하는 것이 중요함을 환기시킨다.

"다시 한번, 중류 계급 출신이지만 모든 것을 통틀어서 한 주 수입이 약 3파운드인 내가 여기에 있다. 온갖 노력을 다해서 나를 파시스트로 전향시키기보다 사회주의자로 만드는 것이 더 나을 것이다. 하지만 만일 당신이 계속해서 나의 "중류 계급 이념"에 대해 나를 괴롭힌다면, 만일 교묘한 방법으로 내가 결코 손을 써서 일한 적이 없기 때문에 열등한 사람이라고 생각하게 만든다면, 내가 사회주의에 반감을 품게 하는 일에만 성공할 것이다. 왜냐하면 당신은 나는 원래 쓸모없는 사람이라고, 아니면 내 능력 밖에 있는 방법으로 나 자신을 변화시켜야 한다고 말하고 있기 때문이다. 나는 내 억양이나, 특정한 취향과 신념을 프롤레타리아화할 수 없다. 그리고 내가 그렇게 할 수 있다 해도 그렇게 하지 않을 것이다. 왜 내가 그렇게 해야 한단 말인가? 나는 다른 사람에게 내 방언으로 말하라고 요구하지 않는다. 왜 다른 사람이 나에게 그의 방언으로 말하라고 요구해야 한단 말인가? 이러한 비참한 계급적 오명을 인정하고 가능한 한 그것에 대해 언급하지 않는 것이 훨씬 좋을 것이다. "(13장)

오웰은 자신과 같은 중류 계층 사람들과 노동자 계층이 협력하여 "진정한 사회주의 정당을 형성해서 나란히 함께" 싸울 수 있는 날이 오기를 바라며 《위건 부두로 가는 길》을 맺는다.

"……계급적으로는 상당히 거리가 먼 사람들이 필연적으로 진정한 사회주의 정당을 형성해서 나란히 함께 싸울 때 그들은 서로에 대해 다르게 느낄지도 모른다. 그렇게 된다면 아마도 비참한 계급 편견이 사라질 것이고 그래서 침몰하는 우리 중류 계급—개인 교사, 거의 굶주리는 자유 문필가, 일 년 수입이 75파운드인 대령의 노처녀 딸, 직장이 없는 케임브리지 졸업생, 선박을 지니지 못한 고급 선원, 사무직원, 공무원, 외판원 그리고 주청 소재지에 사는 세 번이나 파산한 포목 장사—이 더 이상 투쟁하지 않고 우리가 속한 노동자 계급으로 내려앉을 수도 있을 것이다. 그리고 노동자 계급이 될 때 잃게 되는 것은 결국 에이치 발음 외에는 아무것도 없을 것이기 때문에 노동자 계급이 된다는 것이 우리가 두려워했던 것처럼 그렇게 끔찍하지 않을지도 모른다."(13장)

오늘날의 독자에게《위건 부두로 가는 길》은 단순히 70여 년 전 영국 북부 산업지역에 만연되어 있었던 경제적 어려움과 실업자들의 상황을 묘사하는 것에 지나지 않을까? 오늘날도 세계 각지에 심각한 청년 실업을 포함하여 실업과 가난이 존재하고 있다. 오웰은 그 당시에 영국 사회가 당면했던 그런 심각한 문제를 해결하는 방안으로 뿌리 깊은 영국의 계급 간 편견을 조심스럽게 다루면서, 사회주의의 기본이 되는 "정의"와 "자유"에 입각해서 사회주의를 성실하게 적용하는 사회주의 정당을 확립하고, 속히 사회주의자들의 숫자를 늘려서 부패한 자본주의가 남긴 이 어려운 가난의 문제를 해결해야 한다는 주장을《위건 부두로 가는 길》에서 펴고 있다. 다시 말해서, 비참한 북부 노동자 계층의, 몰락하는 중산층의 가난을 시급하게 해결해야 한다는 오웰의 절실한 주장은 오늘의 독자에게도 여전히 많은 생각을 하게 할 뿐 아니라 오늘날에도 유효하고 중요한 메시지를 담고 있다고 하겠다.

《위건 부두로 가는 길》은 시중에 이미 두 가지 정도의 번역본이 나와 있는 책이지만 역자 나름대로 원문의 내용을 정확히 전달하면서도 우리말로 잘 읽히는 번역서가 되도록 노력했다.

원고를 세심하게 살펴주시고, 이 책이 세상에 나올 수 있도록 힘써주신 부북스의 신현부 대표님의 노고에 깊은 감사를 드린다.

이 책의 번역을 위해 Houghton Mufflin Harcourt Publishing Company가 1958년 펴낸 *The Road to Wigan Pier*를 원본으로 사용했음을 밝힌다.

김설자

작가 연보

조지 오웰(George Orwell, 본명: Eric Arthur Blair)

1903년 6월 25일 인도의 벵갈(Bengal) 모티하리(Motihari)에서 아편국의
    공무원 리차드 불레어와(Richard Blair)와 이다 리무진 불레어(Ida
    Limouzin Blair) 사이의 둘째 아이로 출생. 1898년생 누나 머저리
    와 1907년생 여동생 에이브릴(Avril)이 있음.

1904년 어머니를 따라 영국으로 돌아옴. 헨리 온 템즈(Henley on Thames)
    에 정착.

1908-1910년 헨리에 있는 작은 성공회 교구학교에서 교육 받음.

1911-1916년 서섹스(Sussex)주의 이스트본(Eastbourne, Sussex) 교외에 있
    는 세인트 시푸리안(St. Cyprian)에 입학, 5년 남짓 지내며 웰링턴
    (Wellington)과 이튼(Eton)에서 장학금 받을 정도로 성적이 좋았음.

1917-1921년 장학생으로 웰링턴을 거쳐 이튼으로 감.

1922-1927년 영령 인도제국 경찰로 버마에서 근무.

1928-1929년 파리에서 글 쓰며 접시 닦기 등 일하며 떠돌이로 살았음.

1932년 미들섹스(Middlesex)의 헤이즈에 있는 호손 소년 예비학교에서 교사 자리 얻음.

1933년 조지 오웰이라는 필명으로《파리와 런던에서의 밑바닥 생활Down and Out in Paris and London》출판.

1934년 버마에서 대영제국의 경찰로 지낸 경험을 바탕으로 한 소설《버마에서의 나날들Burmese Days》출판.

1935년《목사의 딸 Clergyman's Daughter》출판.

1936년《엽란이여 날으라Keep the Aspidistra Flying》출판. 아일린 오쇼네시(Eileen O'Shaughnessy)와 결혼, 바르셀로나에서 반파시스트들에 합세하기 위해 12월에 스페인으로 감. 아라곤 전선에서 4개월간 복무. 목에 부상입고 곧 영국으로 돌아옴.

1937년《위건 부두로 가는 길The Road to Wigan Pier》출판.

1938년《카탈로니아 찬가Homage to Catalonia》출판. 요양소에서 결핵 치료. 겨울에 모로코 여행.

1939년《숨쉬러 올라오기Coming Up for Air》출판.

1940-1943년《고래 속에서Inside the Whale》출판. 2차 대전시 Home Guard에서 일함. 전시 선전요원으로 BBC에서 글 쓰고 방송함.

1943년《트리뷴》지(Tribune노동당 주간지)의 문학 편집자.

1945년《옵저버Observer》지의 통신기자. 아내 아일린 수술 중 사망. 8월 17일,《동물농장》출판. 즉각적으로 베스트셀러가 됨.

1946년 스코틀랜드의 헤브리디스 제도에 있는 주라 섬의 집을 세냄.《나는 왜 글을 쓰는가》발표함.

1947-1948년 결핵이 도져 고전하며 《1984》 집필(이 당시는 The Last Man in Europe이라는 타이틀로 집필).

1949년 6월 《1984》 출판. Book of the Month Club의 도서로 선정되어 첫해만도 19만 부 팔림. 10월 소니아 부라우넬(Sonia Brownell)과 결혼

1950년 1월 21일 런던에서 사망. 옥스퍼드셔의 코트니에 있는 올 세인츠 교회 묘지에 안장됨.

1968년 미망인 소니아 오웰의 주도하에 《수필, 저널리즘 그리고 서한 모음집Collected Essays, Journalism and Letters》 출판.